Ciência da Cruz

Estudos sobre João da Cruz

Dados Internacionais de Catalogação na Publicação (CIP)
(Câmara Brasileira do Livro, SP, Brasil)

Stein, Edith, 1891-1942
Ciência da cruz : estudos sobre João da Cruz / Edith Stein; tradução de Paulo Ferreira Valério. – Petrópolis, RJ : Vozes, 2025. – (Série Clássicos da Espiritualidade)

Título original: Kreuzeswissenschaft.
ISBN 978-85-326-7020-5

1. Espiritualidade 2. João da Cruz, Santo, 1542-1591 3. Vida espiritual – Igreja Católica I. Título. II. Série.

25-246911 CDD-282.092

Índices para catálogo sistemático:
1. Santos : Igreja Católica : Biografia e obra 282.092

Eliane de Freitas Leite – Bibliotecária – CRB 8/8415

Ciência da Cruz

Estudos sobre João da Cruz

Edith Stein

Tradução de Paulo Ferreira Valério

EDITORA
VOZES

Petrópolis

Tradução do original em alemão intitulado *Kreuzeswissenschaft – Studie über Johannes vom Kreuz*

Rua Frei Luís, 100
25689-900 Petrópolis, RJ
www.vozes.com.br
Brasil

Diagramação: Editora Vozes
Revisão gráfica: Nilton Braz da Rocha
Capa: Editora Vozes
Ilustração de capa: Lúcio Américo

ISBN 978-85-326-7020-5

Este livro foi composto e impresso pela Editora Vozes Ltda.

Ao Doutor da Igreja e da mística,
Pai dos carmelitas,

João da Cruz,
por ocasião do 400º aniversário
de seu nascimento (1542-1942).

De uma de suas filhas do Carmelo de Echt.

Sumário

Prefácio

Nas páginas que se seguem faz-se a tentativa de compreender João da Cruz na unidade de seu ser, tal como se manifesta em sua vida e em suas obras – a partir de um ponto de vista que possibilite tornar evidente essa unidade. Não haverá nenhuma biografia e nenhuma apresentação analítica abrangente dos ensinamentos. Contudo, os fatos da vida e o conteúdo dos escritos devem ser levados em conta para se penetrar, por meio deles, nessa unidade. Franqueia-se amplamente a palavra aos testemunhos, mas depois que tiverem falado haverá a tentativa de uma interpretação, e nessas tentativas de interpretação, evidencia-se o que a autora, em um esforço de toda uma vida, julga ter compreendido a respeito das leis do ser e da vida espirituais. Isto aplica-se principalmente às exposições sobre *espírito*, *fé* e *contemplação*, que estão intercaladas em vários lugares, especialmente na seção *A alma no reino do espírito e dos espíritos*. O que ali se diz sobre o *eu*, a *liberdade* e a *pessoa* não provém dos escritos do santo Padre João. Sem dúvida se podem mostrar em sua obra determinados pontos de partida para isso, mas exposições sobre tais assuntos eram estranhas à sua intenção principal e também ao seu modo de pensar. Somente a filosofia moderna é que se dedicou à tarefa da elaboração de uma filosofia da pessoa tal como é indicada nas passagens mencionadas.

Para o fornecimento dos testemunhos prestaram bons serviços de orientação os livros de nosso Pe. Bruno de Jésus-Marie: *Saint Jean de la Croix* [São João da Cruz], Paris, 1929, e *Vie d'Amour de Saint Jean de la Croix* [Vida de amor de São João da Cruz], Paris, 1936, assim como o de Jean Baruzi, *Saint Jean de la Croix et le problème de l'expérience mystique* [São João da Cruz e o problema da experiência mística], 2. ed. Paris, 1931). Baruzi ofereceu ricas sugestões. Em relação a isso, cita-se pouca coisa porque não é possível basear-se em suas exposições sem uma reflexão crítica. Tal confronto, no entanto, estava totalmente fora da moldura da tarefa proposta. Quem conhece Baruzi, descobrirá os vestígios de sua influência e também os pontos de partida para uma crítica. Entre seus indiscutíveis méritos, conta-se o incansável zelo com que ele se esforçou na análise das fontes e em sua adequada avaliação. Os pontos controversos de sua abordagem seriam de que das duas versões manuscritas em que temos o *Cântico espiritual* e a *Chama viva de amor*, a última deveria ser considerada apócrifa (possivelmente para a *Chama de amor*, e com a máxima probabilidade, para o *Cântico espiritual*), e que da *Subida* e da *Noite escura*, em relação às quais a tradição é consistente, presumivelmente só teríamos a edição apócrifa e mutilada. (Cf. a esse respeito, na obra mencionada, Livro I: *"Les Textes"* [Os textos], p. 3ss., e a introdução a cada obra na recente edição espanhola dos escritos: *Obras de San Juan de la Cruz, Doctor de la Iglesia,* editadas y anotadas por el P. Silverio de Santa Teresia, C. D., Burgos 1929ss.).

Introdução

Sentido e fundamentos da origem da ciência da cruz

Em setembro ou outubro de 1568, o jovem carmelita *João de Yepes*, cujo nome religioso até então fora Frei João de São Matias, transferiu-se para a mísera casinha de Duruelo, na qual ele, como base e fundamento, devia começar a Reforma Teresiana. No dia 28 de novembro, juntamente com dois companheiros, comprometeu-se à observância da Regra original e assumiu o título nobiliário de *da Cruz*. Esta era o símbolo do que ele buscava quando deixou seu mosteiro de origem, a cuja observância moderada renunciou publicamente, algo por que ele ali já se havia esforçado na medida em que vivia, com permissão pessoal, segundo a Regra original. Nisso estava expressa, ao mesmo tempo, uma característica essencial da Reforma: o seguimento de Cristo no caminho da cruz; a participação na cruz de Cristo devia ser a vida dos Carmelitas Descalços.

Conforme observado acima, na época João não era nenhum novato na ciência da cruz. O título de nobreza na Ordem indica que Deus quer unir a alma a si sob o signo de um mistério especial. Mediante a mudança de seu nome, João mostrava que a cruz figurava como emblema de sua vida. Quando falamos de *ciência da cruz*, esta não deve ser entendida no sentido comum de *ciência*: não é mera teoria, ou seja, não é nenhuma simples correlação de sentenças – real ou supostamente – verdadeiras, nenhuma estrutura ideal especificada em etapas de um pensamento lógico. Ela é uma verdade bem reconhecida – uma teologia da cruz –, mas uma verdade viva, real e eficaz: semelhantemente a uma semente, é lançada à alma, nela deita raízes e cresce, confere um cunho específico à alma e determina-a em suas ações e em suas omissões, de modo que resplandeça e seja reconhecida a partir dessas ações e dessas omissões. Neste sentido, fala-se de uma "ciência dos santos", e falamos de ciência da cruz. Dessa forma e desse vigor na mais profunda interioridade, brotam também a concepção de vida, a imagem de Deus e a imagem do mundo do ser humano, e assim, elas podem encontrar expressão em uma imagem mental, em uma "teoria". Temos diante de nós tal expressão no ensinamento de nosso santo Padre João. Queremos buscar, em seus escritos e em sua vida, o que lhes determina a unidade e a singularidade. Em primeiro lugar, perguntemos como, afinal, é possível formar-se uma ciência no sentido que acabamos de circunscrever.

Naturalmente, existem sinais discerníveis que indicam que a natureza humana, tal como efetivamente é, encontra-se em uma situação de degeneração. Dentre estes sinais está a incapacidade de absorver interiormente os fatos de acordo com seu verdadeiro valor, e dar-lhes uma resposta. Tal inaptidão pode estar fundamentada em uma "apatia" inata (entendida literalmente) ou em um embotamento generalizado que se desenvolveu no decorrer da vida; por fim, em uma embotadura em relação a determinadas impressões em consequência de repetições frequentes. O que foi ouvido muitas vezes, o que é sabido há muito tempo "deixa-nos indiferentes". Para além disso, muitas vezes há uma excessiva reivindicação interior de nossos interesses pessoais que nos torna inacessíveis aos outros. Sentimos nossa própria inércia interior como inadequada e sofremos por isso. O fato de ela corresponder a uma "lei psicológica" não nos ajuda a superá-la. Em contrapartida, sentimo-nos felizes quando nos convencemos, pela experiência, de que ainda somos capazes de alegria profunda e autêntica; até mesmo a dor profunda e genuína é para nós como uma graça em comparação com a rigidez do não poder sentir. O embotamento é-nos particularmente doloroso no âmbito religioso. Muitos fiéis sentem-se oprimidos em razão de que os fatos da história da salvação não lhes dão (ou já não lhes dão) absolutamente a impressão de tocá-los, e de não agirem em sua vida, como deveriam, como força formadora. O exemplo dos santos mostra-lhes como as coisas deveriam ser: onde existe fé verdadeiramente viva, a doutrina da fé e das "maravilhas" de Deus são o conteúdo da vida; tudo o mais, por outro lado, perde a importância e é moldado por elas. Isto é *pragmatismo sagrado*: a sensibilidade original interior da alma renascida pelo Espírito Santo; o que lhe advém é acolhido de maneira apropriada e na correspondente profundidade; e nela se acha uma força viva, ágil e maleável, não obstaculizada por inibições e torpores perversos, que se deixa fácil e alegremente moldar e conduzir pelo que foi acolhido. Se a força de uma alma santa acolhe desse modo as verdades de fé, torna-se, então, *ciência dos santos*. Se o mistério da cruz se torna sua *forma interior*, então ela se torna *ciência da cruz*.

O pragmatismo de uma criança, que tem impressões e a elas ainda reage com vigor e vivacidade inalterados, e com imparcialidade irrestrita, tem certa afinidade com o *pragmatismo sagrado*. Contudo, naturalmente a "resposta" não será sempre, de modo algum, sensata. Para isso falta ainda a maturidade do discernimento. Demais, tão logo o conhecimento entre em atividade, não faltam também fontes interiores e exteriores do erro e do engano que conduzem a caminhos tortuosos. As correspondentes influências do ambiente podem agir preventivamente. A alma infantil é maleável e dócil. O que nela penetra pode facilmente ser formativo por toda a vida. Quando os fatos da história da salvação entram na alma já na primeira infância e na forma apropriada, podem-se lançar facilmente os fundamentos para uma vida santa. De vez em quando encontramos também uma extraordinária e precoce escolha da graça, de modo que o pragmatismo infantil e o sagrado se aglutinam. Assim, narra-se a respeito de Santa Brígida, que aos 10 anos de idade ouviu falar pela primeira vez do sofrimento e da morte de Jesus; na noite subsequente, apareceu-lhe o Salvador na cruz; desde então, jamais pôde contemplar o sofrimento do Senhor sem derramar lágrimas.

No caso de João, há um terceiro elemento que deve ser levado em consideração: ele era um artista por natureza. Entre os vários ofícios e artes nos quais o garoto se aventurou achavam-se o de escultor e o de pintor. Ainda dispomos de desenhos seus de tempos posteriores (um esboço da subida ao Monte Carmelo é amplamente conhecido). Quando prior em Granada, criou o protótipo de um monastério tranquilo; era tanto poeta quanto artista plástico. Era-lhe necessário expressar em cânticos o que lhe acontecia na alma. Seus escritos místicos são apenas explicações posteriores da expressão poética imediata. No que diz respeito a ele, portanto, devemos ainda contar com o pragmatismo peculiar do artista. Na força ininterrupta da impressionabilidade, o artista tem afinidade com a criança e com o santo.

Mas, ao contrário do pragmatismo *sagrado*, trata-se de uma impressionabilidade que vê o mundo à luz de determinado campo valorativo – e facilmente à custa de outros campos. A isso corresponde um modo peculiar do comportamento que reage em decorrência. É próprio do artista que aquilo que o toca interiormente nele se molde em uma "imagem" e exija também que ele o molde exteriormente.

"Imagem", aqui, não se limita à esfera do visual e das "belas-artes"; deve-se entender aqui toda e qualquer "obra" artística, inclusive a poética e a musical. É a um tempo "imagem", na qual algo é representando, e "obra", como algo arredondado, formado e concluído para um pequeno mundo próprio. Toda obra de arte autêntica é, além disso, "símbolo", independentemente de se isto deva estar ou não de acordo com a intenção do artista, se ele é "naturalista" ou "simbolista". Símbolo – isto é, algo que provém da plenitude infinita do sentido na qual todo conhecimento humano penetra, dela compreende algo e exprime-o e fala a partir disso; e, sem dúvida, de modo que a plenitude de sentido, que é inexaurível para todo conhecimento humano, ressoa misteriosamente nele.

Compreendida dessa forma, toda arte genuína é "revelação" e toda criação artística é serviço sagrado. Entretanto, permanece verdadeiro o fato de que na predisposição artística existe um perigo, e não apenas quando o artista não tem nenhuma compreensão da sacralidade de sua tarefa. É o perigo de contentar-se com moldar a imagem como se para ele não houvesse outras exigências. O que queremos dizer mostra-se particularmente claro justamente no exemplo da "imagem da cruz". É difícil que exista um artista crente que não se sinta impelido a moldar um Cristo na cruz ou o Cristo carregando a cruz.

Contudo, o Crucificado exige também do artista mais do que tal imagem. Exige dele, como de cada ser humano, o seguimento: que ele próprio se molde e deixe-se moldar à imagem do Cristo que carrega a cruz e à do Crucificado. O modelar externo pode ser um obstáculo à automodelação, mas não precisa sê-lo absolutamente; pode até mesmo ajudar à automodelação porque a "imagem interior" só é plenamente moldada e interiormente ajustada com a modelação da imagem exterior; assim, se não houver empecilho no caminho, ela torna-se forma interior que influencia o agir, ou seja, impele ao caminho do discipulado. Sim, mesmo a imagem exterior, a autocriada, pode sempre, mais uma vez, servir de estímulo à automodelação à sua maneira. Temos todos os motivos para supor que foi assim no caso de João: nele, os pragmatismos infantil, artístico e sagrado combinaram-se e prepararam o solo mais favorável para a mensagem da cruz, a fim de fazê-la desenvolver-se em ciência da cruz. Já mencionamos que sua natureza artística se revelou desde a infância. Não faltam testemunhas que deponham em favor de uma eleição precoce à santidade. Posteriormente, sua mãe contou aos Carmelitas Descalços de Medina del Campo que seu filho, quando criança, comportava-se como um anjo. Esta mãe piedosa incutiu-lhe um amor interior pela Mãe de Deus, e boas fontes informam-nos que o menino, por duas vezes, foi livrado da morte por afogamento por intervenção direta de Maria. Tudo o mais que sabemos de sua infância e juventude mostra que ele foi um filho da graça desde os primeiros anos de vida.

I
A mensagem da cruz

§ 1. Encontros iniciais com a cruz

Indagamos agora como a semente da mensagem da cruz foi lançada nessa terra fecunda. Não temos nenhum testemunho a respeito de quando e como João acolheu a imagem do Crucificado pela primeira vez. É provável que sua mãe, que tinha fé profunda, já o tivesse levado, quando criança, à igreja paroquial em sua cidade natal, Fontiveros. Ali se podia ver o Salvador na cruz, rosto desfigurado pela dor, cabelos autênticos pendentes sobre as maçãs do rosto até os ombros cobertos de chagas[1]. Se a jovem viúva, que tinha de suportar tanta necessidade e sofrimento, falou a seus filhos sobre a Mãe celestial, então certamente também os conduziu à Mãe Dolorosa junto à cruz. Com toda reverência, diante dos mistérios da condução da graça, devemos expressar a pressuposição de que a própria Maria terá desde muito tempo instruído seu protegido na ciência da cruz. Quem poderia ser tão bem-instruída a esse respeito e tão impregnada de seu valor do que a sapientíssima Virgem?

Seja como for, João deparou-se com a imagem da cruz também nos atelieres em que trabalhava. Talvez, na época, ele já tivesse ousado entalhar cruzes, como se

1. Cf. Pe. Bruno de Jesu Maria O.C.D., *St Jean de la Croix*, Paris 1929, p. 4s.

comprouve em fazer posteriormente. Se, para tudo isso, dependermos de pressuposições, encontramos ainda um bom apoio para a admissão de um encontro precoce com a cruz no fato certamente atestado do surgimento extemporâneo de um amor à penitência e à mortificação. Já aos 9 anos, o menino desprezou seu leito e fez para si uma cama de varas. Alguns anos depois, desfrutava apenas de algumas horas de descanso sobre esse duro catre porque parte da noite dedicava ao estudo. Quando pequeno estudante, mendigava esmolas para seus colegas ainda mais pobres; posteriormente, para os pobres do hospital. Depois de tantas tentativas frustradas em outras profissões, dedicou-se ao duro serviço aos enfermos e perseverou nisso com total dedicação. Segundo a afirmação de seu irmão, Francisco, tratava-se de um hospital de varíola no qual ele devia trabalhar (*al hospital de las bubas*)[2]. Pressupunha-se também que nesse hospital se abrigavam doentes sifilíticos[3]. Quer isso seja verdade, quer não, junto a seus pacientes, o menino familiarizou-se não apenas com a doença física, mas também com a miséria espiritual e moral, e o fiel cumprimento do dever deve ter exigido do seu coração puro, profunda e ternamente sensível, uma superação muitas vezes dolorosa. O que lhe dava forças para isso? Outra coisa não era, certamente, senão o amor pelo Crucificado, a quem ele queria seguir pelo seu caminho duro, escarpado e estreito. O desejo de conhecê-lo mais de perto e conformar-se ainda melhor à sua imagem provavelmente levou João a, paralelamente ao serviço aos doentes, assumir os estudos

2. Ib., p. 10 e 377.

3. Cf. J. Baruzi, *St Jean de la Croix et le Problème de l'Expérience Mystique*, Paris 1931, p. 77s.

no colégio dos jesuítas como preparação para o sacerdócio. A fim de poder melhor escutar a mensagem da cruz, terá recusado a oferta da função remunerada de capelão em seu hospital e, para isso, terá escolhido a pobreza da Ordem[4]. Este mesmo desejo é que não lhe permitiu encontrar sossego na mitigada observância dos carmelitas de então, e levou-o à Reforma.

§ 2. A mensagem da Sagrada Escritura

Talvez o discípulo dos jesuítas já tivesse sido levado a ocupar-se com a Sagrada Escritura. Mesmo antes, as palavras do Senhor – e entre elas, as palavras da cruz – já o haviam confrontado na pregação, nas aulas e na liturgia. Entre os carmelitas, faz parte da ordem do dia a instrução cotidiana na Sagrada Escritura. Quando, então, o jovem frade foi enviado para estudar em Salamanca, a introdução ao texto sagrado sob a direção de exegetas treinados constituiu uma parte essencial de seu trabalho obrigatório. Dos tempos subsequentes, sabemos que ele viveu inteiramente na e com a Sagrada Escritura, que se encontrava entre os poucos livros que ele tinha sempre em sua cela. Não se deve pensar que as palavras da Escritura estivessem ausentes de suas obras. Para ele, tornaram-se expressão natural de sua experiência interior, e vinham-lhe involuntariamente à pena ao escrever. Pe. João Evangelista, seu secretário e confidente nos últimos anos, conta-nos que João da Cruz praticamente não precisava folhear a Sagrada Escritura porque quase a conhecia de cor[5]. Assim, devemos contar com o fato de que a mensagem da cruz da palavra divina agiu reiteradamente

---

4. Ib., p. 91.

5. Pe. Bruno, *op. cit.*, p. 269.

em seu coração durante toda a sua vida. É totalmente impossível lidar de modo exaustivo com esta que é, talvez, a fonte mais importante de sua ciência da cruz. De fato, devemos pressupor que toda a Sagrada Escritura, tanto o Antigo quanto o Novo Testamento, era seu pão cotidiano. As citações bíblicas em suas obras são tão numerosas que não é o caso de entrar em detalhes a esse respeito. Por outro lado, seria enganoso limitar-se a elas e pressupor que outras palavras, que não foram introduzidas por ele em nenhum lugar em seus escritos, não teriam também agido vividamente nele. Não nos resta senão mostrar, em vários grupos de exemplos, como devemos pensar a penetração da ciência da cruz.

O próprio Salvador falou da cruz em várias oportunidades e em sentido diferente: quando prediz seu sofrimento e sua morte, tem diante dos olhos (cf. Mt 20,19; 25,2), em sentido literal, o madeiro da ignomínia sobre o qual findará sua vida. Se Ele, porém, diz: "...E quem não toma a sua cruz e não me segue, não é digno de mim" (Mt 10,38), ou: "Se alguém quiser vir após mim, renuncie a si mesmo, tome a sua cruz e me siga"(Mt 16,24; cf. Mc 8,34; Lc 9,23; 14,27), então a cruz simboliza tudo o que é difícil e oprimente e tão contrário à natureza humana, que tomá-la sobre si é caminhar para a morte. O discípulo de Jesus deve tomar *diariamente* sobre si esse fardo (cf. Lc 9,23). O anúncio da morte pôs a imagem do Crucificado diante dos discípulos e coloca-a ainda hoje diante de qualquer um que lê ou escuta o Evangelho. Aí existe um tácito desafio a uma resposta correspondente. Os chamados ao seguimento no caminho da cruz da vida fornecem a resposta e dão ao mesmo um vislumbre do sentido da morte de cruz; com efeito, às palavras estimulantes segue-se imediatamente a advertência: "Pois quem quiser salvar a sua vida, vai perdê-la; mas quem perder a sua vida por amor de mim, esse a salvará" (Lc 9,24). Cristo entrega sua vida a fim de abrir aos seres humanos o acesso à vida eterna. No entanto, para ganhar a vida eterna, eles devem também renunciar à vida terrena. Devem morrer com Cristo para ressuscitar com Ele: a morte do sofrimento ao longo de toda a vida e a autonegação cotidiana, eventualmente também a morte sangrenta do testemunho da fé na mensagem de Cristo.

A imagem do Sofredor e Crucificado, que é lançada preditivamente nas palavras do Senhor, é pintada de maneira ampla e detalhada nos relatos da Paixão dos evangelhos. Um coração infantil puro e terno, e a fantasia de um artista – é praticamente inconcebível que essas imagens não se tenham gravado indelevelmente. Devemos também contar com o fato de que o menino está presente na grande liturgia da Semana Santa, dela participando como coroinha. No Domingo de Ramos e nos dias da Semana Santa, a liturgia eclesial faz ressurgir anualmente os últimos dias da vida de Jesus, sua morte e seu repouso no sepulcro em dramática vivacidade diante dos fiéis – em palavras, melodias e cerimônias comoventes que estimulam irresistivelmente a vivenciar. Se até pessoas insensíveis, até mesmo incrédulas e enredadas na vida mundana, não conseguem ficar indiferentes a tudo isso – como não deve ter sido o efeito sobre o jovem santo, a respeito de quem ficamos sabendo de períodos posteriores, que mal podia falar de coisas espirituais sem que não caísse em êxtase, a quem a audição de uma canção causava arrebatamento!

No estudo pessoal da Escritura, aos relatos do Evangelho acrescentaram-se as profecias do Antigo Testamento, acima de tudo, com certeza, a apresentação do Servo Sofredor de Isaías, para a qual o jovem frade já devia ter sido orientado pelas leituras do Breviário durante os dias da Semana Santa. Aqui se deviam encontrar não apenas novas descrições do sofrimento com um realismo brutal, mas apresentava-se o grande contexto histórico-mundial e histórico-salvífico do drama do Gólgota: Deus, o Criador todo-poderoso e Senhor do mundo, que esmaga os povos como se fossem um pedaço de argila e, ao mesmo tempo, o Pai que rodeia seu povo eleito com cuidado fidelíssimo; o amante carinhoso e ciumento que corteja sua "Noiva Israel" ao longo dos séculos, e é reiteradamente desprezado e rejeitado – tal como João cantou em seu *cântico pastoril*[6]. Profetas e evangelhos, em complementariedade mútua, pintam a imagem do Messias que, em obediência ao Pai, vem para reconquistar a noiva, assumindo-lhe o jugo a fim de libertá-la dele, que não teme a morte a fim de obter-lhe a vida. Algo assim ressoa repetidamente nos *romances*[7]. Se neles o comportamento de Israel, parecido ao da noiva, for estendido a toda a humanidade, então isso corresponde aos anúncios do Reino de Deus tanto nos profetas quanto nos evangelhos.

Outra coisa ainda devia ser importante para João nos livros proféticos: o relacionamento no qual o próprio profeta se encontra com seu Deus e Senhor; a vocação e a consagração de um ser humano sobre o qual o Todo-

6. A canção do pastor é um lamento pelo amor rejeitado do Salvador. Não se deve afirmar que João pense no povo de Israel como a noiva. A relação com a alma individual é igualmente sugerida.

7. São João da Cruz, *Obras Completas*, Poesias: romances trinitários e cristológicos [9], Vozes, 2002, p. 45.

-poderoso põe sua mão. Um relacionamento que torna esse ser humano amigo e confidente de Deus, cúmplice e anunciador dos decretos eternos; que, por outro lado, exige dele incansável doação e disponibilidade ilimitada, tira-o da sociedade dos seres humanos que pensam naturalisticamente e faz dele um sinal de contradição para eles. Não foi somente a Sagrada Escritura que apontou diretamente para isso, mas também sua interpretação na tradição da Ordem. No Carmelo continuava viva – inclusive sob a Regra mitigada – a lembrança do Profeta Elias, o "líder e pai dos carmelitas"[8]. O livro da *Institutio primorum monachorum*[9] [Instituição dos Primeiros Monges] apresentava-o aos religiosos como modelo da vida contemplativa. O profeta a quem Deus convida a ir para o deserto, a ocultar-se no arroio Carit, em frente ao Jordão, a beber da água do córrego e a nutrir-se do alimento que Deus lhe enviaria (1Rs 17,2-3), é o modelo de todos os que se retiram para a solidão, que renunciam ao pecado e a todos os prazeres dos sentidos, vale dizer, a todas as coisas terrestres (assim é que se deve entender a expressão "em frente ao Jordão") e abrigam-se no amor de Deus (*Carit* é interpretado como *caritas* [caridade]); a correnteza da graça divina os impregnará de doçura, e a doutrina dos pais lhes oferecerá alimento forte para suas almas: o pão da dor da contrição e da penitência, a carne da verdadeira humildade. Será que João não encontrou aqui a chave para o que Deus operou em sua própria alma? Certamente os planos salvíficos de Deus

---

8. *Propheta Dei Elias Ord. Carmelitarum Dux et Pater*. Inscrição do santo na estátua na Basílica do Vaticano.

9. De acordo com nossos cronistas, o original foi escrito em grego. Foi-nos transmitida a tradução latina do Patriarca Almérico de Antioquia (publicado em Salamanca em 1599). Uma tradução francesa foi publicada na revista *La Voix de Notre Dame du Mont Carmel*, vol. I/II 1932-1933.

dizem respeito a toda a humanidade e, em favor dela, a seu povo escolhido. Contudo, no processo, Ele ocupa-se com cada alma individualmente. Cada uma delas é cortejada com terno amor como uma noiva, e recebe os cuidados de uma fidelidade paternal. De que modo esse galanteio de amor se torna um aguilhão que já não permite à alma descansar está também plenamente expresso na Sagrada Escritura: no *Cântico dos Cânticos*, cuja ressonância é o *Cântico espiritual*. Como o tema da cruz é reiteradamente referido neste escrito será posteriormente mostrado em detalhes.

Se o poeta encontrava ampla inspiração nas imagens multicores do cantor veterotestamentário, o teólogo, então, podia ainda haurir de outra abundante fonte: a alma unida a Cristo, a viver de sua vida – mas somente na doação ao Crucificado, apenas quando tiver percorrido todo o caminho da cruz com Ele: em nenhum lugar isso é expresso de maneira mais clara e vigorosa do que na mensagem de São Paulo. Ele já dispõe de uma *ciência da cruz* bem-desenvolvida, uma *teologia da cruz a partir de uma experiência interior*.

"Porque Cristo [...] me enviou para [...] evangelizar, sem a sabedoria da linguagem, para que não se perca a eficácia da cruz de Cristo. A doutrina da cruz é loucura para os que se perdem, mas é poder de Deus para os que se salvam. [...] Enquanto os judeus pedem sinais, e os gregos procuram sabedoria, nós pregamos Cristo crucificado, escândalo para os judeus, loucura para os gregos, mas poder e sabedoria de Deus para os chamados, quer judeus, quer gregos. Porque o que se julga loucura de Deus é mais sábio do que os homens; e o que se julga fraqueza de Deus é mais forte do que os homens" (1Cor 1,17-18.22-25).

A *palavra da cruz* é o Evangelho de Paulo – a mensagem que ele anuncia a judeus e pagãos. É um testemunho simples, sem nenhum adorno de oratória, sem nenhuma tentativa de convencer mediante justificativas racionais. Ele extrai todo o seu vigor daquilo que anuncia, ou seja, da cruz de Cristo, da morte de cruz de Cristo e do próprio Cristo crucificado. Cristo é a força de Deus e a sabedoria de Deus não apenas como enviado de Deus, Filho de Deus e Deus mesmo, mas como Crucificado. De fato, a morte de cruz é o meio de salvação excogitado pela imperscrutável sabedoria de Deus. A fim de mostrar que a força humana e a sabedoria humana são incapazes de operar a salvação, Ele concede a força salvadora àquele que, segundo os critérios humanos, parece fraco e louco; aquele que não quer ser nada a partir de si mesmo, mas unicamente permite que a força de Deus aja nele; que se "esvaziou" e "tornou-se obediente até à morte na cruz" (cf. Fl 2,7-8). A força redentora: este é o poder que ressuscita para a vida aqueles nos quais a vida divina se extinguira pelo pecado. A força redentora entrou na *palavra da cruz* e, através dessa palavra, passa para todos os que a acolhem, se a ela se abrem, sem exigir sinais miraculosos e justificativas de sabedoria humana; neles se transforma naquela força portadora de vida e formadora de vida, ao que chamamos anteriormente de ciência da cruz. O próprio Paulo a levou à plenitude: "Na realidade, pela Lei morri para a Lei a fim de viver para Deus. Estou crucificado com Cristo. Já não sou eu que vivo, é Cristo que vive em mim. Minha vida presente na carne eu a vivo pela fé no Filho de Deus, que me amou e se entregou por mim" (Gl 2,19-20). Naqueles dias, quando a noite o envolvia, mas havia luz em sua alma, o fanático pela lei reconheceu que a lei era apenas um pedagogo no caminho para Cristo. Ela podia preparar para a recepção da vida, mas por si mesma não poderia dar vida alguma. Cristo assumiu sobre si o fardo da lei na medida em que a levou à plenitude e morreu para a lei e pela lei. Precisamente com isso, libertou da lei aqueles que querem receber dele a vida. No entanto, só podem recebê-la se renunciarem à própria vida. De fato, os que são batizados em Cristo foram batizados em sua morte (cf. Rm 6,3ss.). Foram imersos em sua vida a fim de se tornarem membros de seu corpo, para assim com Ele sofrerem e com Ele morrerem, mas também para com Ele ressuscitarem para a vida eterna e divina. Essa vida somente nos advirá em plenitude no dia da glória. Entretanto, desde já – "na carne"– participamos dela, contanto que *acreditemos*: creiamos que Cristo, por amor, morreu por nós com o fito de dar-nos vida. Esta fé é que nos permite tornar-nos um com Ele como os membros com a cabeça, e abre-nos ao fluxo de sua vida. Destarte, a fé no Crucificado – a fé viva, combinada com a doação amorosa – é, para nós, o acesso à vida e o começo da glória futura; é por isso que a cruz é nosso único título de glória: "Quanto a mim, não pretendo jamais gloriar-me a não ser na cruz de Nosso Senhor Jesus Cristo. Por ela o mundo está crucificado para mim e eu para o mundo" (Gl 6,14). Quem se decidiu por Cristo está morto para o mundo, e o mundo para ele. Traz as chagas de Cristo em seu corpo (cf. Gl 6,17), é fraco e desprezado pelas pessoas, mas forte justamente por esse motivo, porque nos fracos a força de Deus é poderosa (cf. 2Cor 12,9). Neste reconhecimento, o discípulo de Jesus toma não somente a cruz que lhe é imposta, mas também se crucifica: "Os que são de Cristo Jesus crucificaram a carne com as paixões e concupiscências" (Gl 5,24). Travaram um combate inexorável contra a própria natureza a fim de que a vida do pecado morresse neles e desse lugar à vida do Espírito. Trata-se do que é definitivo. A cruz não é um fim em si mesma. Eleva-se e aponta para o alto. Contudo, não é apenas um sinal – é a forte arma de Cristo; o bastão do pastor com o qual o Davi divino vai ao encontro do infernal Golias; com o qual ele bate vigorosamente na porta do céu e empurra-a. Em seguida, fluem os raios da luz divina e envolvem a todos os que se encontram entre os seguidores do Crucificado.

§ 3. O sacrifício da missa

Morrer com Cristo na cruz para com Ele ressuscitar – isso se torna realidade para cada cristão e, particularmente, para cada sacerdote, no santo sacrifício da missa. Segundo a doutrina da fé, trata-se da renovação do sacrifício da cruz. Quem o oferece ou dele participa com fé viva, para ele e nele acontece a mesma coisa que aconteceu no Gólgota. Já desde criança, João servira durante a santa missa, sem dúvida também na Ordem, até sua ordenação sacerdotal. Sabemos, pelos relatos de sua vida, que a simples visão de uma imagem da cruz podia levá-lo ao êxtase. Como não o deve ter arrebatado, pois, o sacrifício realmente realizado – já no tempo em que participava servindo, com muito mais razão posteriormente, quando ele próprio o oferecia! Somos informados a respeito de seu primeiro santo sacrifício. Celebrava-o no Mosteiro de Santa Ana, em Media del Campo, em setembro de 1567, talvez na Oitava da Natividade de Maria, na presença de sua mãe, de seu irmão mais velho, Francisco, e de sua família. Um temor sagrado havia-o feito recuar diante da dignidade sacerdotal, e somente a obediência às ordens de seus superiores o fez superar seus receios. Agora, no início da santa celebração, provavelmente o pensamento de sua indignidade era especialmente vívido. Despertava-se nele o ardente desejo de ser inteiramente puro a fim de tocar o Santíssimo Sacramento com mãos imaculadas. Desse modo, brota de seu coração o pedido para que o Senhor se dignasse preservá-lo de jamais ofendê-lo mortalmente. Queria sentir a contrição por todas as falhas nas quais pudesse incorrer sem a assistência de Deus, mas não queria cometer a ofensa. Durante a sagrada transubstanciação, ouviu as palavras: "Concedo-te o que me pedes". A partir daquele momento foi fortalecido na graça e teve a pureza de coração de uma criança de 2 anos[10]. Ser puro de culpa e mesmo assim sentir a dor – não seria esta a unidade com o Cordeiro imaculado que tomou sobre si os pecados do mundo, não seria o Getsêmani e o Gólgota?

A sensibilidade de João para a grandeza do ato sacrifical certamente jamais diminuiu. Sabemos que ele, em Baeza, certa vez saiu do altar em êxtase, sem concluir a santa missa. Uma das pessoas presentes exclamou que anjos deviam vir para concluir a santa missa, uma vez que esse santo padre não se recordava de que não a concluíra. Em Caravaca, durante a santa missa, ele foi visto reluzente de raios que saíam da hóstia consagrada. Ele próprio confessou, em um comunicado confidencial, que, às vezes, renunciava ao santo sacrifício da missa durante dias, porque sua natureza era demasiado fraca para suportar a superabundância da consolação celestial. De modo particular, comprazia-se com celebrar a Missa da Santíssima Trindade. Com efeito, existe o mais íntimo nexo entre esse sublimíssimo mistério e o santo sacrifício

10. Pe. Bruno, *op. cit.*, p. 54s.

que foi instituído por decisão das três Pessoas divinas, realiza-se para sua glória e abre o acesso à sua vida que jorra eternamente. Não conseguimos imaginar a abundância de iluminações que foram concedidas ao santo no decorrer de sua vida sacerdotal junto ao altar. Em todo caso, o crescimento na ciência da cruz, a progressiva e misteriosa transformação no Crucificado aconteceu, na maior parte das vezes, no serviço do altar.

§ 4. Visões da cruz

Em palavras, imagens e celebrações litúrgicas, a mensagem da cruz toca o coração de toda pessoa que vive no círculo cultural cristão, de maneira particularmente penetrante no coração do sacerdote. Acontece que nem todo o mundo é capaz e está disposto a acolhê-la e responder a ela tão convenientemente como João da Cruz. Além disso – também independentemente das graças especiais durante o santo sacrifício –, nele a mensagem da cruz atuou de maneira extraordinária. O Crucificado apareceu-lhe repetidamente em visões. Somos informados com exatidão sobre duas dessas visões. Em seus ensinamentos, João tratou visões, alocuções e revelações como acessórios irrelevantes da vida mística. Ele advertiu de tudo isso uma e outra vez, porque nisso a pessoa se expõe ao risco do equívoco e, seja como for, fica impedida no caminho da união, se porventura der valor a tais coisas. Além do mais, ele era muito discreto em relação a revelações sobre sua vida, tanto exterior quanto interior. Se falou sobre estas duas visões é porque, em todo caso, atribuía-lhes importância particular. Subsequentemente a ambas, em sua vida, sobreveio uma tempestade de perseguições e sofrimento. Por esse motivo, é conveniente que sejam compreendidas como prenunciadoras.

A primeira aparição foi-lhe concedida em Ávila, no Mosteiro da Encarnação, para o qual a santa Madre Teresa o havia chamado para ser o confessor das freiras. Certo dia, quando estava inteiramente absorto na contemplação do sofrimento da cruz, o Crucificado mostrou-se-lhe visível aos olhos corporais, coberto de ferimentos e ensanguentado. A aparição era tão evidente que ele conseguiu registrá-la em um desenho à pena tão logo voltou a si. A folhinha de papel amarelada foi conservada até nossos dias no Mosteiro da Encarnação[11]. O desenho causa uma impressão muito moderna. A cruz e o corpo são apresentados em forte redução, como se vistos de lado; o corpo em movimento vigoroso, afastado da cruz, pendurado pelas mãos (as mãos, perfuradas por pregos fortes, notavelmente salientes, são particularmente impressionantes); a cabeça está caída para frente, de modo que não se podem distinguir os traços faciais; em contrapartida, veem-se a nuca e a parte superior das costas cobertas de vergões. O santo enviou a folhinha de papel à Ir. Ana Maria de Jesus e confiou-lhe seu segredo. (Isso é bastante compreensível, visto que o próprio Senhor havia comunicado a essa alma algo de seus mais íntimos mistérios: a graça que foi concedida a ele em sua primeira santa missa.) Não sabemos se o Salvador proferiu palavras enquanto pendia tão profundamente da cruz. Mas, certamente, aconteceu uma permuta de coração a coração. Foi no período que antecedeu a luta dos Calçados contra a Reforma, da qual João deveria tornar-se a vítima, mais do que todos os demais.

---

11. Esperamos que tenha sido conservado também na mais recente perseguição à Igreja. Uma boa reprodução encontra-se no livro de Pe. Bruno, p. 136. Ali também se encontram as indicações das fontes para o relato.

A segunda aparição, por volta do fim de sua vida, aconteceu em Segóvia. Ele havia chamado seu amado irmão Francisco para lá. A este é que devemos o relato: "...Quando eu estava lá, havia dois ou três dias, pedi-lhe que me deixasse partir. Disse-me que eu devia permanecer ainda alguns dias a mais, pois ele não sabia quando nos veríamos novamente. Com efeito, aquela foi a última vez que o vi. Certa noite, após o jantar, tomou-me pela mão e conduziu-me ao jardim, e quando estávamos sozinhos disse-me ele: 'Gostaria de confiar-te algo que me aconteceu com o Senhor. No mosteiro, tínhamos um crucifixo[12], e certo dia, quando me encontrava diante dele, pareceu-me que ficaria mais bem-instalado na igreja. Era meu desejo que fosse venerado não somente pelos monges, mas também pelos de fora. E fiz o que me viera ao pensamento. Depois que eu o havia instalado na igreja, tão apropriadamente quanto pude, certo dia estava em oração diante dele quando, então, falou-me: 'Irmão João, pede-me o que devo conceder-te pelo serviço que me prestaste!' Eu, por minha vez, disse-lhe: 'Senhor, o que gostaria de receber de ti são os sofrimentos que deveria suportar por ti, e que eu fosse desprezado e desvalorizado'"[13].

---

12. Pe. Bruno afirma que se tratava de um Jesus carregando a cruz, pintado sobre couro (*Vie d'Amour de Saint Jean de la Croix*, Paris, 1936, p. 238). Ele publicou esta imagem no livro *Saint Jean de la Croix* (p. 336). Será que o santo realmente teria empregado a palavra *crucifijo* para tal imagem?

13. Thomas Perez de Molina registrou, por escrito, a declaração de Francisco – que não sabia escrever –, ditada por este. Segundo sua recordação, as palavras tinham o seguinte teor: "Senhor, que todos ataquem minha hora e me tenham em conta de nada por teu amor" (cf. *Vie d'Amour*, p. 239). Reproduzimos todo o relato o mais fielmente possível, a fim de nada suprimir de sua tocante simplicidade e permitir que daí transpareça o íntimo relacionamento dos dois irmãos. Ao longo de toda a vida foram muito próximos um do outro. No início da Reforma, João chamou sua mãe e seu irmão, com a esposa, para Duruelo, a fim de cuidarem da

Quando João expressou esse desejo, suas condições de vida eram tais que sua realização podia dar-se facilmente a partir das circunstâncias naturais. Na mais alta posição do Carmelo reformado encontrava-se como provincial Nicolau Doria, indivíduo impetuoso e fanático, que queria modelar a obra de Teresa segundo as próprias ideias. João defendia resolutamente a herança da santa madre e as vítimas do fanatismo: Pe. Jerônimo Graciano e as carmelitas. No dia 30 de maio de 1591, inaugurou-se o Capítulo dos Descalços em Madri. Antes da viagem para lá, o santo despediu-se das carmelitas de Segóvia. A prioresa, Maria da Encarnação, exclamou vivamente agitada: "Pai, quem sabe se Vossa Reverendíssima não acabará por ser provincial desta província?" "Serei jogado a um canto como um trapo velho, como um velho pano de cozinha", foi a resposta. E assim aconteceu de fato. Já não assumiu nenhum ministério e foi enviado à solidão de La Peñuela. Para lá acompanharam-no relatos sobre as tribulações das carmelitas. Eram interrogadas a fim de se reunir material contra João. Buscavam-se razões para expulsá-lo da Ordem. Não muito tempo depois disso, a última enfermidade obrigou-o a abandonar La Peñuela, onde não podia dispor de nenhuma assistência médica.

---

manutenção da casa. A mãe cozinhava, a cunhada lavava as roupas, o irmão limpava as celas. À primeira vista, isso pode parecer surpreendente no caso de um santo que exigia tão rigorosamente o desprendimento de todas as criaturas. Contudo, nisso não há nenhuma contradição. Se João agiu assim, provavelmente é porque podia permitir-se tal coisa: não considerava o convívio com seus entes queridos como obstáculo à vida contemplativa. É provável que seus relacionamentos, desde a infância, estivessem tão sobrenaturalmente elevados, que já não representavam amarras. E onde os próximos segundo o sangue são também os próximos no espírito, então resulta uma facilidade de compreensão equivalente a uma pregustação da bem-aventurança celestial. Desse modo também se esclarecem comunicações confidenciais.

Desse modo chegou à última estação de sua Via-Sacra: Úbeda. Coberto de feridas purulentas, aqui encontrou no prior, Pe. Francisco Crisóstomo, um amargurado opositor que realizou plenamente seu desejo de tratamento desonroso. O cume do Gólgota foi alcançado.

§ 5. A mensagem da cruz

Existe ainda um terceiro testemunho de que João recebia inusitadas influências das imagens da cruz. É provável que isso tenha acontecido ainda mais frequentemente do que é atestado. Interpretamos todas essas influências como mensagens que o encorajavam e preparavam-no para carregar a cruz. Contudo, também tudo o que resumimos simbolicamente sob o nome cruz, todos os fardos e sofrimentos da vida devem ser contados como mensagem da cruz, porque a partir daí é que se alcança a mais profunda ciência da cruz. O santo conheceu o sofrimento e a inveja desde os primeiros anos de sua infância. A morte precoce de seu pai, a luta da mãe para obter o pão cotidiano para seus filhos, seus próprios esforços, reiteradamente malogrados, de contribuir com algo para a manutenção da família – tudo isso deve ter causado profunda impressão no terno coração infantil, mas nada ficou registrado a respeito. Tanto menos sabemos sobre o impacto espiritual das crises nos primeiros anos na Ordem.

A propósito do período posterior, existem relatos que fornecem um pouco mais de vislumbre sobre a vida interior. Certa noite, João chegou a Ávila à hora do toque do *Angelus*, após ouvir confissões na igreja do mosteiro, e encaminhou-se pela vereda que levava à casinha em que morava com seu companheiro, Pe. Germano. De repente, pulou sobre ele um homem que o espancou com golpes de bastão, de modo que caiu por terra. (Era a vingança de um amante a quem foi subtraída a presa.)

Quando João narrou essa aventura, acrescentou que em toda a sua vida ainda não havia experimentado tamanha consolação: ele foi tratado como o próprio Salvador e havia experimentado a doçura da cruz.

O período de aprisionamento em Toledo proporcionou rica ocasião para isso. O santo havia começado a Reforma em Duruelo, havia-se transferido para Mancera com a crescente comunidade monástica, trabalhou depois no noviciado em Pastrana e, finalmente, dirigiu o primeiro colégio da Ordem em Alcalá. Em 1572, a santa madre chamou-o para Ávila, a fim de ajudá-la em uma tarefa difícil. Ela havia recebido a ordem de voltar, como prioresa, ao Mosteiro da Encarnação, de onde proviera; devia, sob a observância da Regra moderada, eliminar os abusos que ali se haviam vulgarizado, e conduzir a grande comunidade a uma vida verdadeiramente espiritual. Para isso, parecia-lhe indispensável providenciar bons confessores. Ela não conseguia encontrar ninguém mais apto do que João, cuja grande experiência na vida interior ela conhecia. De 1572-1577 atuou aqui com o máximo proveito para as almas. Enquanto ele agia assim, totalmente em silêncio, exteriormente o trabalho da Reforma havia avançado bastante. A santa madre viajava de uma instituição de mosteiro a outra. Fundaram-se também novos mosteiros masculinos da Reforma. Ilustres personalidades haviam entrado na Ordem e haviam assumido a direção externa, principalmente Pe. Jerônimo Graciano e Pe. Ambrósio Mariano. Não sem culpa própria, os Calçados, os pais da Regra moderada, sentiram-se prejudicados, e organizaram uma forte empreitada de defesa. Aqui, não é o caso de averiguar por que a perseguição, com singular gravidade, também se voltou contra João, cuja atividade era meramente espiritual. Na noite dos dias 3 e 4 de dezembro de 1577, alguns Calçados, juntamente com seus cúmplices, invadiram a casa dos dois confessores do mosteiro e levaram-nos prisioneiros. Desde então, João ficou desaparecido. É provável que a santa madre tenha ficado sabendo que o prior Maldonado o tinha levado. Entretanto, o local aonde possa ter chegado só ficou conhecido nove meses mais tarde, após sua libertação. De olhos vendados, havia sido levado por uma periferia isolada ao Mosteiro de Nossa Senhora de Toledo, o mosteiro carmelita mais importante da Regra moderada em Castela. Foi interrogado, e, visto que se recusou a renunciar à Reforma, foi tratado como rebelde. Sua prisão era um espaço exíguo, de cerca de 3,48m de comprimento por 1,82m de largura, "no qual ele, ainda que de estatura pequena, mal conseguia ficar de pé" (escreveu Teresa mais tarde)[14]. A cela não tinha nem janela nem ventilação a não ser uma abertura bem no alto da parede. "Para rezar o Breviário", o prisioneiro devia "subir na cadeirinha do condenado e esperar até que os raios do sol batessem na parede"[15]. A porta era trancada com um cadeado. Quando em março de 1578 chegou a notícia de que o Pe. Germano teria escapado, a sala em frente à cela da prisão foi também trancada. No início, a cada noite; posteriormente, três vezes por semana; por fim, apenas às vezes, às sextas-fei-

14. Carta de agosto de 1578 ao Pe. Jerônimo Graciano, edição dos Escritos, vol. V², Regensburg, 1914, p. 294.

15. Jerônimo de São José. *Historia del V. P. Juan de la Cruz*, Madri, 1641, lib. III cap. VII.

ras, o prisioneiro era levado ao refeitório para, sentado no chão, tomar sua refeição – pão e água. No refeitório, recebia também a disciplina. Ajoelhava-se, desnudo até à cintura, de cabeça baixa; todos passavam por ele e batiam-lhe com a vara. Visto que ele tudo suportava "com paciência e amor", chamavam-no de "covarde". Ao mesmo tempo, mostrou-se "inamovível como uma pedra" quando alguém apelou para que apostatasse da Reforma, oferecendo-lhe como isca um priorado. Então ele abriu os lábios silenciosos e assegurou que não retrocederia, "ainda que lhe custasse a vida". Os jovens noviços, que eram as testemunhas das difamações e maus-tratos, choravam de compaixão e diziam diante de sua silenciosa paciência: "Este é um santo". Sua túnica ficava embebida de sangue pelos flagelos, mas ele devia voltar a vesti-la assim mesmo e conservá-la durante os nove meses de sua prisão. Pode-se imaginar o que ele não deve ter sofrido nos escaldantes e tórridos meses do verão. O alimento que lhe era trazido provocava-lhe desconfortos tais, que ele achava que estavam querendo matá-lo. Ele fazia de cada bocado um ato de amor para escapar à tentação da maledicência.

Sabemos como ele era ligado aos parentes mais próximos. De todo o coração também se dedicou à Reforma, à santa madre e aos demais que estavam unidos a ele nessa grande tarefa, os quais, tal como ele – em grande parte sob sua direção pessoal –, haviam dedicado suas vidas ao ideal do Carmelo original. Posteriormente, quando o dever o manteve por vários anos em Andaluzia, deu franca expressão à sua saudade de Castela e de seu círculo familiar: "Depois que aquela baleia me engoliu e vomitou neste estranho porto, nunca mais mereci vê-la, nem aos santos daí"[16]. Agora estava tão separado de todos, que não pôde dar notícias durante todos esses meses. "Às vezes me aflijo ao pensar que se diria, a meu respeito, que eu teria voltado as costas ao que foi começado, e experimento a dor da sagrada madre"[17].

No entanto, ainda havia privações mais dolorosas. No dia 14 de agosto de 1578 chegaram à sua masmorra o prior Maldonado e dois religiosos. O prisioneiro estava tão fraco que mal podia mover-se. Ele não levantou os olhos, pois julgava que seu carcereiro havia entrado. O prior cutucou-o com o pé e perguntou-lhe por que não se levantava na presença dele. Quando ele pediu desculpas e assegurou que não sabia quem estava ali, Pe. Maldonado perguntou: "Em que você estava pensando, para estar tão absorto?" "Estava pensando que amanhã é a Festa de Nossa Senhora, e que me seria grande consolação se eu pudesse celebrar a santa missa"[18]. Como não deve ter-se sentido desprovido durante os nove longos meses em que jamais teve a permissão para celebrar o santo sacrifício! A Festa de *Corpus Christi*, durante a qual ele, normalmente, ajoelhava-se por horas a fio em adoração diante do Santíssimo Sacramento, foi obrigado a passá-la sem desfrutar nem da santa missa, nem da Comunhão.

Estar indefeso, entregue à maldade de inimigos amargurados, atormentado no corpo e na alma, privado de

16. Os textos citados são tirados de São João da Cruz, *Obras Completas*, Vozes, 2002. Aqui, Epistolário, Carta [6], p. 937 [N.T.].

17. Assim confidenciou ele mais tarde à venerável Ana de Santo Alberto (Pe. Bruno, *St. Jean*, p. 174).

18. Foi-lhe asperamente negado rispidamente, mas imediatamente depois U. L. Frau veio pessoalmente em seu auxílio (cf. Pe. Bruno, *op. cit.*, p. 183ss.).

toda consolação humana e também das fontes de força da vida eclesial-sacramental – poderia ainda haver escola da cruz mais severa? No entanto, esse ainda não era o sofrimento mais profundo. Tudo isso não conseguia separá-lo da fonte originária trinitária, da qual tinha certeza na fé. Seu espírito não estava encarcerado na masmorra; ele podia elevar-se àquela fonte que jorra eternamente, mergulhar em sua insondável profundidade, na torrente que preenche tudo o que foi criado, inclusive seu próprio coração. Nenhuma força humana conseguia separá-lo de seu Deus – mas o próprio Deus podia subtrair-se a ele. E aqui, na masmorra, o prisioneiro experimentou a noite mais escura.

> ¿A dónde te escondiste, Onde é que te escondeste,
> Amado, y me dejaste con gemido? Amado, e me deixaste com gemido?[19]
> (Canto Espiritual, estrofe 1)

Este grito de dor da alma ressoou no calabouço de Toledo. Não temos nenhum testemunho a respeito de quando João conheceu pela primeira vez a doçura da proximidade de Deus. Todavia, tudo indica que a vida de oração mística deve ter começado nele muito cedo. A fim de ser livre para Deus, afastou-se de seus entes queridos; em seguida, renunciou à carreira acadêmica e abandonou seu mosteiro natal. Em Ávila, sua função era libertar outras almas para Deus e conduzi-las pelo caminho da união: a isso destinava-se toda a sua atividade na Ordem. Por esse ideal da Reforma, suportou os sofrimentos do cárce-

---

19. Cf. o poema *Que bem sei eu a fonte* (*Que bien se yo la fuente...*), *Obras Completas,* Poesias [8], p. 44. Pe. Gerardo (*op. cit.*, p. 142) supõe que este poema – à exceção de algumas estrofes acrescentadas posteriormente – surgiu na masmorra.

re. Jubilosamente, suportou os insultos e os maus-tratos por causa de seu amado Senhor. E agora parecia que a doce luz extinguia-se em seu coração – Deus deixou-o sozinho. Esse era o mais profundo sofrimento ao qual nenhum sofrimento terrestre poderia comparar-se. No entanto, da parte de Deus, era a demonstração do amor de predileção. Parecia levar à morte, mas era o caminho para a vida.

Nenhum coração humano jamais entrou em uma noite tão escura como o Homem-Deus no Getsêmani e no Gólgota. Nenhum espírito humano perquiridor consegue penetrar o insondável mistério do abandono, por parte de Deus, do Homem-Deus moribundo. O próprio Jesus, porém, pode permitir que almas escolhidas possam provar algo dessa extrema amargura. São os amigos mais fiéis dos quais espera que passem por isso como prova definitiva de seu amor por Ele. Se eles não se esquivarem dela, mas deixarem-se arrastar solicitamente para a noite escura, então ela se tornará seu guia:

> Oh! noite que me guiaste,
> Oh! noite mais amável que a alvorada!
> Oh! noite que juntaste
> Amado com amada.
> Amada já no Amado transformada!
> (*Noite escura*, Prólogo, 5)

Esta é a grande experiência da cruz em Toledo: extremo abandono e, justamente nesse abandono, a união com o Crucificado. Assim, talvez se deva compreender que as declarações sobre o período de seu encarceramento soem contraditórias: quando se narra que ele raramente ou nunca tenha sentido consolações, corpo e alma teriam sofrido; por outro lado, uma única dentre as graças que Deus ali lhe concedeu não poderia ser paga por vários anos de prisão. Mais adiante será apresentado, com detalhes, como a alma, por meio da experiência da própria nulidade e impotência na noite escura, chega ao autêntico autoconhecimento e à iluminação sobre a imensurável grandeza e santidade de Deus; como ela é assim purificada, adornada com virtudes e preparada para a união. Certamente essas são graças preciosas, que podem ser adquiridas por preço módico, e por causa delas já compreenderíamos por que João, após sua fuga do cárcere, entre as carmelitas de Toledo, tenha falado de seus algozes como se tivessem sido grandes benfeitores. Quando ele, porém, nessa ocasião, assegurou que jamais gozou de tal superabundância de luz e de consolação como na prisão, devemos supor, no entanto, que ele foi além das graças do sofrimento. Inclusive as estrofes da *Noite escura* e do *Cântico espiritual*, que surgiram no cárcere, testemunham uma feliz união. Cruz e noite são o caminho para a luz celestial: esta é a alegre boa-nova da cruz.

§ 6. O conteúdo da mensagem da cruz

Refletimos a respeito de quais vias a mensagem da cruz possa ter invadido João. As seções que se seguem querem mostrar como essa mensagem atuou nos ensinamentos e na vida do santo. Para isso, é necessário ter clareza – em um breve esboço preliminar – quanto ao conteúdo da mensagem. Apresentamo-la aqui tal como a encontramos no próprio mestre da ciência da cruz:

"'Quão apertada é a porta e quão estreito é o caminho que leva à vida, e poucos são os que o encontram!' (Mt 7,14). O peso e encarecimento deste termo 'quão' são muito dignos de nota; é como se o Senhor quisesse dizer: em verdade, o caminho é bem estreito e muito mais do que podeis pensar. [...] A senda que leva ao cume do monte da perfeição, por ser estreita e escarpada, requer viajores desprovidos de carga cujo peso os prenda às coisas inferiores [...]; em se tratando de buscar e alcançar unicamente a Deus, deve ser Ele o único objeto de sua procura e aspiração. [...] Nosso Senhor nos introduz, Ele próprio, neste caminho dando-nos [...] doutrina admirável que, ouso dizê-lo, é tanto menos praticada quanto mais se faz necessária [...]: 'Se alguém quiser vir após mim, renuncie a si mesmo, tome a sua cruz e me siga. Pois quem quiser salvar a sua vida, vai perdê-la; mas quem perder a sua vida por amor de mim [...] há de salvá-la' (Mc 8,34-35). Oh! quem pudera fazer compreender, amar e praticar tudo o que encerra este conselho [...]. Renúncia de todas as suavidades em Deus. [...] Aridez, desgosto, trabalho [...] a cruz puramente espiritual e o despojamento completo na pobreza de Cristo. [...] o verdadeiro espírito antes procura em Deus a amargura que as delícias, prefere o sofrimento à consolação; a privação, por Deus, de todo o bem ao gozo; a aridez e as aflições às doces comunicações do céu, sabendo que isto é seguir a Cristo e renunciar-se. Agir diferentemente é procurar-se a si mesmo em Deus. [...] Buscar puramente a Deus consiste [...] em inclinar-se a escolher, por amor de Cristo, tudo quanto há de mais áspero, seja no serviço divino, seja nas coisas do mundo" (*Subida do Monte Carmelo*, Livro II, Cap. VII, n. 2-5). A renúncia, consoante à vontade do Salvador, "há de ser semelhante a uma morte e aniquilamento da vontade a todas as coisas de ordem temporal, natural e espiritual" (*Subida,* n. 6). Aquele, porém, que carregar a cruz desse modo, experimentará que ela é um "jugo suave" e um "peso leve" (Mt 11,30), pois "achará grande alívio e suavidade". [...] "E quando chegar a reduzir-se a nada, isto é, à suma humildade, se consumará a união da alma com Deus [...] que consiste [...] numa viva morte de cruz para o sentido e para espírito, no interior e no exterior" (*Subida*, n. 11). Não poderia ser de outro modo porque foi o maravilhoso plano salvífico de Deus que Cristo "usou para remir e desposar [a alma] com Ele, servindo-se dos próprios meios que haviam causado a ruína e a corrupção da natureza humana; pois assim como por meio da árvore proibida no paraíso foi essa natureza estragada e perdida [...], assim na árvore da cruz foi remida e reparada" (*Cântico espiritual*, Canção XXIII, n. 2). Se ela quiser compartilhar sua vida, deve passar com Ele pela morte de cruz: tal como Ele, crucificar a própria natureza mediante uma vida de mortificação e de abnegação, e entregar-se à crucifixão no sofrimento e na morte, como Deus quiser decidir ou permitir. Quanto mais perfeita for essa crucifixão ativa e passiva, mais interior será a união com o Crucificado, e tanto mais rica a participação na vida divina.

Com isso foram mencionados os temas principais da *ciência da cruz*. Uma e outra vez repercutirão em nós sempre que ouvirmos atentamente a palavra didática do santo e seguirmos seu caminho de vida. Dever-se-á mostrar que eles são as forças motoras mais profundas pelas quais esta vida e a obra desta vida são modeladas.

II
Doutrina da cruz

Introdução: João da Cruz como escritor

Se alguém quiser tentar compreender os ensinamentos de São João da Cruz a partir das raízes espirituais deles, deve levar em conta a peculiaridade, até mesmo a singularidade de seus escritos, sua origem e seus destinos.

Visto que a santa Igreja elevou o santo ao *status* de Doutor da Igreja, todo aquele que, hoje, no âmbito da doutrina da fé católica, quiser obter esclarecimentos sobre as questões da mística, deve reportar-se a ele. E para além da Igreja Católica, é reconhecido como um dos principais gênios, um dos guias mais confiáveis, ao largo dos quais não pode passar quem seriamente gostaria de penetrar na misteriosa riqueza da vida interior. No entanto, João da Cruz não ofereceu nenhuma apresentação sistemática da mística. Sua intenção, ao escrever, não era teórica, embora ele fosse bastante teórico para, às vezes, por meio das correlações puramente factuais, deixar-se arrastar para além do que correspondia à sua meta original. O que ele realmente queria era: "levar pela mão" (como o Areopagita diz de si mesmo)[20] para completar seu trabalho como guia espiritual por meio de seus escritos. De maneira nenhuma nos foi conservado tudo o que ele escreveu. Tudo o que surgiu antes de sua prisão foi destruído ou por ele mesmo ou por outras pessoas. A segunda perseguição, por

20. *De divinis nominibus*. Cap. II, § 2, Migne, P. Gr. III 64.

sua vez (dentro da Reforma), privou-nos de muita coisa, por exemplo, valiosos registros que foram feitos pelas freiras carmelitas segundo suas instruções orais. De suas cartas, igualmente, apenas uma fração foi conservada. E dos quatro grandes tratados que nos restaram – *Subida do Monte Carmelo, Noite escura, Cântico espiritual, Chama viva de amor* – *Subida* e *Noite* chegaram-nos de forma incompleta[21]. Apesar de tais lacunas e de algumas questões insolúveis decorrentes delas, as ideias orientadoras estão de tal modo claras naquilo que nos foi conservado como inestimável legado de nosso santo Pai, que certamente se deve esperar uma resposta à nossa pergunta.

A verdadeira origem dos escritos conservados deve ser buscada no período da prisão em Toledo. A experiência mais íntima é a fonte de onde brotam. A bem-aventurança e o tormento de um coração atingido e ferido por Deus encontram sua primeira expressão na confissão lírica: as primeiras 30 estrofes do *Cântico espiritual* surgiram no calabouço, talvez também a poesia da *Noite escura*, que está tanto na base do escrito que leva este nome quanto na da *Subida*. João trouxe-as consigo do cárcere (se preservadas apenas na memória ou esboçadas em um caderno, há testemunhos variados a respeito) e tornou-as conhecidas a almas de confiança. Devemos os tratados esclarecedores ao pedido de filhos e filhas espirituais. Neles, a experiência oriunda da linguagem do poeta é traduzida na do pensador treinado filosófica e teologicamente, mas mesmo assim com uso bastante módico de expressões técnicas escolásticas, e abundante recurso a imagens mais próximas da realidade. Além disso, a base da experiência se alarga: a experiência própria é com-

21. Aqui não entramos na controvérsia de se eles jamais foram concluídos ou se foram posteriormente mutilados.

pletada por aquilo que se tornou conhecido do mestre na orientação espiritual, oriundo do profundo vislumbre sobre a vida interior de outras pessoas. Isso preserva-o da unilateralidade e de falsas generalizações. Ele conta sempre com a grande pluralidade de vias possíveis e da suave e facilmente flexível condução da graça nas condições particulares de cada alma. Para ele, uma fonte sempre transbordante de instrução sobre as leis da vida interior é, decisivamente, a Sagrada Escritura. Nela ele encontra a firme confirmação do que lhe é conhecido pela mais íntima experiência. Por outro lado, a própria experiência abre-lhe os olhos para o significado místico dos livros sagrados. A audaciosa linguagem imagética dos Salmos, as parábolas do Senhor, inclusive as narrativas históricas do Antigo Testamento – tudo se lhe torna transparente e dá-lhe sempre intuições mais ricas e profundas sobre a única coisa que lhe importa: *o caminho da alma para Deus e a ação de Deus na alma.*

Deus criou as almas humanas para si. Deseja uni-las a si mesmo e dar-lhes a incomensurável plenitude e a inapreensível bem-aventurança de sua própria vida divina: já nesta vida. Esta é a meta para a qual as dirige e pela qual elas mesmas, com toda veemência, devem forcejar. No entanto, o caminho para lá é estreito, e abrupto, e penoso. A maioria fica pelo caminho. Poucos conseguem superar os primeiros passos, um número infimamente pequeno atinge a meta. A culpa é dos perigos do caminho – perigos da parte do mundo, do maligno inimigo e da própria natureza, mas também do desconhecimento e da falta de orientação adequada. As almas não compreendem o que lhes acontece, e raramente encontra-se alguém que lhes possa abrir os olhos para isso. João oferece-se a elas como guia competente. Tem misericórdia com os que erram, e dói-lhe que a obra de Deus malogre por causa desses obstáculos. Ele quer e pode ajudar, pois tem familiaridade com todos os caminhos e estádios do misterioso reino da vida interior. Não lhe é possível dizer tudo o que sabe a esse respeito; precisa refrear-se constantemente para não ir além do que a tarefa exige.

O santo não escreveu suas obras para todos. Certamente não quer excluir ninguém. Contudo, sabe que só pode contar com a compreensão de determinado círculo de pessoas: aquelas que já possuem alguma experiência da vida interior. Em primeira linha, ele pensa nos frades e nas freiras carmelitas, cuja primeiríssima vocação é a oração interior. Ele sabe, porém, que a graça de Deus não está vinculada ao hábito religioso e aos muros do mosteiro. A uma de suas filhas espirituais "no mundo" é que devemos o escrito sobre a *Chama viva de amor*. Ele escreve para almas introspectivas, e em um ponto bem-determinado do caminho delas, quer tomá-las pela mão: em uma bifurcação onde a maioria fica perplexa e não sabe como orientar-se em seguida. No caminho que percorreram até agora, vêm-lhes ao encontro obstáculos intransponíveis. O novo caminho, porém, que se abre diante delas, conduz através de impenetrável escuridão – quem tem a coragem de aventurar-se por ele? A encruzilhada em questão é a da *meditação* e da *contemplação*. Até agora, talvez segundo o método inaciano, exercitaram-se em horas de meditação as forças espirituais – sentidos, imaginação, memória, intelecto, vontade. Mas agora estão falhando. Todos os esforços são em vão. Os exercícios espirituais, geralmente fonte de alegria interior, tornaram-se uma agonia, ficaram insuportavelmente maçantes e estéreis. Não existe, porém, nenhuma propensão a ocupar-se de coisas mundanas. De preferência, a alma gostaria de permanecer totalmente quieta, sem mover-se, sossegando todas as forças. Isso, entretanto, parece-lhe ociosidade e perda de tempo. Algo assim parece à alma quando Deus quer conduzi-la à *noite escura*. De acordo com o uso linguístico cristão habitual, tal circunstância é chamada de "uma cruz". Também antigamente já se falava que *cruz* e *noite* têm algo em comum. Contudo, a constatação vaga de certa analogia de sentido não nos é de muito auxílio. Em algumas passagens nos escritos do santo Padre João fala-se com tanta determinação do significado da cruz, que, por isso, seria justificada nossa compreensão de sua vida e de seus ensinamentos como uma ciência da cruz. Mas se trata de relativamente poucas passagens. O símbolo dominante em suas poesias, bem como em seus tratados, não é a cruz, mas a noite: em *Subida* e *Noite*, ela encontra-se absolutamente no centro; em *Cântico* e em *Chama* (que tratam preponderantemente da circunstância para além da noite), ele ainda ressoa[22]. Conseguintemente, é necessário dar conta precisamente da relação entre cruz e noite se se quiser conseguir clareza sobre o significado da cruz em João.

1. Cruz e noite (noite dos sentidos)

§ 1. Diferença no caráter do símbolo: emblema e expressão cósmica

Inicialmente, deve-se perguntar se cruz e noite são *símbolos* no mesmo sentido. O problema é que a palavra símbolo é usada em múltiplas acepções. É tomada, às vezes, em um sentido muito amplo, de modo que se compreende tudo o que é manifesto como a indicar

---

22. Não menos importante é o símbolo nupcial, mas não vem ao caso aqui. No tratado do *Cântico espiritual* é discutido pormenorizadamente.

algo espiritual, ou tudo o que é conhecido pela experiência natural como a apontar para algo desconhecido, talvez até mesmo não experimentável no conhecimento natural. Nesse sentido amplo, tanto cruz quanto noite podem ser chamadas de símbolos. No entanto, quando consideramos a diferença entre *sinal* e *imagem*, torna-se visível uma contraposição. A imagem – entendida como *retrato* – aponta para o retratado mediante uma semelhança interna; quem a vê, é imediatamente direcionado à imagem original que reconhece nela ou conhece a partir dela. Entre o sinal e o sinalizado não é preciso existir nenhuma correspondência quanto ao conteúdo. A conexão entre eles é estabelecida mediante uma determinação arbitrária; para entender esse sinal é preciso ser instruído sobre tal determinação. A cruz, evidentemente, não é nenhum símbolo em sentido próprio. (Quando é chamada de "símbolo", isso não quer dizer mais do que "símbolo" no sentido amplo que acabamos de circunscrever: algo aparente, que aponta para um sentido que está para além do aparente.) Entre cruz e sofrimento não há nenhuma semelhança imediatamente tangível, mas tampouco alguma relação simbólica definida arbitrariamente. O significado da cruz lhe foi acrescido por sua história. Não se trata de um mero *objeto da natureza*, mas de um *instrumento* feito e utilizado pela mão humana para um fim bem-determinado. Como instrumento, desempenhou na história um papel de dimensão incomparável. Todos os que vivem no círculo cultural cristão sabem alguma coisa a respeito desse papel. Por essa razão, por sua forma aparente, a cruz conduz imediatamente à plenitude de significado entretecido com ela. É, portanto, um sinal, mas não um sinal ao qual foi anexado artificialmente um significado, mas que lhe advém em razão de sua eficácia e de sua história. Sua forma visível aponta para o contexto simbólico na qual se encontra. Fazemos-lhe jus se a denominarmos de *emblema*.

A noite, por outro lado, é algo *natural*: o oposto da luz a envolver-nos a nós e a todas as coisas. Não é nenhum *objeto* em sentido próprio da palavra: não está diante de nós, e também não se sustenta por si mesma. Não é igualmente nenhuma *imagem*, a ponto de, sob ela, vislumbrar-se uma forma visível. Ela é invisível e informe. No entanto, percebemo-la, é-nos até mesmo mais próxima do que todas as coisas e formas, está muito mais intimamente ligada ao nosso ser. Tal como a luz permite que as coisas apareçam em suas características visíveis, assim a noite as "engolfa" e ameaça engolir-nos também. O que nela afunda não é simplesmente nada: continua a existir, mas de maneira indeterminada, invisível e informe como a própria noite, ou sombrio e fantasmagórico e, por conseguinte, ameaçador. No caso, nossa própria existência é ameaçada não apenas de fora, pelos perigos ocultos na noite, mas afetados interiormente pela própria noite. Ela priva-nos do uso dos sentidos, inibe nossos movimentos, paralisa nossas forças, lança-nos na solidão, torna-nos sombrios e fantasmáticos. É como uma prelibação da morte. E tudo isso tem não apenas importância vital, mas também psíquico-espiritual. A noite cósmica atua em nós semelhantemente ao que, em sentido figurado, é chamado de *noite*. Ou, em sentido inverso: aquilo que em nós produz efeitos semelhantes aos da noite cósmica é chamado de "noite" em sentido figurado. Antes de buscarmos compreender esse "aquilo" devemos tornar claro para nós que já a noite cósmica tem uma face dupla. A noite escura e sinistra contrasta-se com a "noite encantada enluarada", inundada por uma luz delicada e suave. Ela não engole as coisas, mas permite que resplandeça sua face noturna. Toda dureza, agudeza e estridência é aqui atenuada e mitigada, manifestam-se traços característicos que jamais aparecem na clara luz do dia. Percebem-se também vozes que o ruído diurno abafa. Mas não somente a noite iluminada: a noite escura também tem seu próprio valor. Ela põe fim à azáfama e aos ruídos do dia, traz sossego e paz. Tudo isso afeta também o psíquico-espiritual. Existe uma claridade noturna e suave do espírito na qual ele, livre do serviço na linha de combate das ocupações cotidianas, distendido e recolhido ao mesmo tempo, é atraído para as profundas conexões de sua própria natureza e de sua própria vida, do mundo e do mundo superior. Existe, ainda, um repouso profundo e agradecido na paz da noite. Devemos refletir sobre tudo isso se quisermos compreender o símbolo da noite em São João da Cruz. Somos informados, pelos testemunhos de sua vida e por seus poemas, de que ele era profundamente sensível à noite cósmica, com todos os seus matizes. Passava noites inteiras à janela, com o olhar voltado para a ampla paisagem, ou ao ar livre. E encontra palavras para a noite que nenhum outro cantor da noite consegue superar:

A alma compara o amado:

> *La noche sosegada,* A noite sossegada,
> *en par de los levantes del aurora,* Quase aos levantes do raiar da aurora;
> *la música callada,* A música calada
> *la soledad sonora,* A solidão sonora
> *la cena que recrea y enamora,* A ceia que receia e que enamora.
> (*Cântico espiritual*, estrofe 15)[23]

---

23. *Obras Completas*. Canções, p. 583.

Quando o pensador João fala da noite em seus tratados, subentende-se aí toda a plenitude do que essa palavra significa para o poeta e para os seres humanos. Em breves traços, tentamos descrevê-la em alguns aspectos, sem, no entanto, exauri-la, na medida em que é uma expressão simbólica. Agora devemos esforçar-nos para compreender o que deve ser expresso simbolicamente dessa maneira. João tratou detalhadamente do assunto, e deveremos voltar a ele. Por enquanto, trata-se apenas de obter uma visão inicial a fim de tornar evidente a peculiaridade da relação simbólica existente. A *noite mística* não deve ser compreendida cosmicamente. Ela não nos penetra de fora, mas tem sua origem no íntimo da alma e atinge também apenas essa única alma na qual ela surge. Entretanto, os efeitos que ela produz interiormente são comparáveis aos da noite cósmica; ela provoca uma imersão do mundo exterior, ainda que este possa estar estendido exteriormente na clara luz do dia. Ela lança a alma na solidão, na desolação e no vazio, estorva a atividade de suas forças, assustando-a mediante medos ameaçadores que encerra em si. No entanto, aqui também há uma *luz noturna* que descortina, profundamente no íntimo, um novo mundo, e simultaneamente ilumina o mundo exterior a partir de dentro, de tal maneira que ele nos é devolvido como um mundo completamente transformado.

Tentemos agora esclarecer a *relação entre noite cósmica e noite mística*, tanto quanto possível, baseando-nos nestas primeiras considerações introdutórias. Evidentemente aqui não se trata de nenhuma relação simbólica, nada afixado de fora e de maneira arbitrária, tampouco de um nexo desenvolvido causativa e historicamente, como no caso do emblema. Existe uma extensa *correspondência conteudística* que permite usar o mesmo nome em um caso e em outro.

Quando se fala da *imagem* da noite, provavelmente se quer dizer com isso que o nome noite, em primeiro lugar, refere-se à noite cósmica e, a partir daí, seria transferido para a noite mística, a fim de, mediante algo bem conhecido e familiar, tornar conhecido algo desconhecido e dificilmente acessível, que lhe é semelhante. No entanto, não se pode falar de uma *relação pictórica*: não se trata de um ser reproduzido a partir do outro. Ao contrário, deve-se pensar na relação da *expressão simbólica*, tal como geralmente existe entre o *sensível* e o *espiritual*: da mesma forma que a fisionomia e a expressão facial são expressão da peculiaridade psíquica e da vida espiritual, tal como o espiritual e até mesmo o divino se revelam na natureza. Existe uma semelhança original e uma afinidade factual que tornam o sensível apto a revelar cognitivamente o espiritual. Tudo o que resta da relação pictórica é somente a semelhança – uma semelhança, porém, pela qual o que é "igual" em ambos os lados não é propriamente apreensível, mas pode ser indicado apenas por determinados traços coincidentes. Respeitante à relação pictórica, o que é distintivo não é tão somente a imperfeita reprodutibilidade, mas também o fato de que não se trata de "entidades", com formas firmemente delineadas. Existe também uma contraposição à expressão mímica: uma mudança bem-determinada na face, que o artista pode traçar com lápis ou pincel, corresponde a uma igualmente determinada moção psíquica. A noite, porém, seja cósmica, seja mística, é algo informe e inapreensível, algo que, na plenitude do sentido, apenas se deixa sugerir, mas não exaurir. Toda uma mundivisão, uma composição da existência é decidida nesse âmbito. Precisamente nisso consiste o que há de comum: no fato e na peculiaridade dessa mundivisão e constituição da existência. Algo inapreensível aqui, algo inapreensível ali e, mesmo assim, tão evidente que um pode ser conciliado com o outro, e pode ser usado como acesso ao outro, não por escolha arbitrária e comparação programada, mas em uma *experiência simbólica* que se depara com *conexões primordiais* e, assim, encontra uma *expressão imagética* necessária para algo conceitualmente indizível.

Agora estamos em condições de resumir brevemente a diferença no caráter simbólico entre *cruz* e *noite*: a *cruz* é o *emblema* de tudo o que tem uma relação causal e histórica com a cruz de Cristo. A *noite* é a indispensável *expressão cósmica* da mundivisão mística de São João da Cruz. A predominância do símbolo da noite é sinal de que, nos escritos do santo padre da Igreja, não é o teólogo que tomou a palavra, mas o poeta e o místico, ainda que o teólogo tenha supervisionado minuciosamente os pensamentos e a expressão.

§ 2. O cântico da Noite escura

Agora se trata de pesquisar a noite mística, a fim de perceber nela a ressonância da mensagem da cruz. Neste caso, escolheremos de preferência o cântico da *Noite escura* como ponto de partida: afinal, ela está na base dos dois grandes tratados que se ocupam com a noite mística.

Noche Oscura	Noite Escura

I
En una noche oscura,
Con ansias en amores
    inflamada
Oh! Dichosa ventura!
Salí sin ser notada,
Estando ya mi casa sosegada.
	I
	Em uma noite escura,
	De amor em vivas ânsias
	    inflamada
	Oh! Ditosa ventura!
	Saí sem ser notada,
	Já minha casa estando sossegada.

II *A oscuras, y segura,* *Por la secreta escala disfrazada,* *Oh! Dichosa ventura!* *A oscuras, e encelada,* *Estando ya mi casa sosegada.*	II Na escuridão, segura, Pela secreta escada, disfarçada, Oh! ditosa ventura! Na escuridão, velada, Já minha casa estando sossegada.
III *En la noche dichosa,* *En secreto, que nadie me veía,* *Ni yo miraba cosa,* *Sin otra luz, ni guía,* *Sino la que em el corazón ardía.*	III Em noite tão ditosa, E num segredo em que ninguém me via, Nem eu olhava coisa, Sem outra luz nem guia, Além da que no coração ardia.
IV *Aquesta me guiaba,* *Más cierto que la luz de mediodía,* *A donde me esperaba,* *Quien yo bien me sabía,* *Em parte, donde nadie parecía.*	IV Essa luz me guiava Com mais clareza que a do meio-dia Aonde me esperava Quem eu bem conhecia, Em sítio onde ninguém aparecia.
V *Oh! Noche, que guiaste,* *Oh! Noche amable más que el alborada,* *Oh! Noche, que juntaste,* *Amado con amada,* *Amada en el Amado transformada!*	V Oh! noite que guiaste, Oh! noite mais amável do que a alvorada! Oh! noite que juntaste Amado com amada. Amada no Amado transformada!
VI *Em mi pecho florido,* *Que entero para él sólo se guardaba,* *Allí quedó, dormido,* *Y yo le regalaba,* *Y el ventalle de cedros aire daba.*	VI Em meu peito florido, Que, inteiro, para ele só guardava, Quedou-se adormecido, E eu, terna, o regalava, E dos cedros o leque o refrescava.

VII	VII
El aire de la almena, *Cuando ya sus cabellos* *esparcía,* *Con su mano serena,* *En mi cuello hería,* *Y todos mis sentidos suspendía.*	Da ameia a brisa amena, Quando eu os seus cabelos afagava, Com sua mão serena Em meu colo soprava, E meus sentidos todos transportava.
VIII *Quedéme, y olvidéme,* *El rostro recliné sobre* *el Amado,* *Cesó todo y dejéme,* *Dejando mi cuidado,* *Entre las azucenas olvidado.*	VIII Esquecida, quedei-me, O rosto reclinado sobre o Amado; Tudo cessou. Deixei-me. Largando meu cuidado, Por entre as açucenas olvidado.

§ 3. Noite escura dos sentidos

a) Introdução ao significado da noite

A imagem poética é perfeitamente levada a cabo, nenhuma palavra didática a rompe. Para isso, os dois tratados esclarecedores – *Subida* e *Noite escura* – dão a chave para a compreensão.

A alma que canta o cântico atravessou a noite, alcançou a meta entrando em união com o divino Amado. Conseguintemente, é um hino de louvor à noite, que se tornou caminho para a bem-aventurança. O grito de júbilo – *Oh! ditosa ventura!* – ressoa repetidamente. Contudo, a escuridão e o medo não foram esquecidos. Ainda é possível imaginar-se lá retrospectivamente.

A casa que a noiva abandonou é a parte sensitiva da alma. Ela está sossegada porque todos os apetites foram nela silenciados. A alma foi capaz de subtrair-se a eles porque o próprio Deus a libertou deles. Por suas próprias forças ela não o teria conseguido. Com este breve esclarecimento já está indicada a importante diferença entre *noite ativa* e *noite passiva*, que posteriormente ainda será abordada pormenorizadamente, e o mútuo relacionamento entre ambas. A alma deve empenhar-se com toda a extensão de suas forças para libertar-se do cativeiro imposto por sua natureza sensitiva, mas Deus deve vir em seu auxílio, aliás, antecipa-se, com sua eficácia: o agir de Deus estimula o dela e consuma-o.

O *desprendimento* é referido como uma *noite* que a alma deve pervagar. Ela é-o em tríplice sentido: em relação ao *ponto de partida*, ao *caminho* e à *meta*. O ponto de partida é o desejo pelas coisas deste mundo a que a alma deve renunciar. Tal renúncia, porém, lança-a na escuridão, como no nada. Por esse motivo é chamada *noite*. O mundo que percebemos pelos sentidos é, naturalmente, o solo firme que nos sustenta, a morada na qual nos sentimos em casa, que nos alimenta e nos provê de tudo que necessitamos, fonte de nossas alegrias e prazeres. Caso nos fosse tirado ou fôssemos obrigados a retirar-nos dele, na verdade seria como se nos fosse tirado o chão de sob os pés, e se fizesse noite ao nosso redor; seria como se devêssemos, nós próprios, submergir e perecer. Mas não é o que acontece. De fato, somos colocados em um *caminho* seguro, posto que em um caminho escuro, envolto na noite: o caminho da *fé*. É um *caminho*, pois conduz à meta da união. Contudo, é um *caminho noturno*, visto que, comparado com a percepção clara do intelecto natural, a fé é um *conhecimento obscuro*: familiariza-nos com algo, mas não nos é dado vê-lo. Por conseguinte, deve-se dizer que é noite também a *meta* a que chegamos pelo caminho da fé: sobre a Terra, mesmo na bem-aventurada união, *Deus* permanece velado para nós. Nosso olho espiritual não é adequado à sua luz extremamente brilhante, e enxerga como em noturna escuridão. Contudo, assim como a noite cósmica, ao longo de toda a sua duração, não é escura de modo igual, a noite mística também tem seus períodos e graus correspondentes. A submersão do mundo dos sentidos é como o cair da noite, durante o qual ainda resta um *crepúsculo* da claridade do dia. A fé, por sua vez, é *escuridão da meia-noite*, porque aqui não é apagada somente a atividade sensitiva, mas também o conhecimento do intelecto natural. Quando, porém, a alma encontra a Deus, eis que já irrompe em sua noite, por assim dizer, a *aurora* do novo dia da eternidade.

Com base nesta breve análise, parece que já se evidencia certo contato entre noite e cruz; a relação torna-se ainda mais clara se considerarmos agora, em detalhes, as fases da noite.

b) Entrada ativa na noite como seguimento da cruz

O ponto de partida ou a primeira etapa é chamada pelo santo de *noite escura dos sentidos*[24]. O que importa aqui, na realidade, é a *mortificação do prazer no desejo por todas as coisas*. É claro que não é questão de não mais perceber pelos sentidos. Eles são as janelas pelas quais entra a luz do conhecimento nas trevas do calabouço de nossa vida ligada ao corpo; não podemos dispensar-nos deles enquanto vivermos. Entretanto, devemos aprender a ver e a ouvir etc., como se não víssemos nem ouvíssemos. A postura fundamental diante do mundo sensível deve transformar-se. No ser humano natural, essa ati-

24. Será tratada no Livro I de *Subida do Monte Carmelo,* e na I Parte de *Noite escura*, intitulada *Noite escura dos sentidos.*

tude fundamental não é, em média, nenhuma postura puramente epistemológica – ele encontra-se no mundo muito mais como alguém que deseja e como homem de ação. De mil maneiras está associado ao mundo porque este lhe oferece o que lhe aplaca o desejo, estimula-o a agir e é, o próprio mundo, a substância do seu agir. De modo geral, em seu fazer e agir, ele deixa-se guiar por impulsos e desejos na alimentação e na vestimenta, no trabalho e no descanso, no lazer e na recreação, na convivência com os demais. Sente-se feliz e satisfeito quando não se depara com obstáculos extraordinários. Nenhum empecilho extraordinário – pois, visto que não é possível uma vivência desimpedida neste mundo, normalmente isto lhe é tão familiar desde a juventude, que se lhe tornou uma segunda natureza. Ele sabe, pela educação e pela experiência, que a satisfação desinibida dos impulsos da própria natureza é perniciosa, e é levado pela sã razão a certa contenção e controle voluntários. O respeito pelo outro, que se impõe na vida comunitária natural como desafio inevitável, o direito natural e o direito consuetudinário natural agem na mesma direção. Nada disso, porém, infringe o direito natural dos impulsos, mas apenas o coloca em equilíbrio com os demais direitos. Por outro lado, com a instauração da *noite escura*, começa algo novo: todo o conforto do sentir-se em casa no mundo, a sensação de apaziguamento dos prazeres que ele oferece, a ânsia por tais prazeres e a aquiescência natural a essa ânsia – tudo o que para o ser humano natural significa a clara vida cotidiana –, aos olhos de Deus são *trevas*[25] incompatível com a luz divina. É preciso arrancá-las pela raiz para que haja

25. Estas *trevas*, fundadas no pecado, são completamente diferentes da *obscuridade* que tem sua origem em Deus e leva à supressão das trevas.

espaço para Deus na alma. Cumprir essa exigência significa assumir a luta contra a própria natureza em todos os aspectos, *tomar sobre si a cruz* e *entregar-se à crucifixão*. Neste contexto, o santo Padre João introduz a palavra do Senhor: "Assim qualquer um de vós, que não renuncia a todos os seus bens [que possui com o desejo], não pode ser meu discípulo" (Lc 14,33). A realidade de que o domínio do desejo sobre a alma são deveras trevas é provada exaustivamente: os prazeres cansam e atormentam a alma, obscurecem-na, mancham-na e debilitam-na; e roubam-lhe o Espírito de Deus, do qual se afasta ao entregar-se ao espírito animalesco. Assumir o combate contra isso ou tomar sobre si sua cruz significa *entrar ativamente na noite escura*. O santo dá, a propósito, alguns preceitos breves e concisos, a respeito dos quais ele próprio diz: "Portanto, quem verdadeiramente quiser pô-los em prática, não sentirá falta de outros ensinamentos, porque nestes estão encerrados todos". São eles:

"1) Tenha sempre a alma o desejo contínuo de imitar a Cristo em todas as coisas, conformando-se à sua vida que deve meditar para saber imitá-la, e agir em todas as circunstâncias como Ele próprio agiria.

2) Para bem poder fazer isto, se lhe for oferecida aos sentidos alguma coisa de agradável que não tenda exclusivamente para a honra e a glória de Deus, renuncie e prive-se dela pelo amor de Jesus Cristo, que, durante a sua vida, jamais teve outro gosto, nem outra coisa quis senão fazer a vontade do Pai, a que chamava sua comida e manjar. Por exemplo: se acha satisfação em ouvir coisas em que a glória de Deus não está interessada, rejeite esta satisfação e mortifique a vontade de ouvir. [...] Proceda deste modo, na medida do possível, em todas as ope-

rações dos sentidos; no caso de não ser possível, basta que a vontade não queira gozar desses atos que lhe vão na alma. Desta maneira há de deixar logo mortificados e vazios de todo o gosto, e como às escuras. E com este cuidado, em breve aproveitará muito. Para mortificar e pacificar as quatro paixões naturais que são gozo, esperança, temor e dor, de cuja concórdia e harmonia nascem inumeráveis bens, trazendo à alma grande merecimento e muitas virtudes, o remédio universal é o seguinte:

Procure sempre inclinar-se:

Não ao mais fácil, senão ao mais difícil.

Não ao mais saboroso, senão ao mais insípido.

Não ao mais agradável, senão ao mais desagradável.

Não ao descanso, senão ao trabalho.

Não ao consolo, mas à desolação.

Não ao mais, senão ao menos.

Não ao mais alto e precioso, senão ao mais baixo e desprezível.

Não a querer algo, e sim, a nada querer.

Não a andar buscando o melhor das coisas temporais, mas o pior; enfim, desejando entrar por amor de Cristo na total desnudez, vazio e pobreza de tudo quanto há no mundo. Abrace de coração essas práticas, procurando acostumar a vontade a elas. [...].

Basta observar fielmente essas máximas para entrar na noite sensitiva" (*Subida do Monte Carmelo*, Livro I, Cap. XIII, n. 2-8).

Esta entrada ativa na noite escura dos sentidos equivale ao abraço voluntário da cruz e à persistência em carregá-la: quanto a isso, já não há mister de nenhum esclarecimento. Contudo, não se morre simplesmente ao se levar a cruz. Para pervagar completamente a noite, o ser humano deve morrer ao pecado. Ele pode entregar-se à crucifixão, mas não pode crucificar a si mesmo. Para isso, o que a noite ativa começou deve ser completado pela *noite passiva*, ou seja, pelo próprio Deus. "Por mais que procure ajudar-se, não pode, com sua indústria, purificar-se ativamente, de modo a ficar disposta, no mínimo ponto, para a divina união da perfeição do amor, se Deus não a toma pela mão e a purifica Ele próprio naquele fogo obscuro para a alma..." (*Noite escura*, Livro I, Cap. IV, n. 3).

c) Noite passiva como equivalente a ser crucificado

Mencionou-se anteriormente que a entrada ativa da alma na noite escura só lhe é possível porque a graça de Deus a precede, atrai-a e sustenta-a ao longo de todo o caminho. No entanto, nos iniciantes, essa graça antecipada e auxiliadora ainda não tem o caráter da *noite escura*. Em vez disso, são tratados por Deus como o são criancinhas por uma mãe carinhosa, que as carrega nos braços e alimenta-as com leite doce: em todos os exercícios espirituais – oração, contemplação e mortificação – são-lhes concedidas abundantes alegrias e consolações. Neles, essa alegria torna-se motivação para dedicar-se aos exercícios espirituais. Não percebem que imperfeição aí existe, e em quantos enganos incorrem em seus exercícios virtuosos. Por meio de vívidos exemplos, o santo mostra que, nos principiantes, todos os sete pecados capitais encontram-se transferidos para o âmbito espiritual: a *soberba espiritual*, que se orgulha um pouco das graças e virtudes, olha os demais com desprezo e prefere dar lições a receber instrução; a *avareza espiritual*, que nunca se farta de livros, cruzes, rosários etc. Para se libertaram dessas faltas, precisam desacostumar-se do leite das consolações e ser nutridos com alimentação mais forte. "Já percorreram, durante algum tempo, o caminho da virtude, perseveram em meditação e oração; pelo sabor e gosto que aí achavam, aos poucos se foram desapegando das coisas do mundo e adquiriram algumas forças espirituais em Deus. Desse modo, conseguiram refrear algum tanto os apetites naturais, e estão dispostos a sofrer por Deus um pouco de trabalho e secura sem volver atrás, para o tempo mais feliz. [...] Deus lhes obscurece toda esta luz interior. Fecha-lhes a porta, vedando-lhes a fonte viva da doce água espiritual que andavam bebendo todas as vezes e todo o tempo que desejavam; [...] Eis que de repente os mergulha Nosso Senhor em tanta escuridão que ficam sem saber por onde andar, nem como agir pelo sentido, com a imaginação e o discurso" (*Noite escura*, Livro I, Cap. VIII, n. 3). Todas as práticas piedosas lhes parecem agora insípidas, até mesmo repugnantes. O fato de, no caso, não se tratar de consequência de pecados e de imperfeições, mas da *aridez purificadora* da noite escura, evidencia-se em três sinais:

1) A alma também não encontra gosto em coisa alguma criada.

2) Ela tem "lembrança muito contínua de Deus, com solicitude e cuidado aflito, imaginando que não o serve, mas antes volve atrás no divino serviço. Assim pensa, por causa do desgosto que sente nas coisas espirituais" (*Noite*, Livro I, Cap. IX, n. 3). Pois, por essa razão, ela não teria nenhuma preocupação

se sua secura estivesse fundada na tibieza. Na secura purificadora, ao contrário, reina sempre o desejo de servir a Deus. E o espírito se fortalece, ao passo que a parte sensorial, por falta de gosto, sente-se relaxada e impotente. "O motivo desta secura é a mudança operada por Deus na alma, elevando todos os bens e forças do sentido ao espírito; e como o sentido não tem capacidade para esses bens do espírito, fica privado de tudo, na secura e no vazio. A parte sensitiva não tem capacidade para receber o que é puramente espiritual, e assim, quando o espírito goza, a carne se descontenta e relaxa para agir. Todavia, a parte espiritual, que vai recebendo o alimento, cria novas forças, com maior atenção e vigilância do que antes tinha, na sua solicitude em não faltar a Deus" (*Noite,* Livro I, Cap. IX, n. 4). Entretanto, dado que ela ainda não está acostumada à suavidade espiritual, inicialmente nada experimenta disso, mas apenas aridez e descontentamento.

3) A aridez purificadora é reconhecida na "impossibilidade, para a alma, por mais esforços que empregue nisso, de meditar e discorrer com o entendimento e com a ajuda da imaginação [...]. Deus aqui começa a comunicar-se não mais por meio do sentido, como o fazia até então quando a alma o encontrava pelo trabalho do raciocínio [...]; agora Ele o faz puramente no espírito, onde não é mais possível haver discursos sucessivos. A comunicação é feita com um ato de simples contemplação, a que não chegam os sentidos interiores e exteriores da parte inferior" (*Noite*, Livro I, Cap. IX, n. 8). Esta contemplação obscura e árida para o sentido "é oculta e secreta àquele mesmo que a recebe". Normalmente

ela leva "a alma a experimentar desejo e inclinação para ficar sozinha e quieta, sem poder – e nem mesmo querer – pensar em coisa distinta". Se as almas permanecessem em sossego, "logo, naquela calma e ócio, perceberiam a delicadeza daquela refeição íntima. É tão suave esse alimento que, de ordinário, se a alma procura ou deseja saboreá-lo, não lhe sente o gosto. [...] É semelhante ao ar: se o quisermos colher na mão, ele nos foge (*Noite*, Livro I, Cap. IX, n. 6). [...] De tal maneira põe o Senhor a alma neste estado e a conduz por tão diversa via, que, se ela quiser agir com suas potências, em vez de ajudar à obra de Deus em seu interior, antes a estorvará" (n. 7). A paz que Deus quer enviar-lhe por meio daquela secura no sentido é "espiritual e delicada", e "esta obra divina é, em sua realização, tranquila, suave, solitária, satisfatória e pacífica, e muito alheia a todos aqueles gostos do princípio, mui palpáveis e sensíveis" (n. 7). Assim, deve-se entender que só se experimenta a morte do ser humano sensual, e não a aurora, aí escondida, de uma nova vida.

Não é exagero nenhum se chamarmos de crucifixão aos sofrimentos das almas em tal circunstância. Incapazes de recorrer às próprias potências, estão como que pregadas. À aridez acrescenta-se o tormento do receio de haverem errado o caminho, "pensando terem perdido todo os bens sobrenaturais, e estarem abandonadas por Deus" (*Noite,* Livro I, Cap. X, n. 1). Esforçam-se, então, para serem ativas segundo o antigo hábito, mas nada alcançam com isso, e apenas perturbam a paz que Deus está operando nelas. Agora, outra coisa não deveriam fazer senão "ter paciência e perseverar na oração sem poder agir por si mesmas. A única coisa que a alma há de fazer aqui é permanecer livre e desembaraçada, despreocupada de todas as notícias e pensamentos, sem cuidado do que deve pensar ou meditar. Contente-se com uma amorosa e tranquila advertência em Deus, sem outra solicitude nem esforço, e até sem desejo de achar nele o gosto ou consolação" (n. 4). Em vez disso, esforçam-se inutilmente sem uma orientação competente, ainda se torturam, talvez, com o pensamento de que a oração é perda de tempo, e que seria preferível dela desistir. Se se entregassem tranquilamente à obscura contemplação, em pouco tempo sentiriam o que diz o v. 2 do cântico da noite: a *inflamação do amor*. "De fato, a contemplação não é mais do que uma infusão secreta, pacífica e amorosa de Deus; e, se a alma consente, logo é abrasada em espírito de amor" (n. 6). Via de regra, esta inflamação do amor não é sentida logo no princípio. Ao contrário, a alma sente apenas secura e vazio, medo angustiante e inquietação. E se começa a sentir algo desta inflamação é uma intensa saudade de Deus, uma dolorosa ferida de amor. Somente mais tarde ela reconhecerá que Deus, por meio da noite dos sentidos, queria purificá-la e submeter os sentidos ao espírito. Então ela exclamará: Oh! Ditosa ventura! E perceberá que proveito o "sair sem ser notada" significou para ela: libertou-a da escravidão na qual os sentidos a mantinham, desfez a pouco e pouco sua inclinação a todas as coisas criadas e orientou-a para os bens eternos. A *noite dos sentidos* foi para ela a *porta apertada* (Mt 7,14) que conduzia à vida. Agora deve percorrer o *caminho estreito* através da *noite do espírito*. Com certeza, somente poucos chegam até aqui, mas os proveitos da primeira noite são extremamente grandes: concede-se à alma o *autoconhecimento*; ela percebe a própria miséria, já não encontra nada de bom em si e, desse modo, aprende a estar diante de Deus com maior reverência. Sim, somente agora se dá conta da *grandeza* e da *sublimidade* de Deus. Precisamente a liberdade de todos os apoios sensoriais lhe possibilita receber iluminações e tornar-se acessível à verdade. Por isso se diz no Salmo: "Na terra deserta, sem água, seca e sem caminho, apareci diante de ti para poder ver tua virtude e tua glória" (Sl 62,3). Não quer aqui dizer o salmista "que os deleites espirituais e os numerosos gostos [...] lhe servissem de disposição e meio para conhecer a glória de Deus; ao contrário, foram as securas e desamparos da parte sensitiva [...]". Mas por "terra seca e deserta" entende João a incapacidade de se formar uma ideia de Deus mediante o pensamento discursivo ou progredir pelo pensamento perquiridor, com o auxílio à força da imaginação.

Na aridez e no vazio a alma também se torna *humilde*. Desaparece a antiga soberba quando a pessoa já não encontra nada em si que lhe possa dar motivo para menosprezar os outros; pelo contrário, agora os demais lhe parecem mais perfeitos, e no coração se lhe despertam amor e estima por eles. Agora ela tem também muito a fazer com a própria miséria para ficar prestando atenção aos outros. Em razão de sua impotência, a alma torna-se também *submissa* e *obediente*; anseia por instrução para alcançar o caminho reto. A avareza espiritual experimenta cura fundamental: quando alguém já não encontra gosto em nenhum tipo de exercício, torna-se bastante moderada e faz o que faz puramente por amor de Deus, sem buscar aí satisfação pessoal. O mesmo acontece com todas as imperfeições. Com elas desaparece igualmente toda confusão e inquietação. Pelo contrário, instala-se uma profunda *paz* e uma *lembrança constante de Deus*. Não desagradá-lo é a única preocupação que ainda resta. A noite escura torna-se escola de todas as *virtudes*: exercita a *resignação* e a *paciência* quando se é fiel na vida espiritual, sem sentir consolação e refrigério. A alma alcança um *amor a Deus mais forte* na medida em que só age por amor a Deus. A perseverança em todas as contrariedades confere-lhe vigor e *fortaleza*. A perfeita purificação de todas as inclinações e prazeres sensitivos conduz à *liberdade do espírito* na qual amadurecem os doze frutos do espírito. Oferece abrigo contra os três inimigos: o demônio, o mundo e a carne, que nada podem conseguir contra o espírito: a eles a alma "escapou sem ser notada". E agora, dado que as paixões foram sossegadas e a sensualidade foi adormecida pela aridez, "a casa está em profundo sossego".

A alma escapou e entrou no caminho do espírito, o caminho dos proficientes ou a via iluminativa, na qual o próprio Deus quer instruí-la, sem a atividade própria dela. Agora ela se encontra em um estado de transição. A contemplação concede-lhe alegrias espirituais puras, das quais também participam os sentidos purificados. Por algum tempo, porém, ela ainda retorna à meditação. De igual modo as alegrias alternam-se com dolorosas aflições. Antes da entrada na noite do espírito, ainda se acrescentam à aridez e ao vazio duras e lastimosas provas mediante embaraçosas tentações: o espírito da desonestidade e da blasfêmia domina-lhe a imaginação, e um *espírito de vertigem* (Is 19,14) enche-a de mil escrúpulos, em confusão e perplexidade. Por meio dessas tempestades as almas devem ser provadas e forjadas a fim de amadurecerem para a Sabedoria. Entretanto, nem todos são provados com a mesma aspereza. Muitos não conseguem de forma alguma ultrapassar esse estado de transição. Aqueles, porém, que devem alcançar a meta, devem suportar muitas coisas. Quanto mais elevado for o grau da união de amor ao qual Deus os quer conduzir, tanto mais profunda e duradoura costuma ser a purificação. Com efeito, também aos proficientes prendem-se ainda diversas imperfeições habituais das quais precisam ser libertados pela noite do espírito. Juntamente com o espírito, também os sentidos são completamente purificados. De fato, nele é que as imperfeições têm suas raízes.

A exposição do caminho da purificação mostra claramente que essa noite não é desprovida de luz, mesmo que os olhos da alma ainda não lhe sejam adequados e não possam percebê-la. Nas explicações relativamente breves que João dedica à noite dos sentidos, ressaltam-se vigorosamente os valiosos frutos da noite. Isso, porém, não está em oposição à mensagem da cruz. Já foi lembrado anteriormente que o Salvador ligou a alegre boa-nova da ressurreição ao anúncio de seu sofrimento e morte na cruz. Consoante à liturgia da Igreja, trata-se de *per passionem et crucem ad resurrectionis gloriam* ["pela paixão e cruz, à glória da ressurreição"]. A morte do ser humano sensorial se dá *pari passu* com o surgimento do ser humano espiritual. Todavia, esse maravilhoso renascimento até aqui foi somente sugerido. João deteve-se brevemente na apresentação da primeira noite porque tem pressa de chegar à noite do espírito, que é seu tema principal. Por conseguinte, é melhor tratar da relação entre morte e ressurreição somente depois da noite escura do espírito.

2. Espírito e fé, morte e ressurreição (noite do espírito)

Introdução: desenvolvimento das questões

A *noite do espírito* foi referida por João como o *caminho estreito*. Anteriormente, porém, fora chamada de caminho da fé, e sua escuridão era a da *meia-noite*. A fé, por conseguinte, deve desempenhar um papel preponderante na noite do espírito. A fim de se obter clareza a esse respeito é preciso explicar o que o santo compreende por *espírito* e *fé*. Não é tarefa fácil. Por trás de tudo o que ele escreve há uma *ontologia do espírito*. Contudo, não dispomos de nenhum tratado sobre o assunto, e talvez ele próprio jamais se tenha dado ao trabalho de separar para si como "teoria" o conhecimento habitual que vivia nele e determinava suas expressões ocasionais. Presumivelmente, deverá ter-se perguntado ainda menos a respeito de quais fontes provinha seu conhecimento. Para seu escopo, não era relevante ter clareza quanto a isso. Também para nós, a indagação sobre esta importante questão histórico-espiritual nos desviaria de nosso caminho. Entretanto, das questões *objetivas* – o que João entendia por *espírito* e *fé* – não nos é permitido passar ao largo. Mas elas devem ser respondidas com base no que nos é dito sobre a noite do espírito. Existe certa dificuldade pelo fato de que a noite escura é tratada duplamente – em *Subida* e em *Noite* –, sem que ambas as exposições sejam harmonizadas entre si. De preferência, elas completam-se, visto que uma trata principalmente da noite ativa, enquanto a outra, da passiva. Não se deixam, porém, juntar-se, como as partes de um todo originalmente unitário, mas cada uma é um projeto independente. A isso se acrescenta o fato de que ambas são incompletas: resta-nos somente considerar e analisar uma após a outra.

§ 1. Despojamento das potências espirituais na noite ativa

a) A noite da fé como caminho para a união

A segunda noite é mais escura do que a primeira porque esta diz respeito à parte inferior, sensitiva no ser humano e, portanto, é mais exterior. A noite da fé, ao contrário, abrange a parte superior, racional; é, conseguintemente, interior e subtrai à alma a luz da razão ou torna-a cega.

"A fé, dizem os teólogos, é um hábito (*habitus*) da alma certo e obscuro." [...] "obscuro porque faz crer verdades reveladas pelo próprio Deus, e que estão acima de toda luz natural, excedendo, sem proporção alguma, a todo humano entendimento. Portanto, esta excessiva luz, que a alma recebe da fé, converte-se em espessa treva, porque o maior sobrepuja e vence o menor [...]. De modo análogo a luz da fé, pelo seu grande excesso, supera e vence a luz de nosso entendimento que só alcança por si mesma a ciência natural" (*Subida do Monte Carmelo*, Livro II, Cap. III, n. 1). Entretanto, ele pode tornar-se receptivo ao sobrenatural se Deus quiser elevá-lo ao conhecimento sobrenatural. Por si mesmo, o entendimento só consegue obter o conhecimento natural pela via que lhe é natural: com o auxílio dos sentidos que lhe apresentam um objeto. "Por este motivo, necessita de imagens para conhecer os objetos presentes por si ou por meio de semelhanças" (n. 2). Se falassem a alguma pessoa de algo que ela jamais viu e também não conhece nada semelhante que possa ajudá-la a fazer um juízo a respeito, provavelmente poderá conservar os nomes na memória, mas jamais fazer uma imagem da coisa: por exemplo, o cego de nascença em relação às cores. A situação é semelhante para nós quanto à fé: fala-nos de coisas das quais jamais vimos ou ouvimos algo; também nada conhecemos que lhes possa ser análogo. Podemos apenas acolher o que nos é dito na medida em que desligamos a luz de nosso conhecimento natural. Temos apenas de aquiescer ao que ouvimos, sem que isso nos seja familiarizado por algum dos sentidos. Por conseguinte, a fé é uma noite completamente escura para a alma. Mas justamente por isso ela lhe traz luz: um conhecimento de plena certeza, que supera qualquer outro conhecimento e ciência, de modo que somente em perfeita contemplação é que se alcança a correta concepção da fé. Por isso é que se diz: *Nisi credideritis, non intelligetis* [Se não crerdes, não entendereis] (Is 7,9) (n. 4).

A partir do que foi dito acima, ficou claro que a fé não é apenas noite escura, mas é também uma via: a via para a meta a que a alma tende para a união com Deus. Com efeito, somente ela dá o conhecimento de Deus. E como se poderia alcançar a união com Deus sem conhecê-lo? No entanto, a fim de poder ser conduzida pela fé à meta, a alma deve comportar-se da maneira correta. Ela deve, por escolha própria e com suas forças pessoais, entrar na noite da fé. Depois de ter renunciado, na noite sensitiva, a todo desejo pelas coisas criadas, agora, para alcançar a Deus, deve mortificar suas potências naturais, os sentidos e também o entendimento. Efetivamente, para lograr a transformação sobrenatural, deve deixar para trás tudo o que é natural. Afinal, deve esvaziar-se a si mesma de todos os bens sobrenaturais, se Deus lhe envia alguns. Deve desvencilhar-se de tudo o que lhe cai no âmbito da compreensão. E assim, "permanecendo às escuras, como cega, apoiada na fé e tomando-a por guia, luz e apoio. Não deve fazer caso do que ouve, gosta, sente ou imagina, pois tudo isso é treva que fará errar o caminho, e a fé está acima de todas essas coisas" (Cap. IV, n. 2). Em relação a tudo isso, a alma deve tornar-se cega e assim permanecer a fim de adquirir o que a fé lhe ensina. Com efeito, quem ainda não é completamente cego, não se deixa voluntariamente conduzir pelo guia de cegos, mas confia ainda no que ele mesmo vê. "Do mesmo modo a alma apoiada em qualquer ciência, ou gesto, ou sentimento de Deus [...], facilmente se extravia ou para no caminho, por não se conservar cega na pura fé, sua verdadeira guia" (n. 3). Quem quiser alcançar a união com Deus "há de crer simplesmente no infinito ser divino – pois as concepções da inteligência humana, por mais sublimes que sejam, ficam a uma distância incomensurável das perfeições de Deus e do que a sua pura posse nos revelará um dia". [...] "Se a alma, portanto, pretende unir-se perfeitamente pela graça neste mundo àquele a quem se há de unir pela glória na outra vida – na união eterna da qual declara o Apóstolo que olho não viu, nem ouvido ouviu, nem coração humano jamais pôde compreender" (1Cor 2,9; Is 64,4) – [...], "deverá permanecer às escuras de tudo quanto pode entrar pelo olho, perceber-se pelo ouvido, imaginar-se com a fantasia ou compreender-se com o coração, que neste caso significa a mesma alma" (n. 4). Caso ainda se arrime em suas próprias potências, apenas cria para si mesma dificuldades e obstáculos. Para seu termo, o abandono do próprio caminho equivale a entrar no verdadeiro caminho. "Ou, para melhor dizer, caminhar diretamente *para o termo*, deixando seu modo limitado a fim de penetrar em Deus que não tem modo. A alma, chegada a esse estado, já não tem modos particulares, nem se apega ou pode apegar-se a eles" (n. 5), a nenhum modo particular de entender, gostar e sentir, "conquanto tenha em si todos os modos; assim como quem nada tendo possui tudo excelentemente" (n. 5). Mediante a transposição de seus limites naturais, interior e exteriormente, "entra em limite sobrenatural que não tem modo algum, embora, *em substância*, encerre todos os modos" (n. 5)[26]. Deve elevar-se acima de tudo o que é espiritual que ela possa conhecer e compreender de modo natural, também acima de tudo o que é espiritual que se possa, nesta vida, gozar e sentir com os sentidos. Quanto maior valor dá a tudo isso, tanto mais se afasta do sumo bem. No entanto, se ela considerar tudo ínfimo em comparação com o bem infinito, "às escuras vai a alma a passos rápidos adiantando-se no caminho da união por meio da fé" (n. 6).

Nesse ponto, para melhor compreensão, o santo recorre a um breve esclarecimento do que ele entende por *união* em todas essas exposições: não uma união essencial de Deus com todas as coisas, mediante a qual elas são conservadas em seu ser, mas à "união e transformação da alma em Deus por amor" (Cap. V, n. 3); esta não existe sempre, como aquela outra, mas antes, somente "quando a alma alcançou a semelhança no amor". Aquela união é natural, esta é sobrenatural. A sobrenatural consuma-se quando a vontade da alma e a vontade de Deus se fundem em *uma só*, de modo que nada há em uma que contrarie a outra. "Assim, quando a alma tirar de si, totalmente, o que repugna e não se identifica à vontade divina, será transformada em Deus por amor" (n. 3). "Trata-se aqui não só do que repugna a Deus segundo o ato, mas também segundo o hábito. [...] Toda criatura e todas as suas ações e habilidade não podem chegar até Deus, nem ter com ele proporção alguma; por esta razão é mister à alma desprender-se de qualquer afeição ao criado, de tudo quanto diz respeito

26. O texto de Stein difere um pouco do original espanhol (e da tradução em português): "*...geht sie ohne Schranken ein in das Übernatürliche...*" ["...entra *sem limites* no sobrenatural"] [N.T.].

às suas ações e à sua habilidade natural. [...] Quando tudo, afinal, se tornar conforme à vontade de Deus, já não existirá obstáculo para a completa transformação nele" (n. 4). A luz divina, portanto, já habita naturalmente na alma, mas somente quando ela, por Deus, desembaraça-se de tudo o que não é Deus – ou seja, amor! – é que pode ser iluminada e transformada em Deus, "que lhe comunica o ser sobrenatural, de tal maneira que parece o mesmo Deus, e tem em si mesma tudo o que Deus tem" (n. 7). Esta união chega ao ponto de que "todas as coisas divinas e a alma se unificam por transformação participante: a alma, então, mais parece Deus do que ela mesma". Torna-se Deus por participação, mas apesar dessa transformação "conserva seu ser natural, tão distinto de Deus quanto antes" (n. 7).

b) Despojamento das potências espirituais como caminho da cruz e morte de cruz

O despojamento exigido por essa união transformadora é operado no *entendimento* pela *fé*, na *memória* pela esperança, na *vontade* pelo *amor*. A propósito da fé, já se demonstrou que ela empresta ao entendimento um conhecimento certo, mas obscuro. Mostra Deus como luz inacessível, inconcebivelmente infinita, diante da qual todas as potências naturais malogram, e precisamente desse modo reconduz o entendimento a seu inteiro nada: ele reconhece sua própria impotência e a magnitude de Deus. A esperança, por sua vez, lança a memória no vazio, visto que ela se ocupa com algo que ainda não se possui. "Como pode alguém esperar o que já vê?" (Rm 8,24). Ela ensina-nos a tudo esperar de Deus e não de nós mesmos e de outras criaturas; a esperar dele uma bem-aventurança sem fim e, exatamente por isso, a renunciar a todo gozo e posse nesta vida. O amor, por fim, liberta a vontade de todas as coisas, pois ela torna obrigatório amar a Deus sobre todas as coisas. Isso, porém, só é possível quando é supresso o desejo por todo o criado. Este caminho do perfeito esvaziamento já foi anteriormente indicado como o *caminho estreito*, que somente poucos encontram (Mt 7,14). O caminho que conduz à alta montanha da perfeição só pode ser percorrido por aqueles que não estão presos a nenhum fardo. O *caminho da cruz*, ao qual o Senhor convida seus discípulos: "Se alguém quiser vir após mim, renuncie a si mesmo, tome a sua cruz e me siga. Pois quem quiser salvar a sua vida, vai perdê-la; mas quem perder a sua vida por amor de mim [...] há de salvá-la" (Mc 8,34-35). O que é exigido aqui não é simplesmente um pouco de retraimento e certa melhora neste ou naquele aspecto; um pequeno prolongamento da oração e um pouco de mortificação; ao mesmo tempo, o gozo de consolações e sentimentos espirituais. Os que querem contentar-se com isso "fogem como da morte à prática desta sólida e perfeita virtude que está na renúncia de todas as suavidades em Deus, e que abraça toda a aridez, desgosto, trabalho, numa palavra, a cruz puramente espiritual e o despojamento completo na pobreza de Cristo. [...] Agir diferentemente é procurar-se a si mesmo em Deus, o que é muito contrário ao amor. Com efeito, buscar-se a si mesmo em Deus é procurar as mercês e consolações divinas; mas buscar puramente a Deus consiste não só em querer privar-se de todos os regalos por Ele, como ainda em inclinar-se a escolher, por amor de Cristo, tudo quanto há de mais áspero, seja no serviço divino, seja nas coisas do mundo: isto, sim, é amor de Deus" (Cap. VII, n. 5). Odiar sua alma – e exatamente desse modo conservá-la – significa "renunciar por Cristo a todos os desejos e gozos da sua vontade, e dar preferência às amarguras da cruz" (n. 6). Beber o cálice com o Senhor (Mt 20,21) significa mortificar a natureza – tanto no que se refere ao sentido quanto ao espírito. Somente assim se pode ascender pelo caminho estreito, pois "não cabe nesta senda mais do que a negação e a cruz. Tomando esta por báculo em que se apoie, com grande facilidade e desembaraço se eleva a alma. Nosso Senhor, por São Mateus, nos diz: 'O meu jugo é suave e o meu peso leve' (Mt 11,30)" (n. 7). Este peso, porém, é a cruz. "Com efeito, se a alma se determinar generosamente a carregar esta cruz, querendo deveras escolher e abraçar com ânimo resoluto todos os trabalhos por Deus, achará grande alívio e suavidade para subir neste caminho, assim despojada de tudo e sem mais nada querer. Se pretender, porém, guardar para si alguma coisa, seja temporal, seja espiritual, não terá o verdadeiro desapego e abnegação; portanto não poderá subir por esta estreita senda até o cume" (n. 7). As almas espirituais devem reconhecer que "Deus não consiste na multiplicidade de considerações de modos ou gostos [...]. Trata-se de uma só coisa necessária: saber negar-se deveras no interior e no exterior, abraçando por Cristo o padecer e o mais completo aniquilamento. Aqui está o exercício por excelência, no qual se encerram eminentemente todos os outros. E como este exercício é a raiz e o resumo das virtudes, se nele há falta, tudo o mais é perda de tempo sem proveito, tomando-se o acessório pelo principal, ainda que a alma tenha tão altas comunicações e considerações como os anjos" (n. 8). Cristo é nosso caminho. Tudo o que importa é compreender como devemos caminhar segundo o exemplo de Cristo. "Quanto ao primeiro ponto: é certo que Nosso Senhor morreu a tudo quanto era sensível, espiritualmente durante a vida, e naturalmente em sua morte. Na verdade, segundo suas próprias palavras, não teve onde reclinar a cabeça na vida (cf. Mt 8,20), e muito menos na morte. Quanto ao segundo ponto: é manifesto ter ficado na hora da morte também aniquilado em sua alma, sem consolo nem alívio algum, no desamparo e abandono do Pai, que o deixou em profunda amargura na parte inferior da alma. Tão grande foi esse desamparo, que o obrigou a clamar na cruz: 'Meu Deus, meu Deus, por que me desamparastes?' (Mt 27,46). Nessa hora em que sofria o maior abandono sensível, realizou a maior obra que superou os grandes milagres e prodígios operados em toda a sua vida: a reconciliação do gênero humano com Deus, pela graça. Foi precisamente na hora do maior aniquilamento do Senhor em tudo que essa obra se fez; aniquilamento quanto à sua reputação, reduzida a nada aos olhos dos homens, e estes vendo-o morrer na cruz, longe de estimá-lo, dele zombavam; quanto à natureza, pois nela se aniquilava, morrendo; e enfim quanto ao seu espírito igualmente exposto ao desamparo pela privação do consolo interior do Pai que o abandonava para que pagasse puramente a dívida da humanidade culpada, efetuando a obra da redenção nesse aniquilamento completo. [...] Compreenda agora o bom espiritual o mistério desta porta e deste caminho – Cristo – para unir-se com Deus. Saiba que, quanto mais se aniquilar por Deus segundo as duas partes, sensitiva e espiritual, tanto mais se unirá a Ele e maior obra fará. E quando chegar a reduzir-se a nada, isto é, à suma humildade, se consumará a união da alma com Deus, que é o mais alto estado que se pode alcançar nesta vida. Não consiste, pois, em recreações, nem gozos, nem sentimentos espirituais, e sim numa viva morte de cruz para o sentido e para o espírito, no interior e no exterior" (n. 10-11).

c) Inutilidade de todas as coisas criadas como meio para a união – Insuficiência do conhecimento natural e sobrenatural

Aqui se sente o pulsar do coração de nosso santo padre. Ele fala da grande verdade que reconheceu como missão dever proclamar: nossa meta é a união com Deus, nosso caminho é o Cristo crucificado, o tornar-nos um com Ele no sermos crucificados. O único meio proporcionado para isso é a fé. Isto deve ser provado agora, na medida em que se demonstra que nenhuma coisa real ou concebida pode servir a esse fim. Todo meio deve ser proporcionado ao fim. O meio para a união com Deus só pode ser "o que une a Deus, e tem com Ele maior semelhança" (Cap. VIII, n. 2). Isso não pode ser dito de nenhuma das criaturas. Certamente todas têm certa relação com Deus e trazem em si alguns vestígios de Deus. "Contudo, entre Deus e elas não há semelhança essencial. Há, pelo contrário, uma distância infinita entre o ser divino e o ser das criaturas. Por isso, é impossível ao entendimento atingir a Deus por meio das criaturas, sejam elas celestiais ou terrenas [...]" (n. 3). Inclusive anjos e santos acham-se tão distantes do ser divino que o entendimento não pode tocar perfeitamente Deus por meio deles. E isso vale principalmente para "tudo quanto a imaginação pode representar, o entendimento receber e compreender nesta vida" (n. 4). O entendimento apreende o mundo natural somente pelas formas e imagens que os sentidos percebem, mas elas não fazem avançar no caminho para Deus. De igual modo, o que lhe é acessível do mundo sobrenatural não contribui em nada para um conhecimento mais preciso de Deus. O entendimento, portanto, não consegue formar nenhuma ideia adequada de Deus com seu discernimento; a memória, com sua fantasia, não consegue criar nenhuma forma e imagem que possam representar a Deus; a vontade não pode gozar nenhuma delícia e suavidade que se comparem às que se acham em Deus. Conseguintemente, para alcançar a Deus, o entendimento "há de proceder antes não compreendendo do que procurando compreender; deve antes por-se em trevas do que abrir os olhos [...]" (n. 5). Por isso é que o *Areopagita* chama a contemplação de *teologia mística*, isto é, sabedoria secreta de Deus e *Raio de treva*.

A escuridão que conduz a Deus é a *fé*, conforme já sabemos. É o único meio que leva à união, pois nos coloca Deus diante dos olhos tal como Ele é: como infinito, como triuno. A fé assemelha-se a Deus nisso que ambos cegam o entendimento e lhe parecem trevas. Por isso, "quanto mais fé tem a alma, mais unida está com Deus" (Cap. IX, n. 1). Sua obscuridade é insinuada na Sagrada Escritura pela imagem da *nuvem* na qual Deus se oculta nas revelações veterotestamentárias: diante de Moisés na montanha; no templo de Salomão. Nessa obscuridade está escondida a luz da verdade. Ela brilhará sem véus quando, com a vida, a fé chegar ao fim. Por enquanto, porém, somos totalmente dependentes dela. O que ela nos dá – a *contemplação* – é um *conhecimento obscuro* e *geral*; ela contrasta não apenas com a atividade do entendimento, mas também com as diversas formas pelas quais um conhecimento sobrenatural possa ser concedido ao entendimento de maneira distinta e claramente apreensível: *visões*, *revelações*, *palavras interiores* e *sentimentos espirituais*. Figuras do outro mundo, tais como anjos ou santos, ou também um esplendor de luz extraordinário podem mostrar-se aos olhos corporais. É possível ouvir palavras misteriosas, perceber fragrâncias corporais, degustar sabores deliciosos ou experimentar fortes sensações de prazer pelo tato. Tudo isso deve ser rejeitado, sem querer examinar se tais coisas são boas ou más. É bem possível que coisas assim provenham de Deus, mas quanto a isso não há nenhuma segurança. Com efeito, é mais próprio de Deus comunicar-se ao espírito do que ao sentido, a alma encontra aí maior segurança e obtém maior progresso, ao passo que à realidade sensitiva, em geral, estão associados numerosos perigos. Os sentidos corporais pretendem poder julgar e apreciar as coisas espirituais, embora sejam quanto a elas tão ignorantes quanto o é um animal de carga no que tange às coisas racionais. Nesse âmbito, o demônio pode também exercitar mais facilmente sua artimanha, pois tem influência sobre as coisas corporais. Mesmo que as formas e objetos corporais se originem em Deus, são tanto menos proveitosas para o espírito quanto mais surgem exteriormente em aparições; estimulam menos o espírito da oração e dão a impressão de que se lhes é atribuída maior importância e podem conduzir melhor do que a fé. Seduzem também a alma a conceber opinião elevada de si mesma. É por isso que ao demônio apraz-lhe servir-se delas a fim de causar males às almas. Por todos esses motivos, o melhor é rejeitar sempre tais representações. Vindas de Deus, nelas a alma nada perde; certamente pelo fato de que toda comunicação que vem de Deus, "o seu efeito se produz instantaneamente no espírito sem dar à alma tempo de deliberar para aceitá-las ou rejeitá-las" (Cap. XI, n. 6). Ao contrário das visões demoníacas, que "apenas produzem primeiros movimentos na vontade e não podem movê-la mais sem o seu consentimento [...], as comunicações de Deus penetram intimamente o espírito e movem a vontade a amar, deixando seu efeito, ao qual a alma, embora queira, não pode resistir" (n. 7). Apesar desses efeitos salutares, à alma não é permitido absolutamente desejar tais comunicações extraordinárias: 1) porque elas prejudicam a fé, que se eleva sobre tudo que é perceptível sensitivamente, e assim, desviam a alma do único meio para a união com Deus; 2) detêm o espírito e impedem-no de elevar-se ao que é invisível; 3) não permitem que a alma chegue à verdadeira resignação e desnudez do espírito; 4) pela adesão ao que é sensitivo, ela torna-se menos receptiva para o espírito de adoração; 5) a alma vai perdendo as mercês que Deus quer dar-lhe quando egocentricamente corre atrás de visões; 6) o desejo dessas coisas abre as comportas ao demônio para enganá-la com fenômenos semelhantes. Porém, quando a alma vive na renúncia e no desapego "às ditas visões, o espírito vai deixando de agir, por não conseguir causar prejuízo; e Deus vai aumentando seus favores nessa alma humilde e desprendida, elevando-a e constituindo-a sobre grandes coisas, como fez ao servo que foi considerado fiel nas pequenas (cf. Mt 25,21). [...] Se a alma perseverar na fidelidade e no desapego, não deixará o Senhor de conduzi-la de grau em grau até à divina união de transformação" (n. 8-9).

Tal como as percepções dos sentidos exteriores, também as *criações* dos *sentidos interiores*, a *imaginação* e a *fantasia* devem ser rejeitadas. Uma busca imagens para presentificar, a outra forma a imagem ou coisa imaginada. Ambas são importantes para a *meditação*, que é uma *reflexão* conectada a tais imagens (pode-se imaginar, p. ex., Cristo na cruz ou atado à coluna do flagelo, ou Deus sentado no trono da glória). Todas essas imagens são tão pouco úteis quanto os objetos dos sentidos exteriores como meio próximo e proporcionado para a união com Deus, porque "a imaginação não pode fabricar ou imaginar coisa alguma que lhe não seja fornecida pelos sentidos exteriores [...]. Quando muito, poderá formar interiormente imagens que se assemelham ao já visto, ouvido, ou sentido"; no entanto, tais semelhanças não pertencem a nenhuma categoria superior às coisas percebidas pelos sentidos externos. "Como todas as realidades não podem ter proporção alguma com o ser de Deus", nada que se possa imaginar à semelhança delas pode servir de meio próximo para a união com Deus. Para os principiantes pode ser necessário imaginar-se Deus como um grande fogo ou uma luz esplêndida, ou algo semelhante, a fim de, mediante as coisas sensíveis, mover a alma ao amor ou inflamá-la. Tais imagens, porém, são apenas meios remotos, "e por eles passam ordinariamente as almas, até chegar ao fim e estabilidade do repouso espiritual. Mas não se entende que seja de modo a se deterem nesses meios e neles ficarem estacionárias; seria jamais chegar ao fim [...]" (Cap. XII, n. 5).

O momento certo de abandonar o estádio da meditação discursiva é chegado quando se reúnem aqueles três sinais que já conhecemos a partir da *noite escura dos sentidos*[27]: quando a alma já não encontra nem sabor nem repouso na meditação reflexiva; quando está igualmente menos propensa a ocupar-se com outras coisas; quando gostaria, de preferência, de estar em descanso junto a Deus, em uma notícia geral, amorosa de

27. Em *Subida* (Livro II, Cap. XIII-XIV), estes sinais aparecem em uma formulação ligeiramente diversa. [O primeiro sinal em *Noite* é o segundo em *Subida*. O segundo sinal em *Noite* é o terceiro em *Subida*. O terceiro sinal em *Noite* é o primeiro em *Subida*. Em *Noite*, esses sinais indicam a ação purificadora de Deus na alma mediante a contemplação infusa incipiente (Nota do editor [alemão]).

Deus. Essa notícia amorosa é, via de regra, o fruto de muitas meditações precedentes, adquirida mediante árduas reflexões sobre discernimentos individuais, resultando em situação permanente por meio de demorada prática. Na verdade, Deus suscita em muitas almas esse estado sem vários dos exercícios precedentes, "na medida em que as coloca de uma vez no estado de contemplação e de amor" (Cap. XIV, n. 2). Essa notícia amorosa geral já não se deixa diferençar nem particularizar. A alma, "logo que entra em oração, como quem já está com a boca na fonte, bebe à vontade, sem o trabalho de conduzir a água pelos aquedutos das passadas considerações, formas e figuras. E assim, logo em se pondo na presença de Deus, acha-se naquela notícia confusa, amorosa, pacífica e sossegada em que vai bebendo sabedoria, amor e sabor" (n. 2). Toda inquietação e angústia provêm da não compreensão desse estado e do retorno às reflexões que se tornaram infrutíferas.

Na contemplação, as potências espirituais, memória, entendimento e vontade atuam unidas. Na meditação e na reflexão, pelo contrário, João da Cruz vê ainda uma atividade das potências sensitivas. Quanto mais pura, simples e perfeita, espiritual e interior for a notícia geral – e assim é ela quando se derrama em uma alma inteiramente pura, que está livre de outras intelecções e notícias particulares – tanto mais livre e delicada ela é, e tanto mais cedo pode subtrair-se à percepção. A alma encontra-se como em um profundo esquecimento e vive, por assim dizer, fora do tempo. A oração parece-lhe inteiramente breve, mesmo que tenha durado horas. Essa breve oração "penetra os céus, porque não é do tempo e une a alma a Deus em uma inteligência celestial" (n. 11). Ela produz, como efeito, certa elevação da mente à inteligência celestial e, ao mesmo tempo, desprendimento e abstração de todas as coisas, formas e imagens. Simultaneamente, na maioria das vezes, a vontade está tomada por isso: mergulhada em um amor saboroso sem que saiba exatamente qual é o objeto do amor. A atividade da alma, nesse estado, consiste puramente na recepção do que "lhe é dado, como acontece nas iluminações, ilustrações e inspirações divinas" (Cap. XV, n. 2). Sobre ela derrama-se uma luz clara e pura a que nada se pode comparar, e toda dedicação a objetos ou considerações particulares "achará nelas impedimento à luz do espírito, clara, simples e geral, pondo aquelas nuvens no meio" (n. 3). [...]. "Na verdade, jamais falta essa luz à alma; são os véus e formas de criaturas, nos quais está a alma envolvida e embaraçada, que lhe impedem a livre-difusão. Tirados inteiramente esses obstáculos e véus, como depois diremos, logo a alma, ficando em total desnudez e pobreza de espírito já simples e pura, transformar-se-ia na simples e pura sabedoria que é o Filho de Deus" (n. 4). Infundem-se nela "celeste paz e tranquilidade, cheia de admiráveis e sublimes notícias de Deus, envoltas em amor divino" (n. 5). No alto estado da união de amor, "Deus não mais se comunica à alma mediante algum disfarce de visão imaginária, ou semelhança, ou figuras. Fala-lhe de boca a boca (cf. Nm 12,6-8), isto é, a sua essência pura e simples, que na efusão do seu amor é como a própria boca de Deus, une-se à essência pura e simples da alma, por meio da vontade, que é a boca da alma, em amor divino" (n. 9). Até lá, no entanto, resta um longo caminho a percorrer. Deus conduz a alma progressivamente a esse soberano fim. Primeiramente, procede de modo adequado à sua natureza, "tornando-a espiritual, começando pelas coisas exteriores, palpáveis e acomodadas ao sentido" (n. 5) [...], "instruindo-a primeiramente pelas formas, imagens e vias sensíveis adequadas a seu modo de entender, seja naturais, seja sobrenaturais, e por esses meios e raciocínios a eleva ao sumo espírito de Deus" (n. 3). Nesse plano pedagógico divino estão integradas também as visões da imaginação. Nesse caso, porém, deve-se atentar apenas para "o que Deus pretende e quer, isto é, o espírito de devoção, pois não as concede Ele para outro fim; a alma deixa assim o que Deus não daria se pudesse comunicar-se a ela puramente no espírito [...] sem o exercício e apreensão do sentido" (Cap. XVII, n. 9).

No Antigo Testamento era permitido, de acordo com a ordem divina, desejar visões e revelações, e deixar-se conduzir por elas, porque Deus, dessa forma, revelava mistérios da fé e anunciava sua vontade. "Pois o que antes falava por partes aos profetas, agora nos revelou inteiramente, dando-nos o Tudo que é o seu Filho" (n. 4: cf. *Catecismo da Igreja Católica*, 65). Antigamente, Deus falou para prometer Cristo; agora, nele, deu-nos tudo e disse: "Ouvi-o!" (Mt 17,5). Ora, ainda desejar revelações seria falta de fé. "Nele estão encerrados os tesouros da sabedoria e da ciência" (Cl 2,3). "Guiemo-nos, pois, agora pela doutrina de Cristo-homem, de sua Igreja e seus ministros, e por este caminho, humano e visível, encontraremos remédios para nossas ignorâncias e fraquezas espirituais [...]. Não havemos de crer, por via sobrenatural, senão unicamente o que nos é ensinado por Cristo, Deus e homem, e seus ministros, homens também (n. 7). [...] e tudo o mais fora disso é nada, nem se há de crer senão em conformidade com a doutrina evangélica" (n. 8). Além do mais, no Antigo Testamento não era permitido a todos interrogar o Senhor, e Ele não respondia a todos, mas somente aos sacerdotes e profetas. "Deus gosta tanto de ver o homem governado e dirigido por outro homem [...], regido e guiado pela razão natural, que quer de modo absoluto não se creia nas comunicações sobrenaturais [...], senão quando hajam passado por este canal humano da boca do homem. Desse modo, quando Deus diz ou revela algo a uma alma, inspira-lhe ao mesmo tempo a inclinação de comunicá-lo a quem convém dizer" (n. 9). "E Deus assim o quer; quando alguns se juntam a conferir uma verdade, Ele está no meio deles para esclarecê-la e confirmá-la em seus espíritos" (n. 11).

Além do que o entendimento percebe com o auxílio dos sentidos exteriores ou interiores, acrescentam-se as *comunicações puramente espirituais*: elas apresentam-se ao entendimento sem nenhuma mediação de um sentido externo ou interno, e sem sua própria intervenção, "clara e distintamente por via sobrenatural, de modo passivo, isto é, sem que a alma coopere com algum ato ou obra de sua parte, ao menos ativamente" (Cap. XXIII, n. 1). João diferencia *visões, revelações, locuções ou palavras interiores e sentimentos espirituais*, mas resume todas quatro sob o nome de *visões intelectuais*, porque em todas existe uma *visão espiritual*. Em sentido mais estrito, *visão* significa o que à moda do ver corporal é visto espiritualmente; correspondentemente pode-se denominar *revelação* o que, à moda de um som jamais percebido, é compreendido pelo entendimento como algo novo; o que é recebido à maneira da audição chama-se *locuções ou palavras interiores*; o que é percebido à feição dos demais sentidos são os *sentimentos espirituais*. Em tudo isso não intervém nenhuma forma, imagem e figura; é uma comunicação mediante *intervenção sobrenatural* e mediação sobrenatural. Embora tais apreensões sejam de feição mais elevada e muito mais proveitosas do que as que se obtêm pelos sentidos corporais ou pela imaginação, a pessoa não deve entregar-se a elas, "para que não fique o espírito embaraçado nem se torne grosseiro [...], e deste modo venha a ser impedido no caminho da soledade e desnudez espiritual [...]" (n. 4). As visões podem colocar diante do olho espiritual tanto substâncias corpóreas quanto imateriais ou incorpóreas. Mediante certa luz sobrenatural, a alma pode ver todas as coisas corporais que há no céu e sobre a Terra. As substâncias incorpóreas (Deus, anjos, almas) só podem ser vistas por meio do lume de glória, portanto não nesta vida. "Se Deus as quisesse comunicar à alma como são essencialmente, no mesmo instante ela abandonaria o corpo e seria arrebatada da Terra" (Cap. XXIV, n. 2). Ora, em circunstâncias excepcionais, tais visões podem ser concedidas a alguém quando "Deus dispensa ou salva a condição desta vida mortal, abstraindo totalmente o espírito, e pela sua divina graça suprindo as forças naturais que a alma então deixa de dar ao corpo. Assim é que São Paulo deve ter visto as substâncias imateriais no terceiro céu (2Cor 12,2)" (n. 3). Entretanto, essas visões quase nunca acontecem, e a bem poucos, como Moisés, Elias e Paulo, "que são muito fortes do espírito da Igreja e de sua Lei" (n. 3). Posto que, segundo o curso normal das coisas, "essas visões de substâncias espirituais não possam ser percebidas na terra de modo claro e evidente pelo entendimento, todavia, se podem sentir na substância da alma mediante suavíssimos toques e graças de união". Esta "notícia amorosa e obscura, que é a fé, serve na vida presente para a união divina, assim como na outra vida, o lume da glória à clara visão de Deus" (n. 4).

Desse modo, já se antecipou o que deverá ser tratado mais tarde. Por enquanto, importa obter clareza sobre as visões de substâncias corpóreas; estas são vistas interiormente pelo entendimento mediante uma luz sobrenatural, assim como os olhos veem as coisas com o auxílio da luz natural. No entanto, o modo de ver espiritual é mais aguçado e claro do que o da visão corporal. É como a claridade de um relâmpago que, em uma noite escura, durante um instante deixa as coisas aparecerem clara e distintamente. Sob o efeito da luz espiritual, as coisas ficam tão profundamente impressas na alma, que, quando pela graça de Deus, novamente a alma toma consciência delas, reconhece-as exatamente tal como as viu pela primeira vez. Os efeitos dessas visões na alma são paz, luz, alegria celestial, amor puro, humildade e elevação do espírito em Deus. Por esses efeitos elas se distinguem dos mimetismos que o demônio pode produzir. Não obstante, é preciso ter uma postura puramente negativa em relação a eles. Caso a alma quisesse fazer deles arquivo e tesouro interiormente, aquelas formas, figuras e personagens tomariam conta de seu interior e seriam um obstáculo no caminho para Deus mediante renúncia de todas as coisas criadas. Certamente, a lembrança de tais visões pode alcançar algum grau de amor de Deus, mas a *pura fé* alcança isso em grau muito mais elevado. Quando a fé, mediante desnudez, obscuridade e humildade espiritual, arraiga-se na alma, derramam-se-lhe simultaneamente *esperança e caridade* – certamente um amor que não se manifesta na sensação de certa ternura, mas revela-se na alma pelo vigor e maior ousadia, além de inaudita cordialidade. Deus é o incompreensível e reina sobre todas as coisas; por isso, "o caminho para Ele é o da renúncia total" (n. 9).

Sob o nome de *revelações*, João resume dois tipos diferentes de apreensões espirituais: *notícias intelectuais*, nas quais *verdades ocultas* são desveladas – podem estar relacionadas a coisas materiais ou a coisas espirituais –, e *revelações em sentido estrito e próprio*, pelas quais são revelados certos *segredos*. As notícias de verdades puras são completamente diferentes da visão das coisas corpóreas de que falamos anteriormente. Nelas são reconhecidas verdades referentes ao criador ou às criaturas, ao que se associa um incomparável e inexprimível deleite. "São notícias diretas da Divindade, manifestando de maneira sublime algum atributo de Deus [...]. E todas as vezes que essas notícias são dadas imprimem fortemente na alma aquilo que manifestam. Como são graças de pura contemplação, claramente vê a alma ser-lhe impossível referir algo do que nela se passou, a não ser em termos gerais [...], mas não de modo a traduzir o que naquela notícia gozou e experimentou" (Cap. XXVI, n. 3). Em se tratando de notícias do próprio Deus, então não se distinguem seres particulares. "Essas notícias tão sublimes são próprias do estado de união, ou por melhor dizer, são a própria união. Consistem num misterioso contato da alma com a Divindade [...], que penetra intimamente a substância da alma" (n. 5). De algumas dessas "notícias e toques, pelos quais se comunica Deus à substância da alma [...], bastaria apenas uma delas, não só para tirar de vez todas as imperfeiçoes que não havia podido vencer em toda a vida, mas também para deixá-la cheia de virtudes e bens de Deus". Esses toques divinos são tão cheios de íntimo deleite que, com um deles, "a alma se daria por bem paga de todos os trabalhos, fossem mesmo inumeráveis, padecidos durante a vida" (n. 7). Por sua própria atividade, é impossível à alma alcançar tais notícias sublimes. Unicamente Deus pode comunicar-lhas, sem nenhum trabalho próprio dela, frequentemente quando menos pensa nisso e anseia por isso. Dado que elas sobrevêm à alma tão inopinadamente e sem sua intervenção, "não adianta querer ou não querer; portanto procure permanecer humilde e resignada, e Deus fará sua obra quando e como quiser" (n. 9).

Quanto a essas notícias, portanto, o santo não aconselha rejeitá-las, como aconteceu com todas as demais apreensões mencionadas anteriormente. Afinal, elas fazem parte da união para a qual ele quer encaminhar. Por causa dela, a alma deve desembaraçar-se de tudo o mais e "na humildade, padecer por amor dele, com renúncia de toda retribuição: porque essas mercês [...] são manifestações de mui particular amor de Deus para com aquela alma já desprendida de tudo e até dos dons divinos [...]. Deus se manifesta à alma que deveras o ama" (n. 10).

Bem diversas dessas notícias são as outras, que têm por objeto fatos e casos sucedidos entre as pessoas. Pertencem ao espírito dos profetas e ao que Paulo chama de "discernimento dos espíritos" (1Cor 12,10). Gravam-se fortemente na alma e despertam uma inabalável convicção de sua verdade. Contudo, deve submeter seu discernimento ao diretor espiritual, pois o caminho da fé conduz de maneira mais segura à união com Deus do que o do entendimento. Assim, algumas pessoas, por via sobrenatural, alcançam a ciência da natureza e de suas potências. Algumas vezes trata-se apenas de iluminações isoladas e transitórias, mas para os que são muito mais adiantados, às vezes são apreensões gerais e duradouras. Os espíritos bastante purificados, por força de iluminação sobrenatural, podem descobrir, a partir de indícios exteriores frequentemente bem pequenos, o que se passa no interior de outras pessoas presentes. É-lhes concedido, ademais, um conhecimento das ações e dos destinos de pessoas ausentes. Essa notícia é recebida sem intervenção da parte deles. Pode acontecer que, sem que pense minimamente no assunto, alguém obtenha uma compreensão absolutamente clara do que está lendo ou ouvindo, aliás muito melhor do que o texto lhe possa ensinar. Sucede até mesmo que ouça palavras de uma língua estrangeira e, mesmo assim, compreenda plenamente o significado. Nesse âmbito (em contraste com o precedente), o demônio tem amplo alcance. Entretanto, independentemente disso, essas notícias têm pouco valor para a meta da união divina e trazem consigo vários perigos; por conseguinte, o melhor é afastar-se delas, prestar contas ao diretor espiritual e seguir-lhe os conselhos. Essas coisas são comunicadas à alma apenas passivamente e "produzem sempre o efeito requerido por Deus, sem cooperação da alma" (n. 18).

As revelações, em sentido estrito, dizem respeito aos *mistérios da fé*: à *natureza de Deus* (Santíssima Trindade e Unidade de Deus), bem como *às ações divinas na criação*. À segunda espécie pertencem as promessas e ameaças de Deus pela boca dos profetas, além do que "apraz a Deus revelar, seja a respeito do universo em geral, seja em particular, de reinos, províncias, estados, famílias e indivíduos" (Cap. XXVII, n. 1). Estritamente falando, quando se dão a conhecer os mistérios da fé ao espírito, não se tem nenhuma revelação, visto que já foram revelados, mas apenas de uma nova apresentação e explicação de uma verdade já revelada. Visto que tudo isso é transmitido por palavras ou sinais, pode ser facilmente macaqueado pelo demônio. Conseguintemente, se fosse revelado algo que se desvia da fé, não deveria de modo algum ser aceito. E mesmo no caso de nova apresentação de verdades já reveladas, a alma "nãos lhes deve dar crédito por este motivo de serem reveladas de novo, mas só porque fazem parte do ensinamento da Igreja" (n. 4). "É sempre preferível não desejar a inteligência de verdades claras com referências à fé, a fim de conservar-lhe o mérito em sua pureza e integridade, e também para chegar através desta noite do entendimento à sublime luz da união divina" (n. 5). A alma age prudentemente quando se acautela de todas essas revelações; somente assim pode "caminhar pura e sem erro na noite da fé à união divina" (n. 7).

Ao terceiro grupo de comunicações puramente espirituais João havia chamado de *locuções ou palavras interiores*, percebidas pelo entendimento sem intermédio de sentido algum corporal. Ele divide-as em palavras *sucessivas*, *formais* e *substanciais* (Cap. XXVIII, n. 2). As primeiras são palavras e proposições que o espírito, recolhido em si mesmo, vai formando. Isso acontece, portanto, quando ele "está recolhido e profundamente embebido em alguma consideração [...]; discorre de uma ideia a outra tirando consequências mui a propósito; raciocina com tanta facilidade e precisão, e tais verdades até então ignoradas vai descobrindo, que não lhe parece ser trabalho seu" (cap. XXIX, n. 1). É como se outra pessoa lhe respondesse e ensinasse interiormente. De fato, ele fala consigo mesmo, faz perguntas e responde a elas, mas nisso ele é o instrumento do Espírito Santo, sob cuja influência ele pensa. "Porque, como está recolhido e unido à verdade que o ocupa, e o Espírito divino também lhe está unido naquela verdade – como sempre o está com toda verdade – por meio dessa comunicação do entendimento com o Espírito Santo, vão se formando no interior e sucessivamente as demais verdades relacionadas à primeira, abrindo para isto a porta e dando luzes o Espírito de Deus" (n. 2). Apesar dessa iluminação, no entanto, ninguém está completamente assegurado contra o erro, em primeiro lugar, porque a luz é tão sutil e espiritual, que o entendimento não alcança orientar-se totalmente nela; em segundo lugar, porque ele próprio forma os raciocínios, e pode enganar-se. "Embora no começo siga a verdade, logo depois põe sua habilidade própria ou a grosseria das suas mesquinhas concepções" (n. 3). Pode até mesmo suceder-se que alguém de entendimento bastante vívido e perspicaz, por natureza, alcance atividades mentais similares, sem auxílio sobrenatural, e em seguida pretenda ter sido iluminado por Deus. A esses perigos soma-se o outro de a alma pensar que algo grandioso lhe tenha acontecido mediante essas locuções supostamente divinas, deixando-se apartar do abismo da fé. Assim, é preciso precaver-se delas, mesmo que o entendimento as atribua à iluminação do Espírito Santo. O Espírito Santo esclarece o intelecto recolhido, e na proporção de seu recolhimento. Mas não pode achar nenhures melhor recolhimento do que na fé. "Quanto mais pura e perfeita está a alma na fé, mais caridade infusa de Deus possui; e quanto mais caridade tiver, mais a ilustrará o Espírito Divino concedendo-lhe seus dons" (n. 6). A luz que ela recebe na fé comporta-se, em relação ao que lhe é comunicado mediante aquela iluminação de verdades individuais, como o ouro preciosíssimo perante o mais vil metal, e como um oceano diante de uma gota d'água. "Porque a luz do conhecimento particular comunica sabedoria de uma, duas ou três verdades etc., e a luz da fé comunica à alma toda a sabedoria de Deus em geral, isto é, o próprio Filho de Deus que se comunica à alma na pura fé" (n. 6). Essa plenitude é prejudicada quando a pessoa se esforça por alcançar essas comunicações sobrenaturais. Ao contrário, deve, com toda pureza e singeleza de coração, "aplicar a vontade unicamente ao amor de Deus" [...], cuidando de firmá-la "em amor humilde e generoso, na prática sólida das boas obras e da mortificação, imitando a vida do Filho de Deus. É por este caminho, e não pela multiplicidade dos discursos interiores, que se chega a todo o bem espiritual" (n. 9). Estes podem ser produzidos não somente pela atividade da própria natureza, mas também pelos sussurros do demônio. Evidentemente, de acordo com sua origem, deixam vários efeitos na alma, mas só é possível distingui-los com segurança mediante grande experiência na vida interior. Por essa razão, o melhor é não lhes conferir nenhum valor. Devemos contentar-nos "com saber os mistérios e os dogmas na singeleza e verdade em que são propostos pela santa Igreja. Temos aqui o suficiente para inflamar muito a vontade [...]" (n. 12).

As *palavras interiores formais* diferenciam-se das sucessivas nisso que o espírito as recebe sem colaborar autonomamente, sem tampouco estar recolhido e sem pensar a respeito do que está ouvindo. Às vezes são marcadamente distintas, outras vezes apenas pensamentos mediante os quais algo é comunicado a alguém. Ocasionalmente são apenas uma única palavra; outras vezes, várias; podem ser transmitidas também longas instruções. Não deixam nenhuma impressão profunda, pois geralmente se destinam a instruir ou esclarecer a alma a respeito de um único ponto. Na maioria das vezes conferem também a determinação para fazer o que foi prescrito. Pode igualmente suceder-se que a alma sinta certa repugnância quanto ao que deve fazer. Deus assim permite principalmente quando se trata de obras importantes que lhe poderiam trazer honra e preeminência. Para coisas baixas e humildes, em vez disso, Ele concede mais facilidade e prontidão. Acontece exatamente o contrário quando as locuções ou palavras interiores vêm do demônio. Nesse caso, a alma fica ansiosa por coisas grandes e extraordinárias, e sente repugnância em relação às humildes. Contudo, também aqui é difícil distinguir o que vem do bom e do mau espírito. Por isso, "a alma deve fazer tão pouco caso das palavras formais como das sucessivas" (Cap. XXX, n. 5). Também jamais se devem executar imediatamente as prescrições que as palavras interiores exigem, mas primeiramente manifestá-las a um homem espiritual experiente e seguir-lhe o conselho. Se não encontrar ninguém que possua experiência suficiente, o melhor é ater-se ao que de seguro e essencial as palavras interiores afirmam, em seguida, porém, não fazer caso delas e não participá-las a pessoa alguma.

As *palavras interiores substanciais* têm em comum com as formais o fato de que se imprimem de modo nitidamente perceptível na alma, mas delas se distinguem por seu *efeito forte e substancial*: elas produzem na alma o que dizem. O Senhor fala-lhe: "Ama-me!"; se forem palavras substanciais, imediatamente ela possuirá e experimentará o verdadeiro amor de Deus. As palavras: "Não temas!" despertarão no mesmo instante grande coragem e paz em uma alma amedrontada. Tais locuções são, para a alma, "vida, virtude e dons incomparáveis; porque uma só palavra dessas faz mais bem à alma do que tudo quanto haja feito em toda a sua vida" (Cap. XXXI, n. 1). Depois disso, ela já não tem nada a fazer, nada a desejar, nada a temer. É igualmente indiferente se ela deseja as locuções ou se a elas resiste. Tampouco precisa preocupar-se em executar o que foi ouvido porque, aliás, o próprio Deus age. As locuções são-lhe transmitidas sem que as deseje. Ela deve apenas permanecer "humilde e resignada a respeito delas. Não tem que rejeitar, pois o seu efeito fica impresso na alma, penetrando-a plenamente daquele bem recebido de modo passivo" (n. 2). Aqui também não se devem temer os enganos do entendimento ou do demônio, porque ambos não são capazes de causar tais operações substanciais. Somente no caso em que a alma tivesse assumido um pacto voluntário com o demônio é que ele poderia imprimir nela seus pensamentos e palavras; se assim fora, porém, seriam efeitos horríveis; ele não poderia produzir efeitos semelhantes aos divinos.

"Assim, estas palavras substanciais concorrem muito eficazmente para a união da alma com Deus. Quanto mais interiores, mais substanciais e mais proveitosas são para os que as recebem" (n. 2).

O quarto e último gênero de apreensões intelectuais foi chamado de *sentimentos espirituais*. Têm sua sede parte no afeto da vontade e parte na substância da alma. Mesmo os primeiros, quando provêm de Deus, são muito elevados. Os segundos, porém, "são altíssimos e trazem à alma imenso bem e proveito" (Cap. XXXII, n. 2). Para a alma e seu diretor é completamente insondável como e por que Deus lhe concede tais favores. Não dependem de suas considerações e obras. É provável que, por esses exercícios, a alma faça-se receptiva para tais mercês, mas Deus as concede "a quem lhe apraz e por motivos que Ele quer" (n. 2). Algumas pessoas que se exercitaram em muitas obras não recebem esses toques, enquanto outras, que apresentaram bem menos boas obras, recebem-nos elevadíssimos e em grande abundância. Alguns desses toques são claramente distintos, mas passam rapidamente; outros são menos precisos e, em troca, mais duradouros. "[...]. Ora, todos eles, quer seja na vontade, quer na substância da alma, quer seja súbitos, duradouros ou sucessivos, produzem, como já disse, no entendimento, uma apreensão de notícia ou inteligência que costuma ser uma subidíssima e saborosíssima ciência experimental de Deus, à qual não se pode dar denominação alguma, como ainda menos ao sentimento donde provém" (n. 3). As notícias são mais ou menos elevadas e luminosas de acordo com a heterogeneidade dos toques divinos dos quais derivam os sentimentos e, consequentemente, as notícias. As notícias, como os sentimentos, são comunicadas passivamente à alma. "Para não errar, pois, nem impedir o proveito causado à alma por esses sentimentos, a atitude do entendimento deve ser passiva sem intrometer a sua própria capacidade natural. Porque [...] também aqui a atividade do entendimento pode mui facilmente perturbar e desfazer essas delicadas notícias que são uma saborosa inteligência sobrenatural que o natural não alcança [...]. [...] não há de procurar nem ter vontade de admitir tais notícias, para que o entendimento não vá forjando outras de si mesmo, e o demônio de sua parte não tenha entrada com outras numerosas e falsas". A alma deve, portanto, permanecer "bem humilde, resignada e passiva [...]". Deus conceder-lhe-á tais mercês "quando for servido, vendo-a humilde e desprendida" (n. 4).

d) Despojamento da memória

Nas instruções transmitidas o santo ocupou-se principalmente com a relação entre apreensão e fé para se chegar à união com Deus. Diante de nós abriu-se um amplo reino do espírito. Grande multiplicidade de fenômenos anímicos, dos quais a experiência ordinária não tem a menor ideia, foi magistralmente desvelada, descrita e investigada quanto à sua importância e conexão com o fenômeno espiritual. No âmbito de nosso propósito, não será possível sequer sugerir a abundância de questões e de perspectivas que se descortinam a partir daqui, razão pela qual salientaremos o que é importante para nossa problemática. Antes de mais nada, porém, devemos continuar a acompanhar o pensamento do santo. Na exposição precedente, ele enfatizou fortemente que o caminho da fé passa pela noite escura e é um caminho de cruz. Todavia, tanto se falou também de luz e de bem-aventurança, que, às vezes, pode ter transparecido que o tema da noite e da cruz foi abandonado. Contudo, na medida em que não se tratou de uma apresentação antecipada da meta – que se deve conhecer a fim de se compreender o caminho –, toda essa riqueza de revelações de graças só foi desvelada para mostrar que se deve renunciar a ela. Somente quem possui essa riqueza, provavelmente pode avaliar quão doloroso deve ser tal despojamento voluntário: quão escuro se torna quando, em meio a uma luz resplandecente, alguém fecha os olhos; como é uma verdadeira crucifixão inibir a vida do espírito e subtrair-lhe tudo o que o reconforta. Já se mencionou que esse despojamento não diz respeito somente ao entendimento, mas também às outras potências espirituais: memória e vontade. O último livro da *Subida* é dedicado à sua preparação para a união divina.

Porque "a alma chega ao conhecimento de Deus, antes pelo que Ele não é do que pelo que Ele é. Necessariamente, pois, a alma, a fim de unir-se com Deus, há de ir não admitindo e sim negando de modo total e absoluto tudo quanto puder negar em suas apreensões, naturais ou sobrenaturais"(*Subida*, Livro III, Cap. II, n. 3).

É o que devemos fazer a respeito da memória, "tirando-a de seus limites e modos naturais para elevá-la acima de si mesma, isto é, acima de toda concepção distinta e de toda posse apreensível, em suma esperança de Deus incompreensível" (n. 3). Por conseguinte, em primeiro lugar é preciso despir-se de todas as notícias e formas que adquiriu mediante os sentidos corporais. "Como Deus não tem imagem nem forma que possa ser compreendida pela memória" (n. 4), esta há de desprender-se de todas as formas que não são Deus. Esta potência, "quando a Deus se une, fica como sem forma ou imagem, perdida e embebida num bem infinito, com grande olvido, sem lembrança de coisa alguma" (n. 4). Esse completo esvaziamento, que acontece na união, não é – como a própria união – fruto da própria atividade. Trata-se, no caso, de "algo completamente extraordinário". "[...] ao operar Deus esses toques de união na memória, sente-se de súbito uma espécie de vertigem no cérebro – sede da memória – tão sensível que parece esvair-se a cabeça e perde-se o juízo e os sentidos [...]. Esta união, pois, purifica e separa a memória de todo o criado" (n. 5). "De tal maneira é algumas vezes este olvido da memória e suspensão da imaginação – estando a memória unida com Deus – que decorre muito tempo sem a alma perceber nem saber o que então se passou" (n. 6). Tal suspensão das faculdades, porém, só acontece nos começos da união, não mais nas almas perfeitas. Nelas, tudo é guiado pelo Espírito Santo; Ele admoesta-as no tempo justo quanto ao que devem fazer e, assim, são preservadas das falhas no comportamento exterior, típicas do estado de transição.

A plena purificação é, portanto, experimentada passivamente como vinda de Deus. O que a alma pode realizar é a preparação para isso: em tudo o que os sentidos oferecerem, "não procure reter nada na memória, antes esqueça depressa; e faça isso com o mesmo empenho com que outras pessoas procuram lembrar; de maneira que não lhe fique impresso na memória notícia ou figura daquelas coisas, como se jamais houvessem existido no mundo; deixe a memória livre e desembaraçada, sem prendê-la a qualquer consideração do céu ou da terra, perdida num total olvido, como se não tivesse memória, e como sendo obstáculo para a união [...]" (Cap. II, n. 14).

Uma alma espiritual, pelo contrário, "querendo usar dos conhecimentos da memória para se aproximar de Deus" (Cap. III, n. 1), expõe-se a três danos ou inconvenientes. Da parte das coisas do mundo, padecerá sob várias misérias, por exemplo, "ilusões, imperfeições, apetites, juízos, perda de tempo etc." (n. 2). Se alguém permitir que a memória se ocupe com tudo quanto recebe por meio dos sentidos exteriores, evidentemente a memória trará, "a cada passo, imperfeições [...], diversas impressões de dor, medo, ódio, vã esperança, alegria ou gozo e vanglória [...], imperfeições que mui sutilmente mancham as almas", que impedem a perfeita purificação da alma e a pura união com Deus. [...] (n. 3). "O meio mais seguro é vencer o mal pela raiz, e esvaziar a memória de todas as coisas sensíveis" (n. 4). No entanto ["não é preciso renunciar ao que se refere unicamente a Deus e ao que contribui para aquela apreensão de Deus escura e geral, pura e simples, mas apenas ao que o aproxima de nós figurativamente ou por meio da comparação com uma criatura"][28]. O melhor, portanto, "é aprender a conservar em silêncio as ditas potências, fazendo-as calar para que Deus fale" (n. 4).

Então o Senhor declinará sobre a alma "como um rio de paz, tirando-lhe todos os receios, dúvidas, perturbações e trevas que antes faziam temer se estava ou ia perdida" (n. 6).

Outros danos provêm da parte do demônio. Neste ponto, "tem o inimigo grande entrada: pode acumular, nessa potência, formas, notícias e discursos imaginários; e por tais meios provocar movimentos de orgulho, avareza, inveja, cólera etc., e também ódio injusto, amor vão [...]. Em uma palavra, todas as ilusões e todos os males causados pelo demônio entram na alma pela porta das notícias e formas apreendidas pela memória. Se esta potência, pois, se obscurece em todas as apreensões, e se aniquila em completo esquecimento, fecha completamente a porta aos enganos do inimigo, livrando-se de todos os inconvenientes, e isso é grande bem" (Cap. IV, n. 1).

O terceiro dano à alma consiste em que as apreensões naturais da memória "estorvam nela o bem moral e privam-na do espiritual" (Cap. V, n. 1). O bem moral "consiste no domínio das paixões, e freio dos apetites desordenados" (n. 1), bem como o que isso possibilita: tranquilidade, paz e sossego da alma e, consequentemente, as virtudes morais. Contudo, todas as confusões e todas as perturbações na alma nascem das apreensões da memória. "A alma agitada, não estando solidamente estabelecida no bem moral, não tem capacidade para o bem espiritual que só se imprime no espírito moderado

28. Texto não consta das *Obras Completas* [N.T.].

e posto em paz" (n. 2). Se a alma faz caso das apreensões da memória, e volta-se para elas, "não está livre para Deus que é incompreensível" (n. 3). Se quiser alcançar a Deus, "há de trocar o comutável e compreensível pelo incomutável e incompreensível" (n. 3). Então ela recebe, em lugar dos danos declarados, os proveitos contrários: tranquilidade e paz interior, pureza de consciência e de alma, e, com isso, a melhor disposição "para a aquisição da sabedoria humana e divina, e para a prática das virtudes" (Cap. VI, n. 1). Ela vê-se livre de muitas sugestões, tentações e inquietações do inimigo, a quem tais pensamentos oferecem uma oportunidade. Torna-se receptiva às moções e ensinamentos do Espírito Santo.

Tal como as apreensões naturais, igualmente as visões, revelações, palavras e sentimentos sobrenaturais, quando comunicados à alma, deixam uma impressão muito viva na memória e na imaginação. Também a eles se aplica o princípio de que a alma jamais deve refletir sobre as coisas claras e distintas com o fim de conservá-las na memória. "Quanto mais a alma se prende a uma distinta e clara apreensão natural ou sobrenatural, menos capacidade e disposição tem para entrar no abismo da fé, onde tudo é absorvido. Com efeito, nenhuma forma ou notícia [...] é Deus, [não tem um relacionamento com Deus, também não pode, portanto, ser meio próximo para a união com Deus]" (Cap. VII, n. 2). A memória precisa desfazer-se de todas elas "para se unir a Deus em [perfeita mística] esperança. Toda posse é contra a esperança [...]. Assim a alma, quanto despoja a memória, tanto mais espera; e quanto maior é sua esperança, tanto maior sua união com Deus". "E mais espera, quanto mais despojada está; quando totalmente o estiver, possuirá perfeitamente a Deus, na união divina" (n. 2).

O envolvimento com apreensões sobrenaturais expõe a alma a cinco danos: o primeiro é que ela frequentemente se engana no discernimento, tomando por revelação divina o que é mero jogo da fantasia, ou vê coisas divinas como um fogo fátuo do demônio, e assim por diante. Destarte, convém à alma "não querer refletir no que recebe em si, para saber qual foi tal ou tal visão, notícia ou sentimento, nem fazer caso dessas comunicações [...]. Porque tudo quanto são em si mesmas não contribui tanto para aumentar o amor de Deus na alma, como o menor ato de fé viva e esperança, feito na desnudez e renúncia total" (n. 5).

O segundo dano é o perigo de cair na presunção e vaidade. O espiritual considera que já deve estar muito adiantado a ponto de receber comunicações sobrenaturais, e, com farisaica vã complacência, despreza os outros que não experimentam nenhum desses favores. Em contrapartida, a alma deve levar em consideração duas coisas:

"1) A virtude não consiste nas apreensões e sentimentos de Deus, por sublimes que sejam, nem em nada de semelhante que se possa experimentar interiormente. Ao contrário, a virtude está no que não se sente, isto é, em humildade profunda e grande desprezo de si mesmo e de tudo quanto é nosso [...], e em gostar de que todos nos tenham em nenhuma conta [...].

2) O espiritual deve advertir que as visões, revelações, sentimentos celestes [...] não valem tanto como o menor ato de humildade. Esta virtude produz efeitos idênticos aos da caridade, que não estima seus interesses, nem os procura, nem julga mal senão de si; não estima suas próprias obras, mas as do próximo" (Cap. IX, n. 3-4).

O terceiro dano provém do inimigo maligno. "Com efeito, pode o inimigo representar na memória e na imaginação muitas imagens e notícias falsas, de aparência boa e verdadeira" (Cap. X, n. 1). Ele aparece à alma como um anjo de luz. Até no que concerne às comunicações verdadeiras da parte de Deus, o inimigo consegue mover desordenadamente os afetos sensíveis e espirituais, levando a alma a aceitá-los, precipitando-a na gula espiritual. Ela fica cega no deleite e repara mais no sabor do que no amor. Já não se dispõe a ter a desnudez e o amor que as virtudes divinas dela exigem. A causa de todos esses males "veio da sua negligência em renunciar desde o começo ao gosto das comunicações sobrenaturais" (n. 2).

O quarto dano já foi reiteradamente mencionado: que toda posse da memória é um obstáculo à união com Deus mediante a esperança.

Por fim, em quinto lugar, as formas e as figuras da imaginação conservadas na memória podem levar a "julgar o ser e a majestade de Deus de modo menos digno e elevado do que convém à sua incompreensibilidade [...], impedem de julgar e apreciar a Deus tão elevadamente como ensina a fé, a qual nos diz ser Ele incomparável, incompreensível [...]. Ora, a alma, nesta vida terrena, é incapaz de possuir conhecimento claro e distinto a não ser do que se compreende sob gênero ou espécie" (Cap. XII, n. 1). Deus, no entanto, não está contido em nenhum deles e, conseguintemente, não pode ser comparado com nenhuma criatura sobre a Terra, com nenhuma figura ou apreensão assimilada pelas potências da alma. "Portanto, quem embaraça a memória e as demais potências com as coisas compreensíveis não pode ter de Deus o sentimento e a estima convenientes" (n. 1).

No caso da perfeita desnudez, a esses danos se contrapõem os respectivos proveitos. Ao sossego e à paz que já o despojamento das apreensões naturais traz, soma-se a libertação do cuidado de examinar se as comunicações sobrenaturais são boas ou más. A pessoa "não precisa de trabalho e perder tempo com os mestres espirituais para discernir a qualidade ou gênero delas [...], pois de nenhuma imagem ou forma há de fazer caso. Assim, os esforços e o tempo que deveria gastar em tais inquirições pode muito bem empregar em outro melhor e mais proveitoso exercício: o de ordenar a vontade para Deus, procurando cuidadosamente a desnudez e pobreza do espírito e do sentido" (Cap. XIII, n. 1), ou seja, a pessoa realmente se esforça, interior e exteriormente, carecendo de todo apoio em consolações. Tal rejeição das comunicações divinas não significa nenhuma "extinção do Espírito". A partir de suas próprias potências, a alma é capaz apenas de atividade natural, mas não para as obras sobrenaturais; para isso, somente Deus pode mover. "Querer então agir a mesma alma, de sua parte, é impedir com sua obra ativa a comunicação passiva de Deus, isto é, o espírito; é deter-se no próprio trabalho, de outro gênero e bem inferior à obra divina; pois esta é passiva e sobrenatural, e aquela, ativa e natural. Isto seria extinguir o espírito" (n. 3).

"A capacidade ordinária e natural das potências não se pode exercer senão sobre formas, figuras ou imagens, que são apenas como a casca e o acidente (*corteza y accidente*) sob os quais estão ocultos a substância e o espírito (*sustancia y espíritu*). Esta substância e espírito não se comunicam às potências da alma, por verdadeira inteligência e amor, senão quando cessa a operação delas. O fim e o objeto de tal operação é precisamente tornar a alma capaz de receber em si a substância conhecida e amada das coisas encobertas sob aquelas formas. Ora, entre a operação ativa e a passiva existe a mesma diferença [...] que entre o que atualmente se faz e o já feito, ou entre o fim por atingir e o já alcançado" (n. 4). Empregar ativamente as potências da alma nas apreensões sobrenaturais seria "como recomeçar um trabalho já terminado" (n. 4). A alma deve dirigir todo o seu cuidado a "só buscar, em todas as apreensões sobrenaturais [...], não se deter na aparência e no exterior, isto é, no que significam, representam ou fazem compreender, mas advertir unicamente no amor divino que essas comunicações despertam interiormente [...]. Só para este efeito, bem poderá lembrar-se algumas vezes da imagem ou apreensão que lhe causou amor, para pôr no espírito um motivo de amor. Embora não produza depois, pela lembrança, tão vivo efeito como da primeira vez que se comunicou, todavia renova o amor, eleva o espírito a Deus, sobretudo quando é recordação de certas imagens, figuras ou sentimentos sobrenaturais que soem gravar-se e imprimir-se na alma de modo durável e, algumas vezes, indelével" (n. 6). Tais lembranças, "quase a cada vez que a alma adverte nelas, produzem divinos efeitos de amor, suavidade, luz [...], pois para isso nela se imprimiram. E assim é grande mercê de Deus uma dessas graças, pois é ter em si uma mina de bens" (n. 6). Essas representações "gravam-se vivamente na alma; não são como as outras formas e figuras conservadas na fantasia" (n. 7). Não há mister a alma recorrer à fantasia para lembrar-se delas, "pois vê que as tem dentro de si mesma, como se vê a imagem no espelho" (n. 7). Quando delas se recorda para despertar o amor, então já não são empecilho para "a união na fé, antes a ajudarão, desde que não queira embeber-se na forma imaginária, mas só aproveitar-se do amor, deixando logo a figura" (n. 7). Essas representações formais são, porém, bastante raras, e para aquele que ainda não tem nenhuma experiência delas é difícil diferençá-las das que estão apenas na fantasia. "Seja, entretanto, estas ou aquelas, é sempre bom para a alma não querer compreender coisa alguma, procurando antes ir a Deus pela fé e na esperança" (n. 9).

A memória conserva não apenas figuras, mas também *notícias puramente espirituais*. "Com efeito, se a alma, após haver recebido alguma destas notícias, pode recordar-se dela quando quiser" (Cap. XIV, n. 1), pois a notícia deixa na alma uma forma, uma figura ou uma noção de tipo espiritual. No caso, trata-se daquelas notícias, mencionadas anteriormente, de perfeições incriadas ou de coisas criadas. As lembranças do segundo tipo podem ser evocadas para despertar o amor. "Se a sua lembrança, ao contrário, não causar proveito algum, jamais deve ocupar-se delas. Quanto às incriadas, procure recordá-las mais frequentemente possível [...]; esses são toques e sentimentos de união com Deus, para a qual vamos encaminhando a alma" (n. 2). Estes não são recordados por uma forma ou imagem, pois nada desse tipo têm em si, mas por seus efeitos: luz, amor, deleite, renovação espiritual. E a cada vez que são lembrados, "se renovam algum tanto" (n. 2).

Resumidamente, o santo lembra mais uma vez que lhe interessa unicamente conduzir a memória à união com Deus. Dado que só se pode esperar o que não se possui, a esperança será tanto mais perfeita quanto menos se possuir. "Quanto mais a alma desapropriar a memória de formas e objetos de que possa guardar lembrança, e que não são Deus, tanto mais ocupará em Deus essa potência, e mais vazia a terá para esperar que Ele a encha totalmente" (Cap. XV, n. 1). Todas as vezes que se apresentarem formas ou imagens distintas, a pessoa não deve deter-se nelas, mas elevar-se a Deus em afeto amoroso. A alma só deve ocupar-se com lembranças na medida em que o exigir o cumprimento de suas obrigações. Mesmo assim, é necessário fazê-lo sem dependência nem gosto nisso, a fim de que não dominem inteiramente a alma.

e) Purificação da vontade

"Seria inútil termos purificado o entendimento fundando-o na fé, e a memória firmando-a na esperança, se não procurássemos purificar também a vontade em relação à terceira virtude ou caridade" (Cap. XVI, n. 1). Tudo o que é preciso para que essa faculdade seja modelada pelo amor de Deus está plenamente expresso nas palavras do Deuteronômio: "Amarás o Senhor teu Deus com todo o coração e com toda a alma, com todas as forças" (Dt 6,5). "A força da alma reside nas suas potências, paixões e apetites (*potencias, pasiones, apetitos*), governados pela vontade. Quando esta os dirige para Deus e os afasta de tudo o que não é Ele, guarda a fortaleza da alma para o Senhor, e na verdade ama-o com toda a sua força" (n. 2).

Como obstáculo principal, interpõem-se as quatro *paixões* da alma: *gozo, esperança, dor* e *temor*. "Quando a alma as dirige para Deus por um exercício racional, isto é, não se goza senão puramente no que se refere à honra e glória divina, e não põe sua esperança em coisa alguma fora de Deus, não se entristece senão somente com o que desagrada ao Senhor, não teme senão unicamente a Ele, então é evidente que as paixões guardam a fortaleza e habilidade da alma só para Deus. E pelo contrário, quanto mais a alma quiser deleitar-se em outra coisa fora de Deus, tanto menos concentrará seu gozo nele [...] (n. 2). A purificação da vontade de seus apetites transforma "essa vontade grosseira e humana em vontade divina, identificada à vontade de Deus" (n. 3). Quando não refreadas, as paixões produzem na alma todas as imperfeições, mas quando bem-ordenadas e levadas à submissão, geram todas as virtudes. Todas quatro estão de tal sorte intimamente unidas, que a submissão de uma torna também subjugadas as demais. Em sentido inverso: onde a vontade se alegra em algo, existe neste também o germe da esperança, da dor e do medo em relação ao mesmo objeto. Uma paixão aprisiona as outras, a vontade e a alma inteira, e impede seu voo "à liberdade e ao repouso da suave contemplação e união" (n. 6).

Na análise subsequente, antepõe-se ao *gozo* o seguinte fundamento: "A vontade deve colocar o seu gozo unicamente no que se refere à honra e à glória de Deus, e a maior honra que lhe podemos dar é servi-lo segundo a perfeição evangélica. Fora disso, tudo o mais nenhum valor tem nem aproveita ao homem" (Cap. XVII, n. 2). Posteriormente é dada uma explicação complementar: "[...] Tudo em que a vontade pode regozijar-se de determinada maneira é algo deleitável ou prazeroso, e nenhuma coisa deleitável ou prazerosa é Deus: uma vez que, afinal, Deus é inalcançável para as apreensões (*aprehensiones*) das outras faculdades, é-o também para os apetites e paixões da vontade. E uma vez que a alma, nesta vida, não consegue gozar Deus em sua essência, nenhum deleite ou prazer que se possa gozar, não importa quão sublime seja, pode ser Deus. De modo semelhante, a vontade também só pode gozar e desejar algo de determinada forma na medida em que o apreende como esta ou aquela coisa. Ora, já que a vontade jamais gozou Deus tal como Ele é, nem o apreendeu mediante qualquer apreensão da potência do desejo, então ela também não sabe o que é Deus, nem o que significa gozá-lo [...]. Por conseguinte, está claro que nenhuma coisa determinada em que a vontade possa regozijar-se é Deus"[29]. Daí resulta a necessidade de negar ao desejo todo gozo de coisas tanto naturais quanto sobrenaturais a fim de alcançar a união com Deus. A união só é possível pelo amor. "E dado que deleite, a doçura e o gozo que podem ser concedidos à vontade não são o amor, segue-se que nenhum desses sentimentos de prazer pode ser, para a vontade, um meio adequado para a união com Deus. Ao contrário, esse meio é somente a *atividade* da vontade, o que é completamente diferente de seus sentimentos. Por sua atividade, a vontade une-se a Deus e o tem como meta no amor; (ela não alcança a união) pelos sentimentos e apreensões da potência do desejo que têm sua sede, sua meta e seu termo na alma. Os sentimentos podem apenas servir de motivações para o amor [...], nada mais." Eles conduzem "a alma a Deus não fora de si mesma, mas querem permitir-lhe encontrar em si mesma o suficiente. A atividade da vontade, por outro lado, consiste em amar a Deus, orientar a alma somente para Ele, elevar-se acima de todas as coisas e amá-lo acima de tudo. Quando, portanto, alguém é motivado ao amor a Deus por um sentimento deleitável, então ele ultrapassa esse sentimento deleitável e volta seu amor para Deus, a quem ele não pode apreender emocionalmen-

29. Este texto e os demais citados neste parágrafo não constam da edição das *Obras Completas*, mas de um fragmento não publicado [N.T.].

te. Voltar-se para esse sentimento significaria "devotar seu amor a algo criatural [...] e trocar a motivação pelo destino final. Desse modo, a atividade da vontade seria às avessas [...]. Somente na obscuridade e no vazio de tudo o que a vontade pode sentir e o entendimento apreender é que a alma ama na segurança e verdadeiramente no espírito da fé [...]". É por isso que "seria muito imprudente pensar que, quando falta a alguém o deleite e o prazer espiritual, falta-lhe também Deus, ou que, quando alguém experimenta tal prazer, por conseguinte está de posse de Deus; mais imprudente ainda seria se alguém buscasse essa doçura em Deus e nela se comprouvesse, pois isso não seria buscar a Deus com vontade fundamentada no vazio da fé, mas no gozo espiritual, que é algo criado [...], e, assim, Deus já não seria amado sobre todas as coisas: com efeito, amar assim significa orientar toda a potência da vontade para Ele unicamente [...]. Portanto, é impossível que a vontade chegue à doçura e ao gozo da união divina se o desejo não estiver despojado de todo gozo particular. É o que quer dizer o Salmo: *Dilata os tuum et implebo illud* ("Abre bem a boca, e eu a encherei", Sl 81[80],11). O desejo é a boca da vontade; e essa boca abre-se sempre que a mordida de algum gozo qualquer não a impeça [...]. A boca da vontade deve manter-se sempre aberta para Deus, vazia de todo bocado do desejo, a fim de que Deus a encha com a doçura de seu amor [...]".

Isso é demonstrado agora para os vários tipos de objetos nos quais o desejo pode buscar satisfação. O gozo pode dirigir-se a *bens temporais*: riqueza, honrarias, progênie e coisas semelhantes. Por certo, eles não levam necessariamente ao pecado, mas geralmente levam à infidelidade em relação a Deus. Só é permitido à pessoa comprazer-se neles se, por meio deles, servir melhor a Deus ou mais seguramente puder alcançar a vida eterna. "Ora, como disso ninguém pode estar certo, nem de que esses bens produzem tais efeitos ajudando a melhor servir a Deus, seria vão comprazer-se determinadamente neles [...]" (*Subida,* Livro III, Cap. XVIII, n. 3). O *dano principal* que a inclinação da vontade a essas coisas traz consigo é o *afastamento de Deus.* Realiza-se em quatro graus, que estão resumidos no provérbio: "Mas o Amado, enfartado, recalcitrou; enfartado, engordou, dilatou-se, abandonou a Deus, seu Criador, e se apartou de Deus, seu Salvador" (Dt 3,15) (Cap. XIX, n. 2). O engordar caracteriza uma *embotadura do entendimento* em relação a Deus. "Porque, pelo mesmo fato de pôr o espiritual seu gozo em algum objeto criado [...], logo fica obscurecido a respeito de Deus, anuviando-se-lhe a clara inteligência do próprio juízo [...]" (n. 3). "Por maior santidade e acertado juízo que tenha o homem, não conseguirá livrar-se desse dano, se puser o gozo e apetite nos bens temporais" (n. 4). "Enfartado, engordou, dilatou-se" – este é o segundo grau: "É uma *dilatação da vontade* que, no gozo mais livre dos bens temporais, já não faz tanto caso nem tem escrúpulos de comprazer-se neles com maior gosto" (n. 5). Em razão de, no princípio, a pessoa não ter refreado o gozo, a vontade aparta-se das coisas divinas e dos exercícios devotos, e já não encontra neles o sabor de antes. Daí, o espiritual "abandona inteiramente as práticas habituais de piedade, pondo toda a sua mente e cobiça nas coisas do século" (n. 6). Agora, já não são apenas seu juízo e entendimento que estão obscurecidos "para distinguir a verdade e a justiça [...], mas ele é acometido de grande tibieza, frouxidão e descuido para saber o que é bom e reto, e mais ainda para praticá-lo" (n. 6).

O terceiro grau consiste no completo *abandono de Deus*: "Abandona a Deus, seu Criador" (n. 7). Aqueles que chegaram a esse ponto, já não têm olhos para o que a lei de Deus os obrigava. "Tanto estão submersos em grande olvido e torpor acerca do que concerne à sua salvação quanto têm mais atividade e esperteza para as coisas do mundo" (n. 7). São os "filhos deste século", a respeito dos quais diz o Senhor, que "são mais prudentes e atilados em seus negócios, que os filhos da luz nos seus" (Lc 16,8) (n. 7). São verdadeiramente os avarentos, "cujo apetite e gozo se derramam nos bens da terra e a eles se apegam com tanta avidez, que jamais se veem fartos. A sua fome e sede, ao contrário, aumentam à medida que se afastam da única fonte capaz de saciá-los, que é Deus" (n. 7). Caem "numa infinidade de pecados por amor dos bens temporais, e cujos males não têm número" (n. 7). Assim se chega ao quarto grau, em que a alma se esquece de Deus como se não existisse de modo algum. Este completo *esquecimento de Deus* leva a "pôr o coração – que devia pertencer de modo exclusivo ao Senhor – formalmente no dinheiro, como se não tivesse outro Deus" (n. 8). Tais pessoas elevam os bens temporais ao *status* de ídolo e sacrificam-lhe a própria existência, quando veem qualquer perda em seu deus temporal. Seu ídolo dá-lhes o que possui: "Desesperação e morte. Aos que não persegue até este funesto extremo, faz com que vivam morrendo nas ânsias de muitas inquietações e outras tantas misérias [...] (n. 10). "Ainda que não chegue a tal ponto, será sempre digno de grande lástima [...], pois esta paixão faz a alma retroceder muito no caminho de Deus" (n. 11). Ao contrário, quem se liberta de toda dependência dos bens temporais adquire coragem, liberdade de espírito, juízo lúcido, profunda calma e confiança pacífica em Deus, o autêntico culto a Deus e a verdadeira submissão da vontade à vontade do Senhor. Ao desprender-se das criaturas, a pessoa encontra nelas mais gozo: um gozo que o ganancioso jamais experimentará, porque, em sua inquietação, falta-lhe a liberdade de espírito. O homem livre reconhece os bens em seu verdadeiro valor natural e sobrenatural. "[...] goza, e com mais vantagens e lucros, do que o homem apegado, porquanto goza segundo a verdade, e o outro, segundo a mentira; um penetra a substância, o outro fica no acidente; o primeiro conforme o melhor, e o segundo conforme o pior" (Cap. XX, n. 2). "Ao que está desprendido não lhe pesam cuidados na hora da oração ou fora dela; sem perda de tempo e com facilidade adquire muitas riquezas espirituais. O homem, porém, que não está livre, passa vida a volver-se e revolver-se sobre o laço a que está preso [...]. Deve, portanto, o espiritual reprimir, desde o primeiro movimento, qualquer satisfação que o leve às criaturas [...]" (n. 3). Destarte, conserva-se "o coração livre para Deus – disposição primeira e essencial para atrair as divinas mercês" (n. 4). "[...] mesmo temporariamente, por um gozo que a alma deixe por amor do Senhor e pela perfeição do Evangelho, receberá já nesta vida cem por um [...]" (n. 4). Por outro lado, "todas as vezes que gozamos vãmente em algo, podemos temer esteja Deus vendo e preparando algum castigo e provação amarga segundo merecemos" (n. 4).

A um segundo grupo João chama de *bens naturais*: os dotes do corpo e da alma, por exemplo, beleza e graciosidade corporal, bom entendimento e julgamento sensato. Para quem os possui, e também para outras pessoas, essas qualidades são uma tentação ao apego e ao gozo vão. A fim de escapar a isso, "advirta-se que a beleza e as outras qualidades exteriores são terra; da terra vêm e à terra hão de voltar; a graça e os encantos naturais não passam de fumo e vapor desta mesma terra [...]" (Cap. XXI, n. 2). É preciso "elevar o coração a Deus, gozando-se e alegrando-se de que nele estejam encerradas eminentemente todas essas belezas e graças, num grau infinitamente superior às perfeições das criaturas" (n. 2).

Os danos específicos que resultam do gozo dos bens naturais são "vanglória, presunção, soberba e desprezo do próximo" (Cap. XXII, n. 2); por outro lado, estimulação da sensualidade e da luxúria; a busca de adulação e da vã lisonja, que exercem sobre os demais uma influência danosa; uma perda da lucidez da razão e do entendimento ainda mais intensa do que no gozo dos bens temporais; tibieza e frouxidão de espírito, chegando ao ponto de causar repulsa às coisas de Deus. O santo sublinha particularmente os perigos provenientes da sedução da sensualidade, "os quais não se podem descrever com a pena ou exprimir com as palavras; não nos é desconhecido nem oculto até onde ele [o segundo dano][30] vai, e quão grande seja a desventura nascida do gozo colocado na formosura e graças naturais" (n. 3). "Bem poucos se acharão, por santos hajam sido, que não se tenham deixado seduzir e inebriar, mais ou menos, por essa bebida de gozo e prazer da formosura e das graças naturais" (n. 4). O vinho dos prazeres obnubila o entendimento. Se não se toma imediatamente um antídoto, "corre pe-

30. Uma vez mais o texto de Stein diverge do original espanhol (e da tradução em português): "...*es bleibt immer ein dunkles und verborgenes Geheimnis, wie weit*" ["...permanece sempre um mistério obscuro e oculto até onde..."] [N.T.].

rigo a vida da alma" (n. 5). "Quando o coração se sente movido pelo gozo vão dos bens naturais, deve lembrar-se quanto é inútil, perigoso e prejudicial alegrar-se em outra coisa que não seja servir a Deus. Deve considerar o castigo dos anjos decaídos, precipitados nos abismos pavorosos, só por causa de um olhar de complacência sobre a própria beleza e dotes naturais [...]" (n. 6).

Quando a alma aparta de si tais gozos, "esta abnegação [...] produz diretamente a humildade consigo mesma e a caridade geral para com o próximo" (Cap. XXIII, n. 1). De fato, "se a alma a ninguém se apega em particular, em vista das qualidades naturais e aparentes que são ilusórias, conserva-se livre e pura para amar racional e espiritualmente todos os homens, como Deus quer que sejam amados. [...]. Porque, então, quanto mais cresce a caridade para com o próximo, mais também se dilata o amor de Deus; reciprocamente, quanto maior é o amor de Deus, mais aumenta o do próximo" (n. 1). A renúncia também opera na alma "grande tranquilidade, e afasta as distrações, recolhendo os sentidos, mormente os olhos" (n. 3). Quando se adquire certa habilidade neste ponto, as coisas desonrosas já não causam impressão. "O espiritual adquire grande pureza de alma e de corpo, isto é, de espírito e sentido, vindo a ter uma conformidade angélica com Deus e tornando-se verdadeiramente, na alma e no corpo, digno templo do Espírito Santo" (n. 4). Chega-se, então, "à liberdade de espírito, tão necessária para o serviço de Deus, e com a qual se vencem facilmente as tentações, sofrendo com coragem os trabalhos e aumentando os progressos nas virtudes" (n. 5).

João entende por *bens sensíveis* tudo o que é apreendido pelos sentidos exteriores ou elaborado pelos sentidos interiores. Visto que Deus não pode ser alcançado por nenhum sentido, "seria no mínimo vaidade" buscar seu gozo nos objetos sensíveis; com efeito, a vontade não poderia "empregar em Deus todo o seu gozo" (Cap. XXIV, n. 3). Se a pessoa não se detiver nisso, mas direcionar seu gozo para Deus, tão logo experimente certo deleite nessas coisas, não será preciso rejeitar tais impressões, "pois algumas almas são encaminhadas para Deus pela influência dos bens sensíveis" (n. 4). Para muitos, no entanto, *parece* que a intenção tem unicamente a Deus como seu fim; na verdade, porém, "o efeito é recrear os sentidos; e tiram daí mais fraqueza de imperfeição do que fervor da vontade para entregar-se a Deus" (n. 4). Quem, pelo contrário, aos primeiros estímulos daqueles deleites, encaminha-se imediatamente para Deus, "nunca se move a buscá-los e, quando se lhe oferecem, a vontade logo os deixa e se eleva para Deus" (n. 5).

O abandono aos bens sensíveis, além dos *danos* comuns que compartilha com todo gozo nas coisas criadas, ainda traz consigo muitos outros. O gozo nas *coisas visíveis* leva a alma a "cair na vaidade de espírito e na distração da mente, cobiça desordenada, concupiscência, desregramento interior e exterior e, afinal, pensamentos impuros e inveja" (n. 2). "Em segundo lugar, quem se compraz em ouvir coisas inúteis não deixa de incorrer em muitas distrações, em superfluidade das palavras, inveja, juízos temerários, volubilidade de pensamentos e, daí, em outros numerosos males não menos perniciosos" (n. 3). "O gozo de *aspirar suaves perfumes* produz repugnância pelos pobres – sentimento oposto à doutrina de Cristo –, inimizade à dependência, dureza de coração para as coisas humildes, e insensibilidade espiritual, ao menos em proporção do apetite naquele gozo" (n. 4). "Os *sabores que deliciam o paladar* ocasionam diretamente gula e embriaguez, cólera, discórdia, falta de caridade para com o próximo e os pobres. [...] Daí nascem ainda as indisposições corporais e as doenças, e também os movimentos desregrados, porque se aumentam os incentivos da luxúria. Por sua vez, fica o espírito como submerso em grande torpor; o desejo e o gosto dos bens espirituais diminuem de tal sorte que já não os pode suportar [...]. Esse gozo produz ainda o descontentamento de muitas coisas, distração dos demais sentidos e do coração" (n. 5). O gozo encontrado pelo *tato nas coisas suaves e agradáveis* "perverte sensivelmente o espírito, roubando-lhe a força e o vigor. Daqui nasce o abominável vício da volúpia [...]. Este gozo nutre a luxúria, torna o espírito efeminado e tímido, o sentido [...] disposto ao pecado e ao mal. Infunde vã alegria e prazer no coração, desenfreia a língua, dá muita liberdade aos olhos; embota e entorpece os outros sentidos segundo o grau do tal apetite. Tira ao juízo a sua retidão, mergulha-o na ignorância e na incapacidade espirituais, tornando-o moralmente pusilânime e inconstante; as trevas obscurecem a alma; a fraqueza se apodera do coração, fazendo-o recear mesmo onde não há que temer. Outras vezes, o espírito de confusão, a insensibilidade de consciência e de espírito são os frutos deste gozo, porquanto debilita de tal modo a razão, que fica incapaz de dar ou tomar um bom conselho, de receber os bens de ordem espiritual e moral, enfim inútil como um vaso quebrado" (n. 6). Todos esses danos infligem males em maior ou menor intensidade, segundo a paixão do gozo e a suscetibilidade das várias naturezas.

"Admiráveis os *proveitos* encontrados na privação deste gozo [...]. O primeiro é a reparação das forças enfraquecidas pelas distrações [...]. Então a alma recolhida em Deus conserva o espírito interior, e as virtudes já adquiridas tomam novo crescimento" (Cap. XXVI, n. 1-2). Em seguida realiza-se uma *sublime transformação*: "A abnegação desse gozo sensível transforma o homem sensual em homem espiritual e do estado animal eleva-o ao estado racional. Mesmo permanecendo homem, a sua vida se aproxima da vida angélica – e de terrestre e humano, torna-se celeste e divino" (n. 3). De igual modo, mesmo nesta vida, a alma recebe a retribuição centuplicada prometida pelo Salvador (cf. Mt 19,29). Ela troca o gozo sensível pelo espiritual e permanece sempre unida a Deus. Tal como aos primeiros pais, agora as impressões sensíveis servem para maior contemplação. Por fim, na vida gloriosa, como recompensa pela abnegação, "os dotes gloriosos do corpo, como a agilidade e a claridade, nos que se mortificaram, serão de uma excelência muito superior à daqueles que não renunciaram aos prazeres; além disso, o aumento da glória essencial da alma corresponderá ao seu amor por Deus [...] e na proporção da renúncia a cada gozo momentâneo e passageiro, receberá eternamente [...] um peso imenso de glória" (2Cor 4,17).

Ao contrário dos bens externos, naturais e sensíveis, os *bens morais* já têm um *valor em si* que dá prazer; além disso, são valiosos como *meio* e instrumento para os bens que proporcionam ao ser humano. As *virtudes*, por si mesmas, merecem apreciação e amor; demais, oferecem vantagens temporais. Por conseguinte, "humanamente falando, pode o homem gozar de possuí-las e exercitá-las, não só pelo que valem, como pelos bens naturais e temporais que proporcionam" (Cap. XXVII, n. 3). Assim o fizeram os príncipes e sábios da Antiguidade. Apreciaram e exercitaram as virtudes, e Deus recompensou-os com a bênção temporal, já que, "por sua infidelidade eram incapazes do prêmio eterno" (n. 3). "O cristão pode ter gozo em possuir as virtudes morais e naturais, e em praticar as boas obras que lhe proporcionam as vantagens temporais já enumeradas. No entanto, este primeiro motivo não deve ser o único móvel do seu gozo [...]. O homem iluminado pela luz da fé, que lhe faz esperar a bem-aventurança eterna – sem a qual o universo inteiro de nada lhe serviria –, deve reger-se, no exercício das virtudes morais, pelo segundo motivo mais nobre de gozo que é praticá-las por amor de Deus e para adquirir a vida eterna. Só deve pôr os olhos e todo o seu gozo em servir e honrar ao Senhor, com seus bons costumes e virtudes. Sem isto, de nada valem estas perante Deus, como se deduz da Parábola das Dez Virgens do Evangelho (cf. Mt 25,1ss.). [...] Em vez de se alegrar com a bondade das suas obras e com a honestidade dos seus costumes, o cristão somente deve gozar-se quando age por amor de Deus, sem nenhum outro motivo" (n. 4).

A jactância e a arrogância farisaicas, a desestima para com os outros, o desejo de elogio humano brotam da complacência voltada para as próprias boas obras; desse modo, perde-se a recompensa eterna. O gozo autocomplacente nas próprias obras é injustiça e negação contra Deus, que é o autor de toda boa obra. Tais almas não progridem no caminho da perfeição. Quando já não encontram satisfação em suas obras e exercícios, porque Deus lhes dá o pão duro dos fortes, desanimam e não são capazes de comê-lo: "[...] perdem a perseverança na qual se encontra a suavidade do espírito e a colaboração interior" (n. 7). Usualmente incorrem no engano de considerar os exercícios e as obras agradáveis melhores do que os desagradáveis. Na maioria das vezes, porém, particularmente nas almas adiantadas[31], agradam a Deus muito mais as obras que mais exigem autossuperação. – Por fim, a vã complacência nas próprias obras torna as pessoas "incapazes de receber um conselho sábio e seguir direção racional no que devem fazer. [...] Estas pessoas se entibiam muito no amor de Deus e do próximo: o amor-próprio mesclado a todas as suas obras dá motivo a que se resfrie a caridade" (n. 9).

Rejeitando a vã complacência, a pessoa livra-se "de muitas tentações e enganos do demônio, ocultos sob a satisfação proporcionada pelas boas outras" (Cap. XXIX, n. 1). O gozo vão é ilusório por si só. A isso soma-se um segundo proveito, que "é fazer as obras com maior madureza e perfeição" (n. 2). Com efeito, o gozo ardente compromete o controle da razão e torna a alma instável em seus projetos e ações. Orienta-se apenas segundo seu gosto variável e deixa inacabadas as obras importantes a partir do momento em que desaparece o estímulo. Por outro lado, se a vontade renuncia à satisfação natural, pode, então, perseverar e alcançar a meta. Desse modo, chega-se também à pobreza de espírito proclamada pelo Salvador. A pessoa torna-se mansa, humilde e prudente em todo o seu comportamento, não agirá com impetuosidade e precipitação, não sabe o que é presunção. Por conseguinte, a renúncia à vã condescendência "torna a pessoa agradável a Deus e aos homens livrando-a da ava-

31. "*...besonders bei fortgeschrittenen Seelen*" ["...especialmente nas almas adiantadas"]. O texto de Stein afasta-se do espanhol, que traz: "*...mayormente cuándo no está aprovechado en la perfección*" ["...especialmente quando não progrediu na perfeição"], a cujo sentido a tradução da Vozes se atém: "...sobretudo quando se é principiante" [N.T.].

reza, da gula, da preguiça, da inveja espiritual e de mil outros vícios" (n. 5).

Como quinto grupo, João trata dos *bens sobrenaturais*, ou seja, "as graças e dons concedidos pelo Senhor, superiores à habilidade e poder natural, chamados *dona gratis datae*, dons gratuitos. Tais são os dons da sabedoria e ciência conferidos a Salomão, e também as graças enumeradas por São Paulo: 'A fé, a graça de curar as doenças, o dom dos milagres, o espírito de profecia, o discernimento dos espíritos, a interpretação das palavras, enfim, o dom de falar diversas línguas' (1Cor 12,9-10)" (Cap. XXX, n. 1). Sua eficácia diz respeito "à utilidade do próximo e é para esse proveito e fim que Deus os concede" (n. 2). (Em contrapartida, os *bens espirituais*, de que se tratará mais tarde, têm por objetivo as relações recíprocas entre Deus e a alma.) Os bens sobrenaturais têm como *efeito temporal* a cura de doentes, a restituição da vista aos cegos, a ressuscitação dos mortos e coisas semelhantes; têm como *efeito espiritual* ou eterno tornar Deus mais conhecido e servido por quem os opera, ou pelas testemunhas diante de cujos olhos eles acontecem. O proveito temporal não é motivo para se ter alguma complacência nas obras sobrenaturais, pois não são meio para a união com Deus. De fato, "essas obras e maravilhas sobrenaturais não dependem da graça santificante e da caridade naqueles que as exercitam" (n. 4); Deus pode concedê-las mesmo assim (como aconteceu a Balaão e a Salomão); mas também podem ser realizadas com a ajuda do demônio ou de forças ocultas da natureza. Paulo ensinou que todos esses dons da graça nada são sem a caridade (1Cor 13,1-2). Então Cristo dará como resposta àqueles que, em razão dos próprios prodígios, exigem a recompensa eterna: "Afastai-vos de mim, vós que praticais o mal" (Mt 7,23). Por conseguinte, a pessoa deve comprazer-se somente no lucro espiritual de tais dons, ou seja, "em servir a Deus com caridade verdadeira, pois aí está o fruto da vida eterna" (n. 5).

A vã complacência nas coisas sobrenaturais leva a alma a "enganar e ser enganada" (Cap. XXXI, n. 1), retroceder na vida de fé e cair presa da vanglória e de outras vaidades. Os erros decorrem do fato de que somente mediante grande discernimento e iluminação divina é que se podem distinguir as obras "falsas das verdadeiras, e saber como e a que tempo se devem exercitar" (n. 2); ora, a estimação de tais obras impede esse discernimento: o prazer embota o juízo, e a paixão leva a obter sofregamente gozo o mais breve possível, sem aguardar o tempo oportuno. Na verdade, juntamente com tais dons e graças, Deus concede a luz e o impulso necessários para discernir como e quando a pessoa deve servir-se deles. As pessoas, porém, em sua imperfeição, não atentam para a vontade divina, e não se regem pelo modo e pelo momento requeridos pelo Senhor para que as obras sejam realizadas. Desse modo, é possível um uso iníquo e perverso das graças concedidas por Deus. Além disso, pela vã complacência nos prodígios, acrescenta-se o fato de que sejam realizados com potências que não provêm de Deus. O demônio, com efeito, "explora imediatamente a disposição desses homens afeiçoados aos favores extraordinários; fornece-lhes abundante matéria neste vasto campo exercendo as suas malignas influências sobre todas as suas ações" (n. 4). "O cristão, pois, dotado de alguma graça sobrenatural, deve acautelar-se de pôr aí o seu gozo e estimação, não buscando obrar por esse meio; porque Deus que lha concedeu sobrenaturalmente para utilidade da sua Igreja, ou dos seus membros, o moverá também sobrenaturalmente quando e como lhe convier. [...] O Senhor [...] quer também que nestas obras sobrenaturais o homem espere a moção interior de Deus para agir, pois na virtude do Espírito Santo é que se opera toda virtude" (n. 7).

A diminuição da fé em consequência de tais obras diz respeito em primeiro lugar ao próximo. Quando alguém se dispõe a realizar um milagre sem que o exijam o tempo e as circunstâncias, comete um grave pecado, porque tenta a Deus. Caso a tentativa malogre, isso pode enfraquecer a fé nos corações e levá-la ao desprezo. Aliás, a pessoa também pode sofrer em si mesma detrimento em relação ao mérito da fé. "E assim, onde abundam os prodígios e os fatos sobrenaturais, há menos merecimento em crer" (n. 8). – Tudo indica que a Deus não apraz revelar-se mediante milagres. Se Ele o faz, assim acontece somente "quando são absolutamente necessárias para crer" (n. 8), ou por outros desígnios que dizem respeito à sua glorificação e à de seus santos. "As almas cuja afeição se emprega nessas obras sobrenaturais sofrem grandes prejuízo quanto à fé" (n. 9).

A alma que se priva de tais gozos glorifica a Deus e exalta a si mesma. Há uma exaltação de Deus na alma quando desvia "o coração e a afeição da vontade de tudo o que não é Deus" (Cap. XXXII, n. 1). Ao mesmo tempo, porém, a alma também se eleva quando se volta unicamente para Deus. Ele manifesta-lhe sua excelência e grandeza, e recebe o testemunho de quem Ele é. "Se é verdade que Deus é glorificado pela completa renúncia à satisfação de todas as coisas, muito mais exaltado será no desprendimento dessas outras coisas mais prodigiosas [...]" (n. 2). Por outro lado, Deus é tanto mais exaltado quanto mais a pessoa confia nele e o serve sem sinais e milagres, "porque ela crê de Deus mais do que os sinais e os milagres lhe poderiam dar a entender" (n. 3). Em troca, a alma alcança uma fé muito mais pura, a qual Deus lhe infunde abundantemente, aumentando-lhe também a esperança e a caridade. "A alma goza, então, de sublimes e divinas notícias, por meio deste hábito obscuro da fé em total desapego. Experimenta grande deleite de amor pela caridade que lhe faz gozar unicamente de Deus vivo; e mediante a esperança permanece satisfeita quanto à vontade (?)[32]. Tudo isto constitui admirável proveito, essencial e diretamente necessário à perfeita união da alma com Deus" (n. 4).

Mais do que todos os outros, conduzem à união com Deus os *bens espirituais*: "[...] todos aqueles cuja moção nos ajuda e dirige às coisas divinas, ou favorecem o trato da alma com Deus e as comunicações de Deus à alma" (Cap. XXXIII, n. 2). Podem ser bens *agradáveis* ou *penosos*; em ambos os tipos, pode-se tratar da revelação de coisas *claras e distintas*, ou de coisas obscuras e confusas. Aqui o santo deseja falar apenas dos bens agradáveis, que têm por objeto coisas claras e distintas (os outros ele posterga para depois). Em relação a todas as apreensões, valem para a vontade as mesmas regras de comportamento que vigem para o entendimento e a memória, uma vez que estes nada podem apreender ou rejeitar sem que a vontade não esteja envolvida no pro-

32. O ponto de interrogação consta do original. Stein observa, em nota de rodapé, que o texto a que recorre traz a expressão "...quanto à vontade": "Isso é o que diz o texto; dever-se-ia esperar, antes, '...quanto à memória', como a faculdade que corresponde à esperança. 'Satisfação na vontade' está correto segundo a concepção tomista, cf. *Sum Theol.* II, q 2 a 18 c.: *Spes est in appetitu superiori, qui dicitur voluntas, sicut in subjecto*'". O texto espanhol no qual se baseia a tradução da Vozes já traz "...quanto à memória" [N.T.].

cesso. Do que eles devem purificar-se, disso a vontade também não pode haurir nenhum gozo.

Os bens que são capazes de proporcionar à vontade um *gozo claramente consciente* podem ser *estimulantes* ou *encorajadores*, *condutores* ou *aperfeiçoadores*. Os retratos e imagens dos santos, oratórios e cerimônias pertencem aos estimulantes. "Pode haver, quanto a essas imagens e quadros, muita vaidade e gozo inútil" [...] quando as pessoas "põem muito mais o gozo na pintura e ornato exterior do que no seu significado" (Cap. XXXV, n. 2), "[...] e aplicam ao objeto exterior o amor e o gozo da vontade com deleite e satisfação do sentido" (n. 3). Chega-se ao ponto de se adornarem os santos com trajes correspondentes ao espírito do tempo, algo que "aos santos sempre foi e é sumamente odioso" (n. 4). A pessoa volta sua devoção ao "ornato de bonecas" e "apega-se a isso como a um ídolo. Outras pessoas não se fartam de acrescentar imagens a imagens, e querem que sejam de tal ou qual feito e espécie [...] para deleitarem ao sentido, enquanto a devoção do coração é bem diminuta" (n. 4). Quando usados corretamente, no entanto, as imagens e quadros são "importantes para o culto divino e necessários para mover a vontade à devoção" (n. 2). Para esse fim e para a veneração dos santos é que a Igreja aprovou-lhes o uso. "E, assim, devem ser preferidas aquelas que retratam os santos mais ao vivo e ao natural, movendo a maior devoção" (n. 3). "A pessoa verdadeiramente devota faz do invisível o objeto principal de sua devoção; não necessita de muitas imagens [...], escolhendo as mais ajustadas ao divino que ao humano; procura conformar as imagens e a si mesma ao estado e condição da outra vida[33], e não segundo o traje e o modo deste século" (n. 5). Tal pessoa, "longe de apegar o coração às que usa, bem pouco se aflige se lhas tiram: porque busca dentro de si mesma a viva imagem de Cristo crucificado, e nele se goza por tudo lhe ser tirado e tudo lhe faltar. Até quando lhe subtraem os motivos e meios mais próprios para a sua união com Deus, fica sossegada" (n. 5). "De outro modo, todo o proveito e fruto que havia de tirar o espírito em elevar-se a Deus por esses motivos de devoção, absorvê-lo-ia o sentido, estando engolfado no gozo desses mesmos instrumentos; e aquilo que me deveria ajudar a alma, por minha imperfeição me serve de obstáculo, tanto como o apego e afeição desordenada a qualquer outra coisa" (n. 6).

Mais aborrecido do que o abuso de imagens é a imperfeição "muito comum na escolha dos rosários. É raro encontrar pessoa que não tenha alguma fraqueza a esse respeito, desejando que sejam de tal forma e não de outra, de cor determinada, preferindo um metal a outro [...]. No entanto, Deus não ouve mais favoravelmente as orações feitas com este ou aquele, pois a matéria do objeto não tem importância alguma. As orações ouvidas por Deus são de preferência as que saem de um coração simples e verdadeiro, cuja única pretensão é agradar ao Senhor [...]" (n. 7).

Grande é também a insensatez das pessoas "que confiam mais numa imagem do que em outra, na persuasão de serem mais ouvidas por Deus por aquela do que

33. *"...und passt sich im Schmuck der Bilder dem Göttlichen nach der Sinnesart der Heiligen der vergangenen Zeit und nicht nach der Mode der jetzigen an"* ["...e no adorno das imagens, adapta-se ao divino conforme ao estilo dos santos do passado, e não de acordo com a moda presente"].

por esta, embora ambas representem a mesma realidade [...]". Com efeito, Deus vê, "antes de tudo, a fé e pureza do coração que ora" (Cap. XXXVI, n. 1). Se, às vezes, Deus concede mais graças por meio de determinada imagem do que por outra, isso se deve ao fato de que "as pessoas se sentem movidas a mais devoção por meio daquela. Se tivessem a mesma devoção para com ambas as imagens (e ainda sem esses meios), receberiam os mesmos favores divinos" (n. 1). Se, mediante os milagres diante de uma imagem, desperta-se novamente a devoção adormecida, se os fiéis ficam por isso inflamados e estimulados à perseverança na oração – "porque uma e outra são meios para Deus atender o que lhe é pedido –, então o Senhor costuma conceder suas graças por aquela determinada imagem, operando milagres"[34] (n. 2). "Vemos por experiência como Deus faz os seus prodígios e graças por intermédio de certas imagens cuja escultura ou pintura deixa muito a desejar [...]; assim o faz para impedir os fiéis de atribuírem qualquer coisa nesses prodígios, à escultura ou à pintura da imagem (n. 2).

Muitas vezes Nosso Senhor escolhe as imagens colocadas nos lugares solitários e apartados para conceder suas mercês. De um lado, porque a devoção dos fiéis aumenta com o sacrifício de se transportarem até onde elas estão [...]; de outro, porque se afastam do barulho e do tumulto da multidão para orar, como fazia o divino Mestre" (n. 3). "Por isso, quem faz alguma peregrinação, é bom fazê-la quando não vão outros peregrinos" (n. 3).

---

34. *"...so lässt sich Gott, gerührt durch das Gebet und die Liebe der Gläubigen, herbei, sich fortgesetzt desselben Bildes zu bedienen um Seine Gnaden zu gewähren und Wunder zu wirken..."* ["...assim, Deus, movido pela oração e pelo amor dos fiéis, permite-se continuar usando a mesma imagem para conceder suas mercês e operar suas maravilhas..."].

Quando se vai com muita gente, "ordinariamente se volta mais distraído do que quando se foi [...]. Havendo piedade e fé, qualquer imagem produz efeitos bons nas almas; mas, fora disso, nenhuma imagem trará proveito. Bem viva imagem era Nosso Salvador em sua vida mortal; e, todavia, não aproveitava àqueles que não tinham fé, por mais que estivessem em sua divina companhia, e presenciassem as suas obras maravilhosas" (n. 3). Entretanto, mesmo onde existe devoção, o uso das imagens pode oferecer perigos. Ao inimigo maligno apraz-lhe usá-las para subjugar almas incautas, por exemplo, mediante fenômenos sobrenaturais que ele simula (imagens começam a mover-se, a dar sinais, e quejandos). A fim de evitar todos os danos, "é necessário que a afeição e o gozo da vontade se encaminhem exclusivamente à realidade por essas imagens representada" (Cap. XXXVII, n. 2). O fiel, vendo uma imagem, "quer lhe inspire devoção sensível, ou espiritual, quer lhe manifeste sinais extraordinários, não faça caso desses acidentes, nem se detenha na imagem[35]; mas eleve o espírito para o invisível que ela representa, aplicando o sabor e o gozo da vontade em Deus, com oração e devoção interior a Ele [...]" (n. 2).

O apego a imagens ou a oratórios belamente ornamentados é, talvez, ainda mais perigoso do que o apego às coisas mundanas, porque, no caso, a pessoa sente-se mais segura e não receia nenhuma falta. Há pessoas que, para decorar seus oratórios, "gastam todo o tempo que deveriam dar a Deus pela oração e recolhimento interior. [...] A cada passo se inquietam nos

35. *"...sondern dem Bilde nur jene Verehrung erweisen, die dem Sinn der Kirche entspricht"* ["...mas mostre à imagem somente aquela veneração que corresponde ao sentido da Igreja"].

seus apetites, mormente se alguém tentasse tirar-lhes aquele gozo" (n. 5). Aos principiantes "é permitido e mesmo útil algum prazer e gosto sensível nas imagens, oratórios e outros objetos visíveis de piedade" (Cap. XXXIX, n. 1). Isso ajuda-os a perderem o gosto pelas coisas temporais. Por outro lado, "o puro espírito não se prende a objeto algum, estabelecendo-se unicamente no recolhimento e trato íntimo com Deus" (n. 1). Certamente deve-se orar em lugar adequado; igrejas e lugares silenciosos têm a unção apropriada para a oração; no entanto, para adorar a Deus "em espírito e verdade" (Jo 4,23), não se deve escolher nenhum lugar que deleite os sentidos. "Um lugar solitário e mesmo agreste facilita mais a oração, pois o espírito, não sendo retido e limitado pelas realidades visíveis, sobe em voo seguro e direto para Deus. [...] Nosso Salvador, para nos dar exemplo, escolhia habitualmente para orar os lugares solitários, não favorecendo muito aos sentidos, mas antes levantando o espírito ao céu, tais como as montanhas que se levantam da terra e ordinariamente são destituídas de vegetação, não oferecendo recreação sensível" (n. 2).

Deus recorre a três espécies de lugares para mover a vontade à devoção: paisagens evocadoras que, pelo relevo, vegetação e solidão tranquila, despertam naturalmente o sentimento de devoção. Entretanto, "chegadas a esses lugares, as pessoas devem esquecê-los, procurando permanecer unidas a Deus no interior" (Cap. XLII, n. 2). Quanto à segunda espécie, Deus concede a algumas pessoas, em determinados lugares, sejam desertos ou não, favores espirituais particulares. Desse modo, desperta nelas uma afeição por aquele lugar e grandes desejos de aí voltar. Não se deve ver nada de desordenado nisso, desde que aconteça sem desejo egoísta. Efetivamente, Deus não se prende a nenhum lugar particular, mas parece que Ele deve ser louvado por essa pessoa precisamente onde lhe concedeu mercês; ali a alma será lembrada mais insistentemente de sua obrigação de agradecer, e a recordação dá-lhe forte estímulo à devoção. Por fim, atinente à terceira espécie, há "lugares particulares que o Senhor designou para ali ser invocado e servido. Tais foram o Monte Sinai onde Deus deu a lei a Moisés (Ex 24,12); [...] e também o Monte Horeb onde Deus quis manifestar-se a nosso Pai Elias (1Rs 19,9) (n. 5). "A causa de por que Deus escolhe estes lugares, de preferência a outros, para aí ser louvado, só Ele a conhece. Quanto a nós, é suficiente saber que tudo está ordenado para nosso proveito e para serem ouvidas as nossas preces feitas em qualquer lugar, com sincera fé. No entanto, os santuários especialmente dedicados a seu divino serviço oferecem mais segurança às nossas orações, tendo sido consagrados pela Igreja a esse fim" (n. 6).

Os desvios, até agora mencionados, "são ainda um pouco toleráveis, por não haver malícia no seu modo de agir"[36] (Cap. XLIII, n. 1). Contudo, é absolutamente insuportável a ilimitada confiança de muitos "a respeito de certas maneiras de cerimônias introduzidas por pessoas pouco ilustradas e destituídas de simplicidade na fé" (n. 1). Atribuem tanto crédito a determinados exercícios espirituais, "que se o mínimo lhes falta ou sai dos limites daqueles modos e maneiras, logo imaginam tudo perdido, parecendo-lhes que Deus não ouvirá suas orações. A sua confiança, em vez de se apoiar na realidade viva

36. "*...sind vielleicht noch einigermaßen erträglich und einer unschuldigen Begeisterung zuzuschreiben*" ["...talvez ainda sejam de algum modo suportáveis e podem ser atribuídos a inocente entusiasmo"].

da prece, baseia-se nas cerimônias supérfluas, não sem grande desacato e agravo ao Senhor. Querem, por exemplo, a missa celebrada com certo número de velas, nem mais nem menos; oferecida por este ou aquele sacerdote, em determinado dia, a tal ou tal hora, nem antes nem depois. [...]; se, por acaso, vem a faltar uma única circunstância no que está previamente marcado, nada se faz" (n. 2). "Mas o pior e intolerável é a pretensão dessas pessoas querendo sentir os efeitos das orações feitas com aquelas cerimônias, ou desejando saber se alcançarão os fins nelas colimados" (n. 3). "Quanto mais as almas confiam nessas vãs cerimônias, tanto menos confiança põem em Deus, e não alcançarão dele o que desejam. Há alguns que oram mais pelas suas pretensões pessoais do que para honrar a Deus; [...] fariam melhor dando outro fim às suas súplicas, ocupando-se em coisas mais importantes como em purificar deveras a consciência, e ocupar-se, de fato, no negócio de sua salvação eterna. [...] Assim prometeu o Senhor dizendo pelo Evangelista: 'Buscai, pois, primeiramente o Reino de Deus e a sua justiça, e todas estas coisas se vos acrescentarão'" (Mt 6,33) (Cap. XLIV, n. 1). Esta prece pela salvação eterna é o que melhor agrada a Deus, e não há meio melhor para alcançar a realização dos desejos de nosso coração do que orientar todo o vigor de nossa oração ao que é mais agradável a Deus. Com efeito, eis que Ele nos dá não somente o que lhe pedimos, a salvação eterna, mas também tudo o que Ele julgar ser-nos bom e conveniente. "[...] 'perto está o Senhor de todos os que o invocam; de todos os que o invocam em verdade' (Sl 144,18). Ora, os que o invocam em verdade são precisamente esses que pedem os dons mais elevados ou, em outras palavras, as graças da salvação" (n. 2). "Desse modo, pois, as almas devem dirigir para Deus as forças e o gozo da vontade nas suas orações, não se apoiando em invenções de cerimônia [...]. Não queiram usar de novidades, como se tivessem mais luz do que o Espírito Santo e a sua Igreja. Se não são atendidas por Deus numa forma simples de oração, creiam que muito menos as ouvirá o Senhor por meio de todas as suas múltiplas invenções" (n. 3). As almas alcançam de Deus tudo o que desejam "se o sabem levar bem e a seu modo [...]; mas se o invocam por interesse, de nada adianta falar-lhe" (n. 3). "Quando os discípulos suplicaram ao Senhor que lhes ensinasse a rezar, Ele [...] lhes indicou todo o necessário para o mesmo Pai nos ouvir. Para isso contentou-se em ensinar-lhes as sete petições do *Pater Noster*, onde estão incluídas todas as nossas necessidades espirituais e temporais. Não acrescentou a essa instrução outras fórmulas ou cerimônias; longe disso, em outra circunstância, ensinou-lhes o seguinte: 'Quando orassem, não fizessem questão de muitas palavras, porque o Pai Celeste bem sabia tudo quanto convinha a seus filhos' (Mt 6,7-8). Só lhes recomendou com insistência que perseverassem na oração [...]" (n. 4). Quanto ao desempenho exterior, deu-nos apenas duas instruções: "'Mas tu, quando orares, entra no teu aposento e, fechada a porta, ora a teu Pai em secreto' (Mt 6,6)" (n. 4). Além disso, devemos retirar-nos a orar "nos desertos solitários, como Ele próprio fazia nas horas melhores e mais silenciosas da noite" (n. 4). Ele nada refere quanto a tempos e dias, cerimônias e fórmulas de oração.

João, finalmente, fala ainda dos *pregadores* que nos persuadem a servir o Senhor. Para poder ser útil ao povo e não se tornar, ele próprio, vítima de vaidosa complacência, ao pregador "é bom lembrar-lhe que a pregação é um exercício mais espiritual do que vocal" (Cap. XLV, n. 2).

Para a eficácia da pregação pressupõe-se também certa receptividade da parte dos ouvintes, mas o mais importante é o espírito interior do pregador. Se não estiver animado pelo verdadeiro espírito, de nada servirão o sublime ensinamento e o apurado estilo. Quanto mais exemplar for sua vida, mais proveito proporcionará, ainda que seu estilo seja vulgar e sua retórica simples. Estilo sublime, doutrina elevada e boa retórica impressionam vigorosamente quando tudo isso vem acompanhado do espírito de piedade. "Mas, sem esse espírito interior, embora possam ter certo gozo, e a inteligência ficar satisfeita, a vontade receberá pouco ou mesmo nada desses sermões. [...] Não servem essas frases senão para encantar os ouvidos [...] porque não tem a voz do pregador virtude para ressuscitar o morto tirando-o de sua sepultura" (n. 4). O santo não pretende de forma alguma menosprezar um bom estilo, uma oratória elevada e palavras bem-selecionadas, "pois muito importam ao pregador, como aliás a todos os negócios; porque o bom termo e estilo, até as coisas caídas e estragadas levanta e reedifica, assim como o mau termo às boas estraga e perde" (n. 6).

§ 2. Iluminação recíproca entre espírito e fé

a) Retrospectiva e prospectiva

Neste ponto se interrompe abruptamente a *Subida do Monte Carmelo*[37]. Não sabemos se a obra jamais foi

37. Em alguns manuscritos seguem-se ainda os dois fragmentos que foram publicados pela primeira vez em *Edición Critica* I como cap. 45 e 46. Recorremos ao conteúdo deles em passagens anteriores onde foi objetivamente adequado (no início da seção precedente sobre a purificação da vontade). (*Obras de São João da Cruz,* publicação da Vozes no ano de 1960, traz apenas o cap. 45 até o n. 4; já a edição de *Obras Completas,* de 2002, acrescenta os n. 5 e 6) [N.T.].

concluída ou se apenas não chegou até nós algum manuscrito completo. A análise a respeito do gozo não foi concluída, e as demais paixões não foram discutidas. De igual modo, as seções posteriores, ocasionalmente anunciadas, sobre a purificação passiva não foram elaboradas no contexto da obra em questão. Por outro lado, elas têm o complemento em *Noite escura*. Na apresentação, além do mais, é notável que ela esteja apenas nos começos da interpretação imediata do poema precedente, mas paulatinamente se distancia sempre mais dele e segue o propósito objetivo das questões levantadas. Também quanto a esse ponto, *Noite escura* fornece uma complementação. Nas últimas partes dessa obra, os versos realmente constituem o fio condutor. Entretanto, a explicação interrompe-se no primeiro verso da terceira estrofe tão inopinadamente quanto *Subida* em meio à análise do gozo. A fragmentação e, em muitos aspectos, o desequilíbrio destes escritos provavelmente podem ser compreendidos a partir das circunstâncias e da maneira como eles surgiram. João escreveu-os não como artista que queria compor um todo completamente equilibrado e perfeito. Como teólogo, ele também não queria criar uma sistematização da mística, ou, como filósofo e psicólogo, uma doutrina das emoções totalmente desenvolvida. Escreveu como pai e mestre para seus filhos e filhas espirituais. Ele queria satisfazer o pedido deles de explicação de seus cânticos espirituais, refletiu sobre a experiência interior que, desse modo, havia obtido, tencionou traduzir as imagens na linguagem do pensamento conceitual, e percebeu, provavelmente apenas durante o trabalho, quais complementos preparatórios eram necessários, quantos deviam ser evocados em cada ocasião para abrir o entendimento. Assim ele pôde ser levado por alguns caminhos secundários mais longe do que era sua intenção original; no entanto, jamais perdeu de vista a meta orientadora, sempre segurou com mão firme as rédeas do vívido movimento da mente, resistindo à premente abundância de ideias. Deve-se também ter em mente que ele escreveu seus tratados justamente nos anos em que estava sobrecarregado ao máximo com ofícios e ocupações exteriores. Certamente não lhe restava o tempo livre para compor com tranquilidade e posteriormente revisar e confrontar. Seria também bastante concebível que, depois de longa discussão, ele já não tivesse retomado o fio da meada onde lhe escapara, mas em vez disso tenha colocado a segunda obra ao lado da primeira. Tudo isso deve ser lembrado uma vez mais a fim de começar, de maneira correta, a apreciação das exposições anteriores do santo.

Reproduzimos o que João diz em *Subida* sobre a entrada na noite do espírito para obtermos clareza sobre o que ele entende por *espírito* e *fé*. De fato, a fé é o caminho através da noite para a meta da união com Deus; nele realiza-se o doloroso renascimento do espírito, sua transformação do ser natural no ser sobrenatural. As exposições sobre o espírito e a fé iluminam-se mutuamente. A fé exige a renúncia à atividade mental natural. Nesta abnegação consiste a noite ativa da fé, o seguimento voluntário da cruz. Para tornar compreensível esta renúncia e, portanto, a fé, a atividade mental natural deve ser analisada. Por outro lado, a fé, por sua própria existência, mostra a possibilidade de um ser e de um modo de agir espirituais elevados acima da natureza, e assim, a explicação do que ela é leva a uma nova visão do espírito. Conseguintemente, é compreensível que em diversos lugares, de várias maneiras, deva-se falar do espírito. Ao olhar superficial isso pode parecer contradição e desequilíbrio. Na verdade, é necessidade objetiva. De fato, na medida em que a existência espiritual é vida e transformação, sua apreensão não se deixa prender em definições rígidas, mas deve ser, ela mesma, movimento progressivo, e deve buscar para si uma expressão fluida. Isso é válido também para a fé. Porque ela mesma é existência espiritual e, portanto, movimento: ascensão a uma altura cada vez mais inconcebível e descida a uma profundidade sempre mais insondável. Por esse motivo, a apreensão deve sempre tentar apropriar-se dela mediante múltiplas expressões na medida em que consiga sequer apreendê-la. Afinal, diz o santo em uma passagem, que somente na mais profunda contemplação é que nos pode ser revelado o que seja a fé.

b) Atividade natural do espírito. A alma, suas partes e potências

Em primeiro lugar, portanto, deve-se esclarecer a atividade natural do espírito. Ela resulta da constituição geral do ser psíquico-espiritual. João procura compreender este ser com os conceitos tradicionais da psicologia escolástica, os quais, em todo caso, estavam muito em voga desde o seu período de estudos em Salamanca.

A alma é um ente real, com várias potências: inferiores e superiores, ou sensitivas e espirituais. Na parte inferior como na superior, as potências se estruturam em intelectivas e apetitivas. (Em João isso não é explícito, mas é pressuposto para sua exposição.) Os *sentidos* são órgãos do corpo, mas ao mesmo tempo são as *janelas* da alma, mediante os quais ela adquire o conhecimento do mundo exterior. A *sensualidade* é, portanto, comum ao corpo e à alma, mas o lado corpóreo é relativamente pouco considerado por João. Além das impressões que transmitem um conhecimento do mundo sensível, fazem parte da sensualidade o gozo e o desejo, que são despertados pelas impressões sensitivas na alma. Conforme ressaltado anteriormente, a *noite dos sentidos* tem a ver principalmente com a sensualidade neste segundo significado: a alma deve libertar-se, ou seja, purificar-se do anseio ou da ânsia pelo gozo sensual na primeira noite. Esta limitação é completamente justificada porque gozar e desejar é possível inclusive no nível de uma vida da alma puramente sensitiva (portanto, também no animal). A apreensão, pelo contrário, mesmo nas formas inferiores da percepção sensitiva, não é possível sem atividade do espírito. Acrescenta-se a isso ainda o fato de que o que a alma verdadeiramente "apreende" é desejo e gozo.

A apreensão sensitiva não é possível sem a atividade do espírito: para isso aponta a íntima conexão entre o ser anímico *superior* e o *inferior*. Não são pavimentos construídos um sobre o outro. O discurso em torno da parte elevada e da parte inferior é apenas uma imagem espacial para algo que tem um sentido completamente não espacial. João diz expressamente que "a alma como substância espiritual não tem alto nem baixo [...] como têm os corpos quantitativos" (*Chama viva de amor*, Canção I, n. 10). O agir sensual e o agir espiritual estão intimamente ligados entre si no âmbito natural. Assim como as janelas dos sentidos não levam a nenhuma apreensão do mundo sensível se o espírito não olhar para fora através delas, do mesmo modo, por outro lado, ele precisa dessas janelas a fim de perscrutar o mundo. Por outras palavras: os sentidos entregam-lhe o material com que ele se ocupa. Em assonância com Agostinho e afastando-se de Santo Tomás, ao lado do entendimento e da vontade, João acrescenta a memória como terceira potência espiritual. Não se deve ver aí nenhuma contraposição objetivamente profunda, visto que, de fato, não se trata, no caso, de nenhuma divisão real da alma, mas de modos diversos de atividade e de disponibilização de uma única potência espiritual nesta ou naquela direção. Podem-se apresentar boas razões para ambas as divisões. Sem a contribuição original da memória – a preservação – não seria possível nem uma impressão sensitiva, nem uma atividade do espírito.

Com efeito, ambas se constroem em uma sequência temporal, e, para isso, exige-se que os conteúdos momentâneos correspondentes (falando *grosso modo*) não se afundem, mas permaneçam conservados. Para a verdadeira atividade do entendimento (comparação, generalização, dedução etc.), evidencia-se que também são necessárias outras conquistas da memória – recordações e livre-variação da fantasia. Contudo, esse ponto não pode ser aprofundado aqui. Foi apenas sugerido, porque se torna compreensível que possamos diferençar entre operações sensitivas e espirituais na memória, e pensar que ela esteja incluída nas demais faculdades. Por outro lado, suas conquistas não são propriamente desempenhos cognitivos, mas apenas recursos para isso. (Consequentemente, pode-se provar o mesmo para o relacionamento entre memória e vontade.) Daí resulta a justificação para se ver a memória como uma faculdade especial. Em Agostinho, em todo caso, foi decisivo para a divisão tripartida, ademais, o recurso à imagem trinitária da mente; em João, a relação recíproca das três potências mentais e das três virtudes teologais. Com isso tocamos o ponto decisivo de sua doutrina do espírito.

c) Elevação sobrenatural do espírito. Fé e vida de fé

Em sua atividade natural, o espírito está ligado aos sentidos. Ele assimila o que eles lhe apresentam, conserva o que foi percebido, evoca-o ocasionalmente para si, combina-o com outras coisas, modifica-o e, por meio desse múltiplo agir, alcança conhecimentos conceituais para julgamentos e deduções, as conquistas do entendimento propriamente ditas. De igual modo, a vontade ocupa-se naturalmente com o que é oferecido pelos sentidos, encontra aí seu gozo, busca apropriar-se disso, experimenta dor com a perda, espera a posse e teme a perda. No entanto, o espírito não tem como propósito reconhecer as coisas criadas e alegrar-se nelas. É uma perversão de seu ser original e verdadeiro o fato de ele estar fortemente dependente disso. Ele precisa livrar-se dessa dependência e elevar-se ao verdadeiro ser para o qual foi criado. Seu olhar deve voltar-se para o Criador. A Ele deve doar-se com todas as potências. Isso será conseguido mediante um *trabalho de educação e de privação* gradativamente progressivo. Deus concede o estímulo para isso e realiza-o, mas isso requer a colaboração do ser humano mediante sua própria atividade espiritual. O espírito deve ser *subtraído* a tudo aquilo com que naturalmente se ocupa; deve ser *educado* a reconhecer a Deus e a alegrar-se somente nele. Isso acontece, em primeiro lugar, pelo fato de que se oferece às potências naturais algo que as atrai mais fortemente e é mais satisfatório do que o que elas reconhecem e gozam de maneira natural.

A *fé* volta a atenção do entendimento para o Criador, que chamou à existência todas as coisas, e que é, Ele próprio, maior, mais sublime e mais digno de amor do que todas elas. Ela instrui-o a respeito dos atributos de Deus, relativamente a tudo o que Ele fez pela humanidade e quanto à obrigação do ser humano para com Ele. Neste contexto, o que denota a fé? Evidentemente, *o que* nos é apresentado para crer, o compêndio de todas as verdades reveladas proclamadas pela Igreja: *Fides, quae creditur!* [“‘A fé que é acreditada’, ‘os conteúdos e as verdades de fé’”]. Quando o entendimento aceita o que lhe é apresentado, sem que ele esteja apto a reconhecê-lo em virtude de sua própria percepção, então ele dá o primeiro passo para dentro da noite da fé. Contudo, esta é, agora, a *fides, qua creditur* [“a fé pela qual se acredita”], uma ação viva da mente e uma correspondente *atitude contínua* (*habitus* ou *virtude da fé*): a convicção de que Deus existe (*credere Deum* [“crer em Deus, em sua existência”]), e a aceitação convicta do que é ensinado pela Igreja (*credere Deo* [“acreditar, confiar em Deus”]). Com essa vida de fé, o espírito eleva-se acima de seu agir natural, mas ainda não se livra dele absolutamente. Na verdade, no novo mundo que a fé lhes descortina, as potências naturais do espírito recebem uma abundância de novo material com que ocupar-se. Tal ocupação, na qual o espírito se apropria do conteúdo da fé, é a *contemplação*. Aqui, a imaginação visualiza imageticamente os acontecimentos da história da salvação, procura explorá-los com todos os sentidos, com o entendimento pondera-lhes a importância geral e os desafios que eles colocam diante da própria pessoa; desse modo, a vontade é estimulada, em seguida, ao amor e às decisões para a modelação da vida no espírito da fé. João ainda reconhece também uma forma mais elevada de contemplação: um espírito mais vivaz e ricamente predisposto por natureza penetra intimamente, com o entendimento, as verdades da fé, medita-as profundamente no diálogo consigo mesmo em todos os sentidos, desenvolve-as em suas consequências conceituais e descobre-lhes as conexões interiores. Esta atividade torna-se ainda mais vívida, fácil e fecunda se o Espírito Santo inspirar e elevar o espírito humano. Este sente-se, então, de tal modo na mão de um poder superior e iluminado por este, que lhe parece como se já não agisse por si mesmo, mas como se recebesse instrução por meio de revelação divina.

O que o espírito, dessa ou daquela maneira, elaborou contemplativamente, torna-se sua posse permanente. Trata-se de algo mais do que um tesouro de verdades armazenadas, que podem ser novamente sacadas da memória quando necessário. O espírito – e isso implica, tomado adequadamente em sentido amplo, não apenas o entendimento, mas também o *coração* –, mediante a contínua ocupação, familiarizou-se com Deus, conhece-o e ama-o. Esse conhecimento e esse amor tornaram-se parte integrante de seu ser, algo como o relacionamento com uma pessoa com a qual se convive há muito tempo e é intimamente familiar. Tais pessoas já não precisam reunir informações a respeito uma da outra ou refletir uma sobre a outra a fim de sondar-se mutuamente e convencer-se de que são dignas de serem amadas. Entre elas, praticamente não há também necessidade de palavras. Certamente, cada novo convívio traz um novo despertar e um incremento do amor, talvez também a descoberta de novas características individuais; isso, no entanto, acontece por si mesmo, sem necessidade de esforço. Algo semelhante é também a comunhão de uma alma com

Deus depois de longa ascese na vida espiritual. Ela já não precisa contemplar para conhecer e amar a Deus. O caminho ficou longinquamente para trás, ela repousa na meta. Tão logo se põe em oração, está em Deus e demora-se em amorosa doação em sua presença. O silêncio dela é-lhe mais amável do que muitas palavras. Isto é o que hoje se chama "contemplação adquirida" (João da Cruz não usa a expressão, mas conhece bem o assunto). É o fruto da própria atividade que, no entanto, é estimulada e sustentada por múltiplos auxílios da graça. Graça é quando a mensagem da fé, a verdade de Deus revelada, chega até nós. Graça é o que nos dá a força de acolher a mensagem da fé – ainda que devamos fazer isso por livre-decisão – e assim tornar-nos *crentes*. Sem o auxílio da graça não é possível nenhuma oração e nenhuma contemplação. Entretanto, tudo isso diz respeito à nossa liberdade e realiza-se com o auxílio de nossas próprias forças. Também depende de nós se nos colocamos em oração, e quanto tempo permanecemos na *contemplação adquirida*. Se considerarmos, pois, essa contemplação em si mesma, a serena e amorosa doação a Deus, então podemos também reivindicá-la como uma forma de fé, a *fides qua creditur*: não como o *credere Deum* (posto que a fé na existência de Deus esteja nela implicada e incluída), também não como o *credere Deo* (embora seja o depósito de tudo o que aceitamos, com fé, como verdade revelada por Deus), mas como *credre in Deum*, crer em Deus, adentrar-se por Ele em atitude de fé.

Na vida de fé, isso é o máximo que se pode alcançar por força da própria atividade quando, em razão disso, como consequência apropriada, também a doação da própria vontade à vontade divina, e o controle de todo fazer e não fazer são realizados segundo a vontade divina. Já é uma considerável elevação do espírito para além das condições naturais da existência. Por certo, as verdades de fé nos aproximam de Deus inicialmente por meio de imagens e parábolas, e mediante conceitos tirados das coisas criadas. Contudo, adicionalmente, elas ensinam-nos que Deus ultrapassa todo o criado e está além de todo o compreensível e apreensível. Conseguintemente, devemos deixar para trás todas as criaturas e todas as nossas potências com as quais compreendemos e apreendemos as criaturas, a fim de elevar-nos a Deus, o Incompreensível e Inapreensível. Disso não são capazes nem os sentidos nem o entendimento se os considerarmos como a faculdade do pensamento conceitual. Na doação ao Deus incompreensível, em atitude de fé, somos puro espírito, desprendidos de todas as imagens e conceitos – precisamente por isso, às escuras, porque o mundo de nossa visão diurna é feito de imagens e conceitos –, *desvencilhados* também do mecanismo de uma pluralidade de potências diferentes, *unidos* e *simples* em uma vida em que perceber, ser lembrado e amar constituem uma só coisa. Com isto nos encontramos apenas no limiar da vida mística, na soleira da transformação que deve ser alcançada pela noite do espírito. Entretanto, atingimos aquilo que permanece intocado na supressão das potências. Aliás, algo deve permanecer quando somente depois da supressão das potências deve ser possível a união com Deus e a transformação em Deus. E esse algo além da sensualidade e do entendimento ligado aos sentidos deve ser primeiramente *o espírito em sentido próprio*. Nesse contexto, João fala também da *essência da alma*. A alma, por sua natureza, é espírito, e segundo sua natureza mais íntima, receptiva a tudo o que é espiritual: a Deus, o puro espírito, e a tudo o que Ele criou e a tudo o que, consoante a sua mais íntima natureza, é também espiritual. No entanto, ela está imersa na corporalidade e tem os sentidos corporais como órgãos de percepção do que é material. Na circunstância da queda, esses órgãos serviçais tornaram-se dominadores. O espírito deve primeiramente libertar-se das garras deles, a fim de readquirir a força para a vida e o agir puramente espirituais e para o domínio sobre os sentidos. Até certo ponto, vimos rastreando a ação da fé nesse processo de libertação: como ela orienta o espírito para Deus e, por fim, o conduz a uma relação puramente espiritual com Deus. A essa ocupação com Deus, no entanto, deve-se ainda acrescentar algo mais: o afastamento de tudo o que não é Deus. Este é o principal trabalho realizado na noite ativa do espírito.

d) Comunicações extraordinárias da graça e o desprendimento delas

Falou-se que a fé atrai as potências espirituais e incita à ocupação com Deus e com as coisas divinas. Entretanto, com isso ainda não se alcançou nenhum desprendimento do mundo criado. Mesmo as pessoas que se decidiram seriamente por uma vida espiritual, e nela perseveram, dedicam, porém, apenas uma menor parte do dia à oração e à contemplação. No restante do tempo, permanecem com os dois pés sobre o solo do mundo criado. Esforçam-se por perscrutar epistemologicamente este mundo e submetê-lo ao próprio domínio, por adquirir bens temporais e regozijar-se neles. Sucumbem ainda ao feitiço encantador dos bens naturais, e ainda não se tornaram inacessíveis ao que apazigua os sentidos, ainda que, talvez, sob a influência de sua vida de oração, já se imponham vastos limites nessa direção. Desse modo, seu entendimento está ocupado com as coisas deste mundo e nelas consome suas forças, delas está cheia a imaginação, a vontade é determinada por elas em seus esforços, ligadas a elas com suas paixões. Tudo isso tem igualmente efeito inibidor em sua vida de oração e acabaria por aniquilá-la se Deus não viesse em auxílio da alma com uma assistência especial da graça. Isso acontece, porém, certamente não apenas pela mensagem da fé, mas por meio de comunicações extraordinárias, aptas a superar e a tornar ineficazes os estímulos naturais do mundo. Aos sentidos e à imaginação são apresentadas imagens que superam tudo o que é terreno. Mediante iluminação sobrenatural, o entendimento é elevado a intuições que ele jamais conseguiria alcançar com seu próprio labor de apreensão. O coração enche-se de consolação divina, diante da qual todas as alegrias e gozos do mundo desvanecem. Dessa maneira, com todas as suas potências, a alma torna-se capaz de afastar-se dos bens terrenos e de elevar-se aos celestiais.

Até aqui, no entanto, foi realizada somente metade do trabalho. Alguém jamais chegaria à meta, à união com Deus se quisesse permanecer nas comunicações sobrenaturais e repousar no gozo delas. Com efeito, visões, revelações e sensações deleitáveis não são o próprio Deus e também não conduzem a Ele – à parte aqueles *toques* elevados, puramente espirituais, nos quais Deus mesmo se comunica com a essência da alma e, precisamente com isso, realiza a união. Assim, a alma deve também desprender-se de todo o sobrenatural, dos dons de Deus, a fim de, em vez dos dons, ganhar o Doador. Mas o que a levará a renunciar voluntariamente a tão grandes bens? Nesta direção é que a fé opera uma vez mais, ensinando-

-lhe que Deus não é nada do que ela possa compreender ou apreender, e convida-a a seu caminho obscuro, o único que conduz à meta. Entretanto, com isso ela pouco conseguiria caso se voltasse para o entendimento apenas com palavras instrutivas. A poderosa realidade do mundo natural e dos dons sobrenaturais da graça deve ser mudada fundamentalmente por uma realidade ainda mais poderosa. Isso acontece na noite passiva. Sem esta – assim o enfatiza reiteradamente João – a noite ativa jamais alcançaria a meta. A própria mão forte do Deus vivo deve intervir para libertar a alma dos laços de todo o criado e atraí-la a si. Essa intervenção é a *contemplação obscura, mística*, ligada ao *despojamento* de tudo o que até então concedeu luz, apoio e consolação.

§ 3. Morte e ressurreição

a) Noite passiva do espírito

α) Fé, contemplação obscura, desnudamento

Já sabemos, a partir da *noite dos sentidos*, que chega um momento em que a alma fica privada do gosto por todos os exercícios espirituais, bem como por todas as coisas terrenas. É lançada inteiramente na escuridão e no vazio. Já não lhe resta nada mais em que possa apoiar-se além da fé. A fé coloca-lhe Cristo diante dos olhos: pobre, humilhado, crucificado, abandonado na cruz até mesmo pelo Pai celestial. Na pobreza e no abandono dele, ela reencontra sua própria pobreza e abandono. Secura, repugnância e tribulação são a *pura cruz espiritual* que lhe é apresentada. Caso a aceite, experimenta que é um jugo suave e um fardo leve. Tornar-se-á para ela um bastão que a conduzirá rapidamente montanha acima. Quando ela reconhece que Cristo na extrema humilhação e aniquilamento na cruz realizou o máximo, a reconciliação e a união da humanidade com Deus, então desperta-se-lhe a compreensão de que também para ela o ser aniquilada, a "viva morte de cruz para o sentido e para o espírito" (*Subida*, Livro II, Cap. VII, n. 11), leva à união com Deus. Tal como Jesus em seu abandono na morte entregou-se nas mãos do Deus invisível e inapreensível, assim ela entrará na escuridão da meia-noite da fé, que é o único caminho até o Deus incompreensível. Desse modo lhe será comunicada a contemplação mística, o "Raio de Treva", a misteriosa sabedoria de Deus, a notícia obscura e geral: somente ela corresponde ao Deus incompreensível, que ofusca o entendimento e parece-lhe trevas. Ela flui para dentro da alma, e pode ser tanto mais intensa quanto mais livre a alma estiver de todas as demais impressões. É algo muito mais puro, tenro, espiritual e interior do que tudo o que é conhecido à percepção oriunda da vida espiritual natural, também elevada acima da temporalidade, um autêntico começo da vida eterna em nós. Não é mera aceitação da mensagem da fé ouvida, não um simples voltar-se para o Deus que se conhece apenas por ouvir falar, mas um *ser tocado* intimamente, e uma *experiência* de Deus capaz de desligar-se de todas as coisas criadas, elevando-se acima delas, e, ao mesmo tempo, imergir-se em um amor que não conhece seu objeto. Se essa notícia obscura, amorosa, na qual a alma é tocada no mais íntimo por Deus – de *boca a boca*, de essência a essência –, ainda pode ser considerada como pertencente à fé, não queremos decidir agora. É a doação da alma mediante a vontade (como sua boca) à condescendência amorosa do Deus ainda oculto; amor que não é sentimento, mas disposição para a ação e para o sacrifício, entrega da própria vontade à vontade divina, a fim de ser guiado unicamente por ela. Ainda que, agora, iluminações, revelações e consolações isoladas, específicas sejam comunicadas à alma – como acontece, porém, muitas vezes, no período habitualmente muito longo da noite escura –, ela sente-se pronta a não permanecer nelas. Deixará que Deus opere nela o que ele tem em vista com essas comunicações sobrenaturais, mas ela própria permanecerá na obscuridade da fé porque ela não só *aprendeu*, mas *experimentou* que tudo isso não é Deus e não lhe dá Deus; que na fé, porém, ela tem tudo o que lhe é necessário: o próprio Cristo que é a sabedoria eterna, e, nela, o Deus incompreensível. Quanto mais fundamentalmente tiver sido purificada pela noite escura, tanto mais cedo estará pronta para essa renúncia e perseverança na fé.

Já se acentuou reiteradamente que a alma, mesmo depois de longa ascese na vida espiritual, ainda está cheia de imperfeiçoes e carente de profunda purificação para tornar-se apta à união. Mostrou-se igualmente que tais imperfeições mui provavelmente podem coexistir com comunicações sobrenaturais de toda espécie, visto que na alma, ainda não inteiramente purificada, os próprios dons da graça podem tornar-se ocasião para imperfeição, especialmente para o orgulho, a vaidade e busca do gozo espiritual. Deus cura todas essas fraquezas pelo *despojamento* que se realiza na noite escura, na qual Deus deixa "o entendimento na escuridão, a vontade na secura, a memória no vazio, as afeições da alma em suma aflição, amargura e angústia..." (*Noite escura*, Livro II, Cap. III, n. 3). Aqui, o espírito e os sentidos experimentam juntos a última purificação, depois que, na primeira noite, os sentidos, mediante a transformação e a contenção dos desejos, e por meio da comunicação com Deus, foram fortalecidos suficientemente para poderem suportar os problemas dessa segunda profunda purificação. Essa purificação é, igualmente, a obra da contemplação obscura.

Até agora consideramos a contemplação principalmente quanto ao proveito que traz à alma, na medida em que direciona as potências espirituais para Deus e para o desprendimento de todo o criado. Esse proveito já se tornou claro nas exposições da *Subida* a respeito da noite ativa do espírito. Será uma vez mais resumida brevemente na nova interpretação que o santo dá à estrofe de abertura da canção da noite, no início do *tratado sobre a noite escura do espírito*: "Em pobreza, desamparo e desarrimo de todas as minhas apreensões, isto é, em obscuridade do meu entendimento, angústia de minha vontade, e em aflição e agonia quanto à minha memória, permanecendo na obscuridade da pura fé – que é na verdade noite escura para as mesmas potências naturais –, só com a vontade tocada de dor e aflições, cheia de ânsias amorosas por Deus, saí de mim mesma. Saí, quero dizer, do meu baixo modo de entender, de minha fraca maneira de amar, e de meu pobre e escasso modo de gozar de Deus, sem que a sensualidade nem o demônio me tenham podido estorvar (*Noite,* Livro II, Cap. IV, n. 1). Esta saída foi grande sorte e feliz ventura para mim, porque, em acabando de aniquilar e sossegar as potências, paixões e apetites, nos quais sentia e gozava tão baixamente de Deus, passei do trato e operação humana que me eram próprios à operação e trato divino. A saber: meu entendimento saiu de si, mudando-se, de humano e natural em divino. Unindo-se a Deus nesta purificação, já não compreende pelo seu vigor e luz natural, mas pela divina Sabedoria à qual se uniu. Minha vontade saiu também de si tornando-se divina; unida agora com o divino amor já não ama baixamente com sua força natural, e sim com a força e pureza do Espírito Santo [...]. E a memória igualmente há trocado suas lembranças em apreensões eternas de glória. Enfim, todas as forças e afeições da alma, passando por esta noite e purificação do velho homem, se renovam em vigor e sabores divinos (n. 2).

A *purificação*, porém, não é apenas noite, mas também *dor e tribulação*, aliás, por duas causas: "Primeiro, por causa da elevação da Sabedoria de Deus, que excede a capacidade da alma, e, portanto, lhe fica sendo treva; segundo, devido à baixeza e impureza da alma, e por isto lhe é penosa e aflitiva, e também obscura" (Cap. V, n. 2). A luz extraordinária e sobrenatural "vence a força natural da inteligência, privando-a do seu exercício". [...] "Daí procede que este resplandecente raio de secreta Sabedoria, derivando de Deus à alma ainda não transformada, produz escuras trevas no entendimento" (n. 3). A aflição e a dor da alma, por conseguinte, residem no fato de que "tendo esta divina contemplação infusa tantas excelências, extremamente boas, e a alma, ao invés, ainda estando cheia de tantas misérias em extremo más – por não estar purificada – não podem caber dois contrários num só sujeito que é alma" (n. 4). Por conseguinte, precisamente nessa pura luz, ela "sente-se tão impura e miserável, que Deus lhe parece estar contra ela, e ela contra Deus. Donde, tanto é o sentimento e penar da alma, imaginando-se então rejeitada" (n. 5). Ela é atormentada pelo medo de jamais tornar-se digna de Deus e de ter perdido todos os seus tesouros de graça. Com efeito, aquela divina e obscura luz revela-lhe de modo absolutamente claro todos os seus males e misérias, e a alma "tem consciência clara de que em si mesma jamais poderá ter outra coisa" (n. 5).

De outro modo, a alma é afligida em razão de sua fraqueza natural, moral e espiritual. "Quando esta divina contemplação a investe com alguma força, a fim de fortalecê-la e domá-la, de tal maneira a faz sofrer em sua fraqueza, que por um pouco desfalecerá – o que particularmente se verifica algumas vezes, quando investe com força um pouco maior. Então o sentido e o espírito, como se estivessem debaixo de imensa e obscura carga [...]", desejam a morte como alívio e favorecimento. "Causa grande espanto e lástima ser tanta a fraqueza e impureza da alma, que, embora a mão de Deus seja por si mesma tão branda e suave, a própria alma a sinta agora tão pesada e contrária; ora, esta mão divina não pesa nem faz carga, mas apenas toca, e isto o faz misericordiosamente, com o fim de conceder graças à alma, e não de castigá-la" (n. 7). Quando ambos os extremos, a contemplação provinda de Deus e a alma mesma se unem, esta "de tal maneira é triturada e dissolvida em sua substância espiritual, absorvida numa profunda e penetrante treva, que se sente diluir e derreter na presença e na vista de suas misérias, sofrendo o espírito como uma morte cruel" (Cap. VI, n. 1). Entretanto, o que a alma aflita sente como o mais doloroso "é o claro conhecimento, a seu parecer, de que Deus a abandonou, e que, detestando-a, arrojou-a nas trevas. [...] esta sente as sombras e gemidos da morte, e as dores do inferno [...], pois sente-se sem Deus, castigada e abandonada, e indigna dele que dela está enfadado. Todo este sofrimento experimenta aqui a alma, e ainda mais, porque lhe parece que assim será para sempre" (n. 2). Por fim, mediante a sublimidade e magnitude da contemplação obscura, a alma chega à tangível consciência de sua mais profunda pobreza e extrema miséria. Sente profundo vazio e indigência de bens temporais, naturais e espirituais, e vê-se cercada de males contrários, "que são misérias de imperfeições, securas e vazios no exercício de suas potências, e desamparo do espírito em treva" (n. 4). "[...] como se a alguém enforcassem ou detivessem em atmosfera irrespirável, mas também sofre a purificação divina que, à semelhança do fogo nas escórias e ferrugem do metal, vai aniquilando, esvaziando e consumindo nela todas as afeições e hábitos imperfeitos contraídos em toda a vida. Como estas imperfeições estão muito arraigadas na substância da alma, costuma então sofrer grave destruição e tormento interior, além da pobreza e vazio, natural e espiritual [...]" (n. 5). Para afastar e apagar a ferrugem de suas inclinações, a alma precisa, em certo sentido, do "aniquilamento e destruição dela mesma, de tal forma se tornaram nela como uma segunda natureza estas paixões e hábitos imperfeitos" (n. 5). Desse modo, "parece que se lhe desfaz a sua mesma substância, com extremada pobreza, na qual está se consumindo". [...] "Aqui Deus humilha sobremodo a alma, para sobremodo elevá-la depois". Se tal circunstância permanecesse, "ela morreria em mui breves dias; mas são interpolados os períodos em que lhes experimenta a íntima acuidade. Algumas vezes, no entanto, chega a alma a sentir tão ao vivo, que lhe parece ver aberto o inferno [...]. Estas almas verdadeiramente são as que descem vivas ao inferno, porque se purificam aqui na terra como se ali estivessem [...]. E, assim, a alma sofrendo tal purificação, ou não entrará no fogo da outra vida, ou nele se há de deter muito pouco, porque é de maior proveito uma hora deste sofrimento aqui na terra, do que muitas depois da morte" (n. 5).

Os sofrimentos tornam-se ainda mais intensos por causa do ditoso estado anterior, uma vez que, habitualmente, "as almas que entram nesta noite já tiveram muitas consolações de Deus e prestaram-lhe grandes serviços" (Cap. VII, n. 1); agora, porém, estão afastadas desse bem e já não conseguem recuperá-lo. Ademais, a contemplação lança a alma em tão grande solidão e desamparo, tanto mais pelo fato de que "se lhe acrescenta o sofrimento de não achar consolo ou arrimo em nenhuma doutrina, nem em diretor espiritual algum. Por mais que, de muitas maneiras, sejam mostrados os motivos de consolação que pode a alma ter nestas penas, [...] parece-lhe que os outros não veem o que ela vê e sente, e assim, por não a compreenderem, falam daquele modo. Daí brota novo sofrimento: imagina que não é aquele o remédio para o seu mal, e na verdade assim é. Até que o Senhor acabe, efetivamente, de purificá-la, do modo que Ele o quer, nenhum remédio ou meio serve nem aproveita para este seu penar". Tal situação há de permanecer, até que se humilhe, abrande e purifique o espírito, tornando-se ele tão simples e fino, que possa fazer um com o espírito de Deus, segundo o grau de união de amor que Ele, na sua misericórdia, quiser conceder-lhe" (n. 3). A esse grau orientam-se a acuidade e a duração da purificação. Na maioria dos casos, dura anos a fio, mas com "alternativas de consolação, nas quais, por dispensação de Deus, esta contemplação obscura cessa de investir em forma e modo de purificação, para fazê-lo de modo iluminativo e amoroso. A alma, então, como saída daquelas prisões, é posta em recreação de desafogo e liberdade, gozando e sentindo mui suave paz, na intimidade amorosa de Deus, com facilidade e abundância de comunicação espiritual" (n. 4). Agora se tem a impressão de que todos os males teriam chegado ao fim, tal como anteriormente se creu que a dor jamais cessaria. Isso deve-se ao fato de que "a atual posse de um contrário, no espírito, por si mesma remove a posse atual e sentimento do outro contrário – não se dá o mesmo na parte sensitiva da alma, por ser fraca a sua capacidade de apreensão. Como o espírito, nesta altura da purificação, não está ainda de todo purificado e limpo das afeições contraídas na parte inferior – embora como espírito não se mude –, poderá ainda voltar aos sofrimentos anteriores, por estar preso àquelas afeições" (n. 5). Contudo, a alma não tem frequentemente a convicção de que agora todas as labutas teriam acabado, "pois, até que esteja terminada a purificação espiritual, ordinariamente não costumam ser essas suaves comunicações interiores com tanta abundância, a ponto de encobrir a raiz que ainda resta dos seus males. Consequentemente, a alma não deixa de sentir, lá no seu íntimo, um não sei quê a lhe faltar [...], e isto não lhe permite gozar plenamente daqueles alívios; percebe no interior de si mesma como um inimigo que, embora adormecido e sossegado, lhe dá sempre receio de que venha a despertar e a fazer das suas. E, de fato, assim acontece. Quando mais segura se sente a alma, e por isso mesmo, menos se acautela, volve a ser tragada e absorvida em outro grau pior da noite, mais duro, tenebroso e aflitivo do que o precedente [...]". E uma vez mais, vem a crer que todos os bens anteriores se perderam para sempre, "por causa da atual apreensão do espírito, que aniquila nele toda outra ideia contrária" (n. 6). Esta é também a razão por que as almas no purgatório têm dúvidas sobre se seus sofrimentos terão fim. Por certo estão de posse das virtudes divinas e conhecem que amam a Deus, "mas isto não lhes traz consolação porque não lhes parece serem amadas por Ele, nem se julgam dignas disso. [...] E assim a alma, aqui nesta purificação, vê que quer bem a Deus, e daria mil vidas por Ele [...]; contudo, não sente alívio algum, e sim ainda mais sofrimento. Pois, amando-o tanto, e não pondo em outra coisa a sua solicitude senão em Deus, vê-se ao mesmo tempo tão miserável, que não se pode persuadir do amor de Deus por ela, nem de motivo algum, presente ou futuro, para ser dele amada. Ao contrário, vê, nela própria, razões de ser aborrecida, não somente de Deus, mas também de toda criatura para sempre. É isto o que mais lhe dói: ver em si mesma motivos para ser rejeitada por aquele a quem ela tanto ama e deseja" (n. 7). O impedimento das potências nesta circunstância aflitiva leva também a que a alma já não possa, como antigamente, elevar seu coração e sua mente para Deus na oração. "Se algumas vezes a alma reza, é tão sem gosto e sem força, que lhe parece não a ouvir Deus nem fazer caso. [...] Na verdade, não é este o tempo propício de falar com Deus, e sim de 'pôr a boca no pó', [...] e sofrendo com paciência a sua purificação. É o próprio Deus que está agora fazendo sua obra passivamente na alma; por isso, ela nada pode por então. Nem ao menos rezar ou assistir atentamente aos exercícios divinos lhe é possível, nem tão pouco tratar de coisas ou negócios temporais. E não é somente isso: tem muitas vezes tais alheamentos e tão profundos esquecimentos na memória, que chega a passar largo tempo sem saber o que fez nem pensou, ou o que faz, ou ainda o que vai fazer" (Cap. VIII, n. 1). Isso se deve ao fato de que também a memória deve ser purificada de todos os pensamentos e conhecimentos. A distração e a frieza, porém, originam-se do profundo acervo interior no qual a contemplação absorve a alma, por assim dizer, com todas as suas potências, a fim de abstraí-la de todas as inclinações às criaturas e a todas as representações das coisas criadas. Isso perdura por maior ou menor tempo, de acordo com a intensidade da contemplação. Quanto mais pura e mais forte a luz divina investe a alma, tanto mais a obscurece, esvazia e aniquila. "Deixando-a assim vazia e na escuridão, purifica-a e ilumina-a" o raio de luz divino da contemplação, sem que a alma perceba estar recebendo a luz divina. Ao contrário, permanece na escuridão, como o raio do sol, "que embora estando no meio do aposento, se está livre e puro sem refletir-se em coisa alguma, não é visto. Quando, porém, esta luz espiritual, investindo a alma, encontra algo em que refletir-se, isto é, quando se oferece algo de perfeição ou imperfeição espiritual para ser entendido, [...] ou um juízo a fazer do que é falso ou verdadeiro, logo a alma o percebe, e entende então muito mais claramente do que antes de haver sido mergulhada nestas trevas. Do mesmo modo, a luz espiritual que recebe ajuda-a a conhecer com facilidade a imperfeição que se apresenta" (n. 4). "Por ser esta luz espiritual tão simples, pura e geral, não se prendendo nem particularizando a coisa alguma especialmente inteligível [...], com muita facilidade e generalidade leva a alma a conhecer e penetrar qualquer coisa do céu ou da terra que se apresente. 'O espiritual todas as coisas penetra, até as profundezas de Deus' (1Cor 2,12). E a sabedoria simples e geral [...]: 'Atinge tudo, por causa de sua pureza' (Sb 7,24), isto é, porque não se particulariza a algum conhecimento inteligível, ou afeição determinada. Esta é a propriedade do espírito purificado e aniquilado em todas as suas afeições e inteligências particulares: não gozando nem entendendo coisa alguma determinada, permanecendo em seu vazio, em obscuridade e trevas, está muito disposto a abraçar tudo" (n. 5).

Desse modo, esta ditosa noite, mediante a tenebricosidade do espírito, a outra coisa não visa senão "dar-lhe luz em todas as coisas. Se ela o humilha e torna miserável, é apenas com o fim de exaltá-lo e levantá-lo; e quando o empobrece e despoja de toda posse e apego natural, visa dilatá-lo no gozo e gosto de todas as coisas do céu e da terra, com liberdade de espírito extensiva a tudo em geral" (Cap. IX, n. 1). Uma vez que o entendimento natural não é capaz de alcançar a luz divina, deve ser conduzido às trevas mediante essa contemplação obscura. "Estas trevas hão de permanecer tanto quanto for mister para expelir e aniquilar o hábito contraído desde muito tempo em sua maneira natural de entender" (n. 3). O aniquilamento da maneira natural de entender é profundo, horrível e muito penoso. O espírito "as sente em sua mais íntima substância, e por isso parecem trevas substanciais". A vontade deve igualmente ser purificada e aniquilada a fim de alcançar, pela purificação do amor, aquele amor puro, divino, espiritual e sublime, que excede todo apego e afeto naturais, e todo desejo da vontade. "É necessário que permaneça na secura e na angústia todo o tempo conveniente, conforme o hábito precedente de suas afeições naturais, seja em relação às coisas divinas ou humanas; e assim, extenuada, seca e bem-purificada, no fogo desta obscura contemplação, de todo o gênero de demônios [...], tenha disposição pura e simples, e paladar purificado e são, para perceber os altíssimos e peregrinos toques do divino amor" (n. 3). "Para atingir tão alto fim, há de estar a mesma alma dotada e cheia de certa magnificência gloriosa em sua comunicação com Deus, a qual encerra em si inumeráveis bens, e cujos deleites ultrapassam toda a abundância de que a alma é naturalmente capaz; pois é impossível à sua condição natural, fraca e impura, receber tanto. [...] Convém, portanto, à alma ficar primeiro no vazio e na pobreza do espírito [...], bem como despojada do homem velho, a fim de viver aquela nova e bem-aventurada vida [...], e que é o estado de união com Deus" (n. 4). "[...] a alma virá a ter um novo senso e conhecimento divino, muito abundante e saboroso, em todas as coisas divinas e humanas, [...] porque então tudo verá com olhos bem diferentes de outrora – diferença essa tão grande, como a que vai do sentido ao espírito"[38] (n. 5). Por outro lado, a memória deve ser libertada "de todo o conhecimento amorável e pacífico, experimentando interiormente uma espécie de estranheza e alheamento em todas as coisas, como se tudo lhe fosse diferente e de outra maneira do que costumava ser. Assim, pouco a pouco, vai esta noite tirando o espírito do seu modo ordinário e vulgar de sentir, e ao mesmo tempo elevando-o ao sentir divino, o qual é estranho e alheio de toda a maneira humana. A alma julga então viver fora de si, no meio destas penas; outras vezes põe-se a pensar se será encantamento aquilo que experimenta, ou algum feitiço; anda maravilhada com as coisas que vê e ouve, parecendo-lhes estranhas e peregrinas, e, no entanto, são as mesmas de sempre" (n. 5).

"Todas estas aflitivas purificações do espírito sofre a alma para nascer de novo à vida do espírito [...]. Com estas dores vem a dar à luz o espírito de salvação [...].

38. "*...der Unterschied ist so groß wie zwischen dem Licht und der Gnade des Heiligen Geistes und dem sinnlichen Erkennen, zwischen Göttlichem und Menschlichem*" ["a diferença é tão grande quanto a que existe entre a luz e a graça do Espírito Santo, e o conhecimento dos sentidos, entre o divino e o humano"].

Além do mais, por meio desta noite contemplativa, a alma se dispõe para chegar à tranquilidade e paz interior que ultrapassa todo o sentido [...] (Fl 4,7); por isso é necessário ser a alma despojada de toda paz anterior que, envolta como estava em tantas imperfeições, na verdade não era paz. Podia a alma estar persuadida de que o era, porque lhe agradava ao gosto, e duplamente a satisfazia" (n. 6). Efetivamente, ela já havia alcançado a paz do conhecimento sensual e espiritual, e, com os sentidos e o espírito, via-se rodeada da abundância dessa paz. Contudo, a alma deve primeiramente ser submetida a uma purificação. Ela deve perder e destruir aquela paz, e vivenciar a realização da palavra: "E está desterrada de minha alma a paz" (Lm 3,17). Nesse processo, a alma padece diversos receios, lutas e imaginações. Com a impressão de que está perdida para sempre, "donde traz no espírito tão profunda dor e gemido que lhe provoca fortes rugidos e bramidos espirituais, às vezes pronunciados mesmo com a boca, desatando em lágrimas, quando há força e virtude para assim fazer, sendo, porém, raro achar este alívio" (n. 7). [...]. Tal como água transbordante, "assim este rugido e sentimento da alma chega a crescer tanto em algumas ocasiões, que a inunda e transpassa toda, enchendo-a de angústias e dores espirituais em todas as suas afeições profundas e nas suas forças mais íntimas, acima de tudo o que se pode encarecer (n. 7). Tal é a obra feita na alma por esta noite que esconde as esperanças da luz do dia" (n. 8). A alma é, por assim dizer, traspassada por essas dores, dúvidas e receios que não querem cessar. "Profunda é esta guerra e combate, porque há de ser também muito profunda a paz que a alma espera. E se a dor espiritual é íntima e penetrante, o amor que há de possuir a mesma alma será igualmente íntimo e apurado. Com efeito, quanto mais íntima, esmerada e pura há de ser e ficar a obra, tanto mais íntimo, esmerado e puro há de ser também o lavor [...]. Assim acontece, nem mais nem menos, à alma que há de chegar a possuir e gozar, no estado de perfeição, inumeráveis bens de virtude e dons divinos, e a isto se encaminha por meio desta noite de purificação: é preciso que ela seja [...] primeiramente privada de seus bens, e se sinta afastada, vazia e pobre de todos eles; e que também lhe pareça estar tão longe deles, a ponto de não conseguir persuadir-se de que poderá jamais possuí-los" (n. 9).

β*) Inflamação no amor e transformação*

Nas agonias da noite do espírito, as imperfeições da alma foram calcinadas, assim como a madeira perde toda a umidade no fogo para que, em seguida, ela mesma possa arder no fulgor do fogo. O fogo que em primeiro lugar calcinou a alma, purificando e, em seguida, inflamando-a, é o amor. Desse modo realizou-se o que o segundo verso da canção da noite anunciou: *De amor em vivas ânsias inflamada*. É um amor apaixonado do qual ela é inflamada, mas é um incendimento no espírito, e tão diferente do que na parte sensitiva é inflamado quanto o é a parte espiritual da sensitiva. É um amor infuso, que se expressa mais no padecer do que no agir. "Vai também ele encerrando já algum tanto de união com Deus, e, por conseguinte, participando algo de suas propriedades", ou seja, na alma agora há "mais ações de Deus do que da alma, e se adaptam a ela passivamente. Quanto à mesma alma, o que faz é apenas dar seu consentimento. O calor, porém, e força, a têmpera e paixão de amor – ou inflamação, como a alma diz neste verso –, provém unicamente do amor de Deus que se vai ateando nela, enquanto a vai unindo a si" (Cap. XI, n. 2). Pela purificação obscura, a alma foi predisposta de maneira maravilhosa à união. Em tal circunstância, "a alma, então, há de amar a Deus com grande energia de todas as suas forças e apetites, sensitivos e espirituais [...]". Trata-se de uma inflamação de amor intensa, porque "Deus concentra todas as energias, potências e apetites da alma, tanto espirituais como sensitivos, a fim de que, em perfeita harmonia, todos eles se apliquem, com todas as suas forças e virtudes, a este amor, vindo a cumprir-se em verdade o primeiro mandamento [...] (Dt 6,5)"(n. 4). Quando a alma se sente inflamada e ferida de amor, e mesmo assim, ainda em trevas e dúvidas, sem a ditosa posse do amor, então desperta-se-lhe uma intensa saudade que suspira por Deus com todos os seus anseios. "Porque em todas as coisas, e pensamentos que tem dentro de si, e em todos os negócios e acontecimentos que se lhe apresentam, ama de muitas maneiras, ansiando e padecendo, igualmente, em desejo, de muitas maneiras, por todo tempo e lugar, sem tréguas [...]". [...] "Tudo se torna apertado para a alma em tal estado; não cabe em si mesma, não cabe no céu nem na terra; enche-se de dores até ficar cheia, [...] sem consolo algum da mínima esperança de luz ou bem espiritual" (n. 6). Suas ânsias e padecimentos, de um lado, crescem constantemente através destas trevas espirituais nas quais se vê imersa; de outro, mediante o amor de Deus, que a inflama. Entretanto, em meio a esse tormento, a alma sente em si uma força que diminui tão logo o fardo das trevas dela se suspende. "O motivo é que a força e eficácia então presentes na alma, eram produzidas e comunicadas passivamente pelo fogo tenebroso de amor que a investia;

cessando ele de inflamá-la, cessa igualmente a treva, bem assim a força e calor desse amor" (n. 7).

A purificação da alma, mediante esse fogo amoroso, obscuro e espiritual, corresponde à purificação dos espíritos na outra vida por meio de um tenebroso fogo material. Ela logra, assim, a pureza do coração, que outra coisa não é senão a graça e o amor de Deus. É a sabedoria divina que, na contemplação obscura, purifica e ilumina as almas. É a mesma sabedoria que livra também os anjos de suas ignorâncias. É a mesma luz divina que ilumina os anjos, descendo das jerarquias mais elevadas às mais inferiores, e destas últimas, aos seres humanos. O ser humano, porém, "quando lhe chega esta amorosa contemplação [...], há de recebê-la, por certo, a seu modo, mui limitada e penosamente. A luz de Deus, quando ilumina o anjo, esclarece-o e comunica-lhe a suavidade do amor; porque o encontra disposto, como puro espírito, para receber tal infusão. Quando se trata, porém, do homem, que é impuro e fraco, é natural que Deus o ilumine causando trevas, sofrimentos e angústias, assim como faz o sol, dardejando na pupila doente. Esta luz divina o enamora apaixonada e aflitivamente[39], até que este mesmo fogo de amor venha a espiritualizar e sutilizar o espírito humano. Assim o vai purificando para torná-lo apto a receber com suavidade, como recebem os anjos, a união desta divina influência, o que se realizará quando estiver já de todo purificado" (n. 4).

O ardente anseio de amor nem sempre a alma o sente e, na maioria das vezes, tampouco no começo da

39. "Esta luz divina o enamora apaixonada e aflitivamente" – frase que não consta do original, onde se lê "Dies dauert so lange..." ["Isso dura até que..."].

purificação, mas somente quando o fogo divino já a tenha aquecido durante algum tempo. Ocasionalmente, o entendimento recebe "[...] certo conhecimento e luz divina, com tanta suavidade e delicadeza que, com esta ajuda, a vontade se afervora maravilhosamente. Sem nada fazer de sua parte, sente arder em si este divino fogo de amor, em vivas chamas, de maneira que parece à alma fogo vivo, por causa da viva inteligência que recebe" (n. 5). Este abrasamento de amor, com união das duas potências [...], é graça preciosíssima e de grande deleite para a alma; porque é certo toque da divindade, e princípio da perfeição na união de amor que está a esperar" (n. 6). No entanto, nessas comunicações divinas, também acontece que a vontade pode muito bem amar, sem o entendimento compreender; como pode o entendimento compreender, sem que a vontade ame. Esta noite escura de contemplação consta de luz divina e amor, assim como o fogo possui também luz e calor; portanto, não há inconveniente em que, na comunicação desta luz amorosa, por vezes seja mais ferida a vontade, e a inflame o amor, deixando às escuras o entendimento [...]; e outras vezes suceda iluminar-se o entendimento para conhecer[40], e ficar a vontade fria [...]. É isto obra do Senhor, que infunde como lhe apraz" (n. 7). Acontece que Ele não está ligado às leis da vida natural das almas. Subsequentemente, no entanto, "por via natural, não é possível amar, sem antes conhecer o que se ama. Por via sobrenatural, porém, Deus pode muito bem infundir amor, e fazê-lo crescer, sem infundir nem aumentar o conhecimento distinto [...]. Realidade esta,

40. "*...ein andermal den Verstand mit Liebe erfüllt*" ["noutra hora, enche de amor o entendimento"].

aliás, bem experimentada por muitos espirituais [...]". Algumas "almas não muito avantajadas no conhecimento de Deus costumam aproveitar melhor quanto à vontade, e lhes basta a fé infusa em lugar da ciência do entendimento [...]" (*Cântico espiritual*, Canção XXVI, n. 8). Naturalmente, o que se acabou de dizer não deve ser entendido como se a fé em geral despertasse apenas o amor, sem proporcionar conhecimento. Ao contrário: em si mesma, aliás, ela volta-se essencialmente para o entendimento e revela-lhe a verdade divina. Em primeiro lugar, porém, isso acontece de forma velada, não ao modo do conhecimento natural. Em segundo lugar, nem sempre ela precisa exibir determinadas verdades individuais. De fato, *fé* também pode significar voltar-se para a realidade proclamada por todas as verdades de fé: Deus; e fazer isso de tal modo que, na verdade, não o consideremos à luz de alguma verdade de fé individual, mas doemo-nos a Ele, o Incompreensível, que encerra em si o epítome de todas as verdades de fé e, no entanto, está acima de todas elas, em sua incompreensibilidade, obscuridade e indeterminação. Se a alma, nessa doação, *experimenta* ser tocada pelo Deus obscuro e incompreensível, então trata-se de uma contemplação *obscura*, que o próprio Deus comunica à alma, como luz e amor ao mesmo tempo; esse conhecimento é "confuso e obscuro para o entendimento [...]. Como este conhecimento infundido por Deus no entendimento é geral e obscuro, sem inteligência distinta, assim também a vontade ama de modo geral, sem distinção alguma de coisa particular que haja entendido" (*Chama viva de amor*, Canção III, n. 49). No entanto, "nesta comunicação delicada, por vezes Deus se comunica a uma potência mais do que a outra [...]; em outras ocasiões, tudo será conhecimento, sem amor; e, às vezes, tudo será amor sem nenhuma inteligência. [...] Digo, portanto, que Deus [...] pode muito bem comunicar-se a uma potência e não a outra. Pode inflamar a vontade ao contato da chama de seu amor, sem que o perceba o entendimento, tal como uma pessoa pode ser aquecida pelo fogo sem o ver" (n. 49).

Quando, porém, o conhecimento misterioso é infuso no entendimento, no meio destas obscuridades a alma é ilustrada, brilhando a luz nas trevas (Jo 1,5). [...] Isso "causa uma paz e simplicidade tão fina e deleitosa à mesma alma que não é possível expressar, ora em uma, ora em outra experiência de Deus" (*Noite escura,* Livro II, Cap. XIII, n. 1).

Apesar da concomitante purificação do entendimento e da vontade, na maioria das vezes a contemplação já é sentida na vontade como amor, antes que este seja ilustrado no entendimento. Isso se explica pela oposição entre o amor como estado de sofrimento (*passion*) e o ato livre da vontade. "Por isso, define-se melhor como paixão de amor do que como ato livre da vontade; este calor de amor se ateia na substância da alma, movendo passivamente as afeições. Por isso, define-se melhor como paixão de amor do que como ato livre da vontade, pois para haver ato de vontade precisa ser livre. Como, porém, estas paixões e afeições dependem da vontade, dizemos que, se a alma está apaixonada com alguma afeição, a vontade também o está. Na verdade, assim é; porque pela paixão a vontade fica presa e perde sua liberdade, sendo arrastada pelo ímpeto e força da paixão. Podemos, portanto, dizer que esta inflamação de amor está na vontade, isto é, abrasa o apetite da vontade; e assim, repetimos, deve ser chamada, de preferência, paixão de amor do que ato livre da vontade. A capacidade receptiva do entendimento só pode receber o conhecimento, de modo puro e passivo, o que não pode fazer sem estar purificado; daí podemos concluir que, enquanto não chega a esse ponto, a alma sente menos o toque da inteligência do que a paixão do amor. Não é preciso, aliás, estar a vontade tão purificada nas suas paixões para receber este toque, pois as próprias paixões ajudam a sentir amor apaixonado" (n. 3).

"Essa inflamação e sede de amor, por existir agora no espírito, é diferentíssima daquela que referimos a propósito da noite do sentido" (n. 4). Ela é sentida no espírito, mesmo que os sentidos nela intervenham. Contudo, o que se sente e o de que se prescinde é percebido de tal sorte que todo o penar do sentido não é nada em comparação, embora seja incomparavelmente maior do que na primeira noite sensitiva; "porque o espírito conhece agora, em seu interior, faltar-lhe um grande bem, ao qual coisa alguma poderia comparar-se" (n. 4). "Se logo ao princípio desta noite espiritual não se sente esta inflamação de amor [...], Deus dá à alma tão grande amor estimativo para com Sua Majestade, que, conforme dissemos, todo o padecer e sofrer da alma no meio dos trabalhos desta noite consiste na ânsia de pensar que o perdeu e está abandonada por Ele. [...] Se pudesse então ter a certeza de que não está tudo perdido e acabado, mas que este sofrimento é para seu maior bem [...], e Deus não a aborrece, nada se lhe daria de padecer todas aquelas penas. Antes folgaria, sabendo que por elas é Deus servido. Na verdade, é tão grande o amor de estimação que a alma tem a Deus [...], que não somente tudo aquilo, mas até a morte seria feliz de sofrer muitas vezes para contentá-lo. Quando, porém, a este amor estimativo de Deus que a alma já possui vem ajuntar-se a inflamação da chama de amor, costuma cobrar tal força e brio, e tão vivas ânsias por Deus, que, pela comunicação do calor de amor, anima-se com grande ousadia; e, sem olhar coisa alguma, sem ter respeito a nada, movida pela força e embriaguez do amor e do desejo [...], seria capaz de realizar feitos estranhos e desusados, contanto que pudesse encontrar aquele que ama" (n. 5).

Por meio do sofrimento da noite do espírito, "a alma é renovada, como a águia, em sua juventude" (Ef 4,24). O entendimento humano, unido ao divino na iluminação sobrenatural, torna-se divino; de igual modo, a vontade, na união com a vontade divina e com o amor divino, a memória e todas as afeições e apetites na transformação e mudança em conformidade com Deus. "Esta alma será agora, pois, alma do céu, verdadeiramente celestial, mais divina do que humana" (n. 11). É por isso que, em retrospectiva, ela pode exclamar a respeito da noite: "Oh! ditosa ventura!" Agora ela "saiu sem ser notada, já sua casa estando sossegada". Sua casa – o modo de agir usual da alma, seus desejos e apetites, todas as suas potências mentais. Eles são os domésticos que deviam ser postos em sossego para que não se interpusessem no caminho da união de amor. Agora ela reconhece que "às escuras, segura". Todos os erros advêm à alma "por seus apetites, ou seus gostos, seus raciocínios, seus conhecimentos, ou suas afeições [...]. Uma vez impedidas todas estas operações e movimentos, claro está que a alma se encontra segura, para neles não errar. E não somente se livra de si mesma, mas também dos outros inimigos, que são o mundo e o demônio, os quais, encontrando adormecidas as afeições e atividades da alma, não lhe podem fazer guerra por outro meio nem por outra parte" (Cap. XVI,

n. 2). Agora seus apetites e potências já não se perdem em coisas inúteis e prejudiciais; ela sente-se garantida contra a vanglória, soberba e presunção, ou gozo falso e inútil, e muitas outras coisas. [...] a alma, indo às escuras, não somente não vai perdida, mas sim muito avantajada, pois assim vai ganhando as virtudes" (n. 3). O motivo por que a noite escura priva a alma também do gozo de coisas boas, inclusive até mesmo sobrenaturais e divinas, é que as potências espirituais não purificadas só poderiam acolher as coisas sobrenaturais de maneira baixa e natural. "Privadas, purificadas e aniquiladas essas potências e afeições [...], hão de perder aquele modo baixo e humano de agir e obrar, para chegarem a estar dispostas e preparadas à comunicação, sentimento e gosto das coisas divinas e sobrenaturais, de modo elevado e sublime; e isto não poderia realizar-se sem que primeiro morresse o homem velho" (n. 4).

"Como todo o espiritual vem de cima, comunicado pelo Pai das luzes ao livre-alvedrio e vontade humana, por mais que se exercitem as potências e o gosto do homem nas coisas divinas e lhe pareça gozar muito delas, não as poderá saborear divina e espiritualmente, mas apenas de modo humano e natural, como costuma gozar das demais coisas. Com efeito, os bens não sobem do homem a Deus; ao contrário, descem de Deus ao homem" (n. 5). Destarte, muitos encontram grande gozo em Deus e nas coisas divinas, e "pensarão, porventura, que tudo aquilo é sobrenatural; e, no entanto, talvez não seja mais do que atos e apetites naturais e humanos" (n. 5). Conseguintemente, a alma pode considerar a aridez e a obscuridade como sinais ditosos: como sinais de que Deus está agindo para livrá-la de si mesma; tira-lhe das mãos as potências mentais. Provavelmente ela teria obtido muita coisa com elas, mas nunca de maneira tão cabal, perfeita e segura como agora, quando Deus a toma pela mão. Ele guia-a como a um cego por caminhos obscuros, sem que ela saiba por onde e para onde – entretanto, por caminhos que ela mesma, por mais ditosa que fosse a caminhada, jamais teria encontrado mediante o uso de seus próprios olhos e pés. Todavia, ela faz grande progresso, sem sequer imaginá-lo, até mesmo pensando estar perdida. Com efeito, ainda não conhece a nova circunstância e apenas "vê como, na verdade, lhe vai faltando tudo aquilo que conhecia e gozava" (n. 8). Somente em retrospectiva é que ela reconhece "às escuras, segura". Era um caminho mais seguro porque era um caminho de padecimento. "O caminho do padecer é mais seguro, e até mais proveitoso, do que o do gozo e atividade [...], porque no padecer a alma recebe forças de Deus, enquanto no agir e gozar exercita suas próprias fraquezas e imperfeições; depois, porque no padecer há exercício e aquisição de virtudes, e a alma é purificada, tornando-se mais prudente e avisada" (n. 9). Acima de tudo, porém, deve-se mencionar como causa da segurança a própria sabedoria tenebrosa. "De tal maneira esta noite escura de contemplação absorve e embebe em si a alma, pondo-a ao mesmo tempo tão junto de Deus, que isto a ampara e liberta de tudo quanto não é Deus. Como a alma está aqui submetida a tratamento, para conseguir sua saúde que é o mesmo Deus, Sua Majestade a mantém em dieta e abstinência de todas as coisas, e tira-lhe o apetite para tudo" (n. 10). Ela está "escondida, na face de Deus, da turbação dos homens" (Sl 30,21), o que significa "estar fortalecido com esta obscura contemplação contra todas as ocasiões que podem sobrevir da parte dos homens" (n. 13). Dá-lhe também segurança "a fortaleza que, desde o início, lhe infunde esta obscura, penosa e tenebrosa água de Deus; pois, enfim, é sempre água, embora tenebrosa, e por isso não pode deixar de refrescar e fortificar a alma no que mais lhe convém [...]. Efetivamente, a alma vê, desde logo, em si mesma, uma verdadeira determinação e eficácia para não fazer coisa alguma que entenda ser ofensa de Deus, como, também, de não omitir coisa em que lhe pareça servi-lo. Aquele obscuro amor inflama-se na alma com muito vigilante cuidado e solicitude interior do que fará ou deixará de fazer para contentar a Deus [...]. Aqui todos os apetites, forças e potências da alma já estão desapegados de todas as demais coisas, empregando sua energia e força unicamente ao serviço de seu Deus. Desta maneira sai a alma de si mesma, e de todas as coisas criadas, ao encontro da suavíssima e deleitosa união de amor com Deus, 'às escuras, segura': pela 'secreta escada disfarçada'" (n. 14).

γ) A escada secreta

A escada secreta é a contemplação obscura: secreta como a mística sabedoria de Deus que é infusa de maneira misteriosa pelo amor; como isso acontece, "na realidade não é somente a alma que não o entende; ninguém mais o entende, nem o próprio demônio. O Mestre, que ensina esta sabedoria secreta, está substancialmente presente à alma, e aí não pode penetrar o demônio, nem tampouco o sentido natural, ou o entendimento" (Cap. XVII, n. 2). Essa sabedoria é secreta ou oculta também em seus efeitos: tanto nas trevas e angústias da purificação como na subsequente iluminação. Eis que se "torna impossível à alma expressá-la, ou encontrar palavra para defini-la. Além de não sentir vontade de o dizer, não acha modo, maneira ou semelhança que quadre para poder significar conhecimento tão subido, e tão delicado sentimento espiritual. [...] Na verdade, tal sabedoria é por demais simples, geral e espiritual para penetrar no entendimento envolta e revestida de qualquer espécie ou imagem dependente do sentido. [...] Quem vê uma coisa pela primeira vez, e que nunca viu outra semelhante [...], não pode, entretanto, dar-lhe um nome, ou dizer o que ela é, por mais que o queira, e embora seja esse objeto percebido pelos sentidos. Quanto mais difícil será manifestar aquilo que não entrou pelos mesmos sentidos!" (n. 3). Visto que Deus fala à alma de modo muito íntimo e puramente espiritual, isso supera todas as faculdades dos sentidos externos e internos, e fá-los emudecer. Os sentidos não compreendem essa linguagem, não a podem reproduzir com palavras e também não têm nenhum desejo de ouvi-la. A sabedoria mística é também chamada de secreta "porque tem a propriedade de esconder as almas em si. Por vezes [...], de tal modo absorve e engolfa a alma em seu abismo secreto, que esta vê claramente quanto está longe e separada de toda criatura. Parece-lhe, então, que a colocam numa profundíssima e vastíssima solidão, onde é impossível penetrar qualquer criatura humana. É como se fosse um imenso deserto, sem limite por parte alguma, e tanto mais delicioso, saboroso e amoroso, quanto mais profundo, vasto e solitário. E a alma aí se acha tão escondida quanto se vê elevada sobre toda criatura da terra. Este abismo de sabedoria levanta, então, a mesma alma, e a engrandece sobremaneira, fazendo-a beber nas fontes da ciência do amor. Não só lhe dá pleno conhecimento de que toda condição de criatura fica muito aquém deste supremo saber e sentir divino, mas ainda lhe faz ver como são baixos, limitados, e de certo modo impróprios, todos os termos e vocábulos usados nesta vida para exprimir as coisas divinas. A alma entende também como é impossível, por modo e via natural, chegar ao conhecimento e compreensão das coisas de Deus, conforme elas são na realidade" (n. 6); a pessoa só pode ser iluminada pela teologia mística de Deus. Porque "sendo tais perfeições humanamente conhecidas, se há de caminhar a elas humanamente não sabendo, e divinamente ignorando. Falando [...] misticamente, as coisas e perfeições divinas não são conhecidas e entendidas quando vão sendo procuradas e exercitadas; muito ao contrário, só o são quando já se acham possuídas e exercitadas" (n. 7). [...] "Os passos e pisadas que Deus vai dando nas almas, quando as quer unir a si, engrandecendo-as na união de sua Sabedoria, têm a propriedade de não serem conhecidos" (n. 8).

A canção da noite chama a contemplação obscura de escada; com efeito, "assim como pela escada se sobe a escalar os bens, tesouros e riquezas que se acham nas fortalezas, assim também, por esta secreta contemplação, sem saber como, a alma sobe a escalar, conhecer e possuir os bens e tesouros do céu" (Cap. XVIII, n. 1). Ademais: "Na escada, os mesmos degraus servem para subir e descer. Assim também, nesta secreta contemplação, as mesmas comunicações por ela feitas à alma, ao passo que a elevam em Deus, humilham-na em si mesma. Com efeito, as comunicações verdadeiramente divinas têm esta propriedade de, ao mesmo tempo, elevar e humilhar a alma" (n. 2). Nesta via, ela está constantemente submetida a altos e baixos. À prosperidade segue-se sempre "alguma tempestade e trabalho. Tanto assim, que parece ter sido dada à alma aquela bonança com o fim de preveni-la e esforçá-la para a seguinte penúria. Após a miséria e tormenta, também segue-se a abundância e tranquilidade; dir-se-ia que para preparar aquela festa deram-lhe primeiro aquela vigília. É este o ordinário estilo [...] do estado de contemplação, até alcançar o repouso definitivo: a alma jamais permanece no mesmo plano, mas está sempre a subir e descer (n. 3). Esta alternância resulta de que o estado de perfeição consiste no perfeito amor de Deus e desprezo de si mesmo; e, assim, não pode deixar de ter estas duas partes que são o conhecimento de Deus e o conhecimento próprio; portanto, necessariamente, a alma há de ser primeiro exercitada em um e outro. Ora goza de um, sendo engrandecida por Deus; ora prova do outro, sendo por Ele humilhada, até conseguir hábito perfeito destas duas espécies de conhecimento. Virá então a cessar esta subida e descida, chegando enfim a unir-se com Deus, que está no alto cume desta escada, a qual nele se apoia e se firma" (n. 4). Todavia, a contemplação é chamada de escada principalmente "por ser [...] ciência de amor, a qual [...] é conhecimento amoroso e infuso de Deus. Este conhecimento vai ao mesmo tempo ilustrando e enamorando a alma, até elevá-la, de grau em grau, a Deus, seu Criador; pois, unicamente o amor é que une e junta a alma com Deus" (n. 5). Os degraus da escada são diferençados consoante a seus efeitos (segundo São Bernardo e Santo Tomás). "Conhecer esses graus de amor como na verdade são, não é possível por via natural; pois esta escada de amor é tão secreta que só Deus pode conhecer-lhe o peso e a medida" (n. 5).

"O primeiro degrau de amor faz a alma enfermar salutarmente. [...] Esta enfermidade, porém, não é para morrer, senão para glorificar a Deus; porque, nela, a alma por amor de Deus desfalece para o pecado e para todas as coisas que não são Deus" (Cap. XIX, n. 1). [...] "O segundo degrau faz com que a alma busque sem cessar a Deus. [...] Aqui neste degrau anda a alma tão solícita, que em todas as coisas busca o Amado; em tudo que pensa, logo pensa no Amado; seja no falar, seja no tratar dos negócios que se lhe apresentam, logo fala e trata do Amado; quando come, quando dorme, quando vela, ou quando faz qualquer coisa, todo o seu cuidado está no seu Amado, conforme ficou dito acima, a propósito das ânsias de amor" (n. 2). "O terceiro degrau desta amorosa escada faz a alma agir e lhe dá calor para não desfalecer. [...] Aqui neste degrau, a alma tem na conta de pequenas as maiores obras que possa fazer pelo Amado; as muito numerosas, considera-as escassas; e o longo tempo em que o serve, achava breve. Tudo isso, por causa do incêndio de amor em que vai ardendo. [...] Com esse grande amor a Deus em que se sente abrasada, tem aqui a alma grandes pesares e penas, por causa do pouco que faz por Ele; se lhe fosse lícito aniquilar-se mil vezes por Deus, ficaria consolada. Por isso, se tem na conta de inútil, em todas as suas obras, e lhe parece viver em vão. Produz também o amor, neste tempo, outro efeito admirável: a alma está verdadeiramente convencida, no seu íntimo, de ser a pior de todas as criaturas, primeiramente porque o amor lhe ensina quanto Deus merece; de outra parte, porque julga suas próprias obras, embora sejam muitas, como cheias de faltas e imperfeições, e daí lhe vem grande confusão e dor, por ver como o que faz é tão baixo, para tão alto Senhor" (n. 3). "O quarto degrau da escada de amor causa na alma uma disposição para sofrer, sem se fatigar, pelo seu Amado" (n. 4). "Todas as coisas grandes, graves e pesadas, tornam-se-lhe nada, havendo amor [...]. O espírito tem aqui tanta força, e mantém a carne sob tal domínio, que não faz mais caso dela do que a árvore de uma de suas folhas. De modo algum busca a alma, neste degrau, sua consolação ou gosto, seja em Deus ou em qualquer outra coisa; não anda também a desejar ou pretender pedir mercês a Deus, pois vê claramente já haver recebido grandíssimas. Todo seu cuidado consiste em verificar como poderá dar algum gosto a Deus, e servi-lo pelo que Ele merece e em agradecimento das misericórdias recebidas dele ainda que isso custasse muito. [...] Muito elevado é este degrau de amor. E como a alma, abrasada em amor tão sincero, anda sempre em busca de seu Deus, com desejo de padecer por Ele, Sua Majestade lhe concede muitas vezes [...] o gozar, visitando-a no espírito, saborosa e deliciosamente; porque o imenso amor do Verbo Cristo não pode sofrer penas de sua amada sem acudir-lhe" (n. 4). "O quinto degrau da escada de amor faz a alma apetecer e cobiçar a Deus impacientemente. Neste degrau, é tanta a veemência da alma amante em seu desejo de compreender a Deus, e unir-se com Ele, que toda dilação, seja embora mínima, se lhe torna muito longa, molesta e pesada. Está sempre pensando em achar o Amado [...]. Neste degrau, a alma que ama, ou vê o Amado ou morre" (n. 5). "O sexto degrau leva a alma a correr para Deus com grande ligeireza, e muitas vezes consegue nele tocar. Sem desfalecer, corre pela esperança, pois aqui o amor já deu forças à alma, fazendo-a voar com muita rapidez" (cap. XX, n. 1). A agilidade que aqui é concedida à alma provém do fato de que muito se dilatou na caridade e que sua purificação de todas as coisas está quase completa. Desse modo, em breve sobe para o sétimo degrau. Este "torna a alma ousada com veemência. Já não se vale mais do amor do raciocínio para esperar, nem do conselho para retirar-se, nem do recato para refrear-se [...]. Tais almas alcançam de Deus tudo quanto lhes apraz pedir. [...] Depois desta ousadia e confiança, concedidas por Deus à alma, neste sétimo degrau, para atrever-se a chegar a Ele com toda a veemência de seu amor, passa ela ao oitavo degrau que é apoderar-se do Amado e unir-se com Ele [...] (n. 2): "'Achei o que ama a minha alma, agarrei-me a Ele e não o largarei mais' (Ct 3,4). Neste degrau de união a alma satisfaz seu desejo, mas não ainda de modo contínuo. Algumas apenas chegam a pôr o pé neste degrau, logo volvem a tirá-lo. Se durasse sempre a união, seria, já nesta vida, uma espécie de glória para a alma [...]" (n. 3). "O nono degrau de amor faz a alma arder suavemente. Este degrau é dos perfeitos, que ardem no amor de Deus com muita suavidade: ardor cheio de doçura e deleite, produzido pelo Espírito Santo, em razão da união que eles têm com Deus [...]. Quanto aos bens e riquezas divinas de que a alma goza neste degrau, é impossível falar. Mesmo se fossem escritos muitos livros sobre o assunto, a maior parte ficaria ainda por dizer" (n. 4). O décimo e último degrau da escada secreta de amor já não pertence a esta vida. Ele "faz a alma assimilar-se totalmente a Deus em virtude da clara visão de Deus que a alma possui imediatamente quando, depois de ter subido nesta vida ao nono degrau, sai da carne. De fato os que chegam até aí – e são poucos –, como estão perfeitamente purificados pelo amor, não passam no purgatório. Daí o dizer São Mateus: 'Bem-aventurados os limpos de coração, porque verão a Deus' (Mt 5,8). [...] Esta visão é a causa da total semelhança da alma com Deus. [...] Não significa que a alma terá a mesma capacidade de Deus, pois isto é impossível; mas que todo o seu ser se fará semelhante a Deus, e desse modo poderá chamar-se, e na realidade será, Deus por participação" (n. 5). [...] "Neste último degrau, porém, de clara visão [...], não mais existe para ela coisa alguma encoberta, em razão da assimilação total. [...] Até que chegue, entretanto, aquele dia, por mais elevada que esteja a alma, há sempre para ela algo escondido, na proporção do que lhe falta para chegar à total assimilação com a divina essência. Eis como a alma, por meio desta teologia mística e amor secreto, vai saindo de todas as coisas e de si mesma e subindo até Deus; porque o amor é semelhante ao fogo: sempre sobe para as alturas, com apetite de engolfar-se no centro de sua esfera" (n. 6).

δ) A veste tricolor da alma

A alma disse que, na escada secreta, estaria "encoberta" ou "disfarçada". Alguém se disfarça, ou seja, oculta sua própria veste e sua própria figura sob outro traje a fim de, "nessa figura e nesse traje, revelar exteriormente ao amado seu amor e seu afeto[41], com o fim de conquistar a vontade e agrado de quem se ama, seja para ocultar-se aos seus êmulos, e assim poder melhor realizar seu intento" (Cap. XXI, n. 2). "A alma, pois, tocada aqui pelo amor do Esposo Cristo [...], sai agora com aquele disfarce que mais ao vivo exprime as afeições de seu espírito, e com o qual vai mais a coberto dos adversários e inimigos, a saber, mundo, demônio e carne" (n. 3). Por conseguinte, sua veste tem três cores: branca, verde e vermelha como símbolos das três virtudes divinas. Por meio delas a alma alcança o beneplácito de seu Amado e assim caminhará ao mesmo tempo completamente segura contra seus três inimigos. "A fé é uma túnica interior de tão ex-

41. O texto de *Obras Completas* traz "esconder" em vez de "revelar": "...seja para esconder, com aquela nova forma de vestir, o desejo e pretensão do coração..." [N.T.].

celsa brancura que ofusca a vista de todo entendimento. Quando a alma caminha vestida de fé, o demônio não a vê, nem atina a prejudicá-la [...]" (n. 3). Mas também não há melhor libré do que a brancura ofuscante da fé, o fundamento para as demais virtudes, para se obter a graça do Amado e a união com Ele. "Esta brancura da fé revestia a alma na saída desta noite", quando caminhava em meio às trevas e às angústias interiores. Ela já não se satisfaz com nenhum conhecimento natural, nem tampouco por alguma iluminação sobrenatural, visto que o céu lhe parece fechado. "A alma, no entanto, sofreu tudo com perseverança e constância, passando aqueles trabalhos sem desfalecer e sem faltar ao Amado" (n. 5). Nas tribulações e angústias Ele prova-lhe a fé. Por cima da roupa de baixo branca da fé, veste a alma a almilha verde da esperança. Por meio desta virtude, "em primeiro lugar a alma se liberta e defende do segundo inimigo, que é o mundo. Na verdade, este verdor de esperança viva em Deus confere à alma tanta vivacidade e ânimo, e tanta elevação às coisas da vida eterna, que toda coisa da terra, em comparação a tudo quanto espera alcançar no céu, lhe parece murcha, seca e morta, como na verdade é, e de nenhum valor. Aqui se despe e despoja, então, a alma, de todas essas vestes e trajes do mundo, tirando o seu coração de todas elas, sem prendê-lo a nada. Não mais espera coisa alguma que exista ou haja de existir neste mundo, pois vive vestida unicamente de esperança da vida eterna. Assim, a tal ponto se lhe eleva o coração acima deste mundo, que não somente lhe é impossível apegar-se ou apoiar-se nele, mas nem mesmo pode olhá-lo de longe" (n. 6). "A alma vai, portanto, com esta verde libré e disfarce, muito segura contra seu segundo inimigo que é o mundo" (n. 7). "Tal é, ordinariamente, o ofício da esperança dentro da alma – levantar os seus olhos para olhar somente a Deus [...]", de modo que não espere bem algum de outra parte. O Amado compraz-se tanto nessa veste, que ela pode obter dele tanto quanto espera. "Sem essa libré verde de pura esperança em Deus, não convinha a alma sair a pretender o amor divino; nada teria então alcançado, pois o que move e vence a Deus é a esperança porfiada" (n. 8). "Em cima do branco e verde, para remate e perfeição do disfarce, traz a alma agora a terceira cor: que é uma primorosa toga vermelha" (n. 10), símbolo da caridade. Por ela, "a alma fica amparada e escondida do terceiro inimigo, a carne; pois, onde existe verdadeiro amor de Deus, não entra amor de si nem de seus interesses. E mais ainda, a caridade dá valor às outras virtudes, fortalecendo-as e avigorando-as para proteger a alma; dá também graça e gentileza, para com elas agradar ao Amado, pois sem a caridade nenhuma virtude é agradável a Deus" (n. 10).

Este é, portanto, o disfarce usado pela alma na noite escura da fé, subindo para Deus. Fé, esperança e caridade dão-lhe a disposição conveniente para a união: "A fé esvazia e obscurece o entendimento de todos os seus conhecimentos naturais, dispondo-o assim à união com a sabedoria divina; a esperança esvazia e afasta a memória de toda posse de criatura [...], e por isso aparta a memória de tudo quanto pode possuir, a fim de a colocar no que espera [...]. E, enfim, a caridade, de maneira semelhante, esvazia e aniquila as afeições e apetites da vontade em qualquer coisa que não seja Deus, e os põe só nele. [...] Como, pois, estas virtudes têm ofício de apartar a alma de tudo que é menos do que Deus, consequentemente têm o de uni-la com Deus" (n. 11). Desse modo, se à alma falta o traje destas três virtudes, "é impossível chegar à perfeita união com Deus por amor. [...] Foi, do mesmo modo, grande ventura o conseguir vesti-lo, e perseverar com Ele até alcançar tão desejada pretensão e fim, qual era a união de amor" (n. 12).

Agora está claro que, para a alma, foi ditosa ventura o ter realizado obra tão laboriosa: libertou-se do demônio, do mundo e da própria sensualidade, conquistou a preciosa liberdade do espírito; de terrestre, transformou-se em uma alma celestial, e chegou ao ponto em que sua vida está no céu.

ε) Às escuras, velada – em profunda serenidade

Foi igualmente uma ventura que a alma tenha logrado escapar "às escuras, velada": às escuras caminhou encoberta e escondida das ciladas e dos embustes do demônio. De fato, a contemplação infusa é-lhe comunicada de maneira secreta, sem sua intervenção; neste processo, todas as faculdades da parte sensitiva permanecem às escuras. Entretanto, somente com o auxílio das potências sensitivas é que o demônio consegue alcançar e conhecer "o que há na alma, ou o que nela se passa. Assim, quanto mais espiritual, interior e remota dos sentidos é a comunicação, tanto menos o demônio consegue entendê-la" (Cap. XXIII, n. 2). "É, pois, muito importante para a segurança da alma que suas relações íntimas com Deus sejam de tal modo [...] que a comunicação possa ser mais abundante, não impedindo a fraqueza da parte sensitiva à liberdade do espírito [...]" (n. 3). Em seguida, por causa da segurança contra o inimigo maligno. A parte inferior da alma nada deve saber a respeito do que acontece na parte superior; "e seja tudo em segredo entre o espírito e Deus" (n. 3).

Isso não obstante, de maneira indireta, o demônio consegue inferir comunicações interiores e espirituais na alma "pela grande pausa e silêncio causador nos sentidos e potências da parte sensitiva por algumas dessas comunicações [...]. Como ele vê que não consegue contradizê-la, pois tais coisas se passam no fundo da alma, procura por todos os meios alvoroçar e perturbar a parte sensitiva que está a seu alcance. Provoca, então, aí, dores, ou aflige com sustos e receios, a fim de causar inquietação e desassossego na parte superior da alma, onde ela está recebendo e gozando aqueles bens. Muitas vezes, porém, quando a comunicação de tal contemplação é infundida puramente no espírito, agindo sobre ele com muita força, de nada servem as astúcias do demônio para perturbar a alma. Ao contrário, ela recebe então novo proveito e também mais segura e profunda paz; porque, ao pressentir a perturbadora presença do inimigo – oh! coisa admirável! – sem nada fazer de sua parte, e sem que saiba como isto se realiza, a alma penetra no mais recôndito do seu íntimo centro, sentindo muito bem que se refugia em lugar seguro, onde se vê mais distante e escondida do inimigo. Recebe, então, um aumento daquela paz e gozo que o demônio pretendia tirar-lhe. E, assim, todos os temores que antes sofrera na parte exterior desaparecem, e a alma claramente o percebe, folgando agora por se ver tão a salvo, no gozo daquela quieta paz e deleite do Esposo escondido. Essa paz, nem o mundo nem o demônio lhe podem dar ou tirar [...]" (n. 4). "Em outras ocasiões, quando a comunicação espiritual não é infundida profundamente no espírito, mas dela participa também o sentido, com maior facilidade o demônio consegue perturbar o espírito, inquietando-o por meio do sentido, com os horrores já referidos. É grande, então, o tormento e pena que causa no espírito; chega às vezes a ser muito mais do que se pode exprimir. Como vai diretamente de espírito a espírito, é intolerável esse horror que causa o mau ao bom, digo, o demônio à alma, quando consegue penetrá-la com sua perturbação" (n. 5). [...] "Outras vezes acontece, quando as comunicações vêm por meio do anjo bom, chegar o demônio, nessas circunstâncias, a ver algumas mercês que Deus quer fazer à alma; porque as graças concedidas [...] ordinariamente permite o Senhor que as entenda o adversário [...], para que o demônio faça contra elas o que puder, segundo a proporção da justiça, e não possa depois alegar seus direitos, dizendo que não lhe é dada oportunidade para conquistar a alma [...]. Isto se daria se Deus não permitisse certa igualdade entre os dois guerreiros, isto é, entre o anjo bom e o anjo mau, em relação à alma; consequentemente, terá maior valor a vitória de um ou de outro, e a mesma alma, sendo fiel e vencedora na tentação, será mais recompensada" (n. 6). "Por este motivo [...], Deus, na mesma medida e maneira em que vai conduzindo a alma e tratando com ela, permite também ao demônio ir agindo (n. 7). Se Ele, por meio de seu bom anjo, permite que lhe seja comunicada uma visão verdadeira, então o espírito mau tem permissão para representar-lhe visões falsas que são enganosamente semelhantes às verdadeiras. Inclusive ele pode imitar demonstrações de favorecimentos espirituais produzidas por anjos bons. No entanto, comunicações puramente espirituais, que não têm nem forma nem figura, ele não pode imitar. Por isso, quando a alma é daquele modo visitada, ele, para combatê-la, procura ao mesmo tempo incutir-lhe seu espírito de temor, para impugnar e destruir um espírito com outro. Quando assim acontece, no tempo em que o anjo bom começa a comunicar à alma a espiritual contemplação, ela não pode recolher-se no esconderijo secreto da contemplação tão depressa que não seja vista pelo demônio; e, então, ele a acomete com impressões de horror e perturbação espiritual, às vezes penosíssimas. Em outras ocasiões, entretanto, sobra à alma tempo para fugir depressa, antes que o espírito mau possa causar-lhe aquelas impressões de horror; consegue recolher-se dentro de si, favorecida nisto pela eficaz mercê espiritual, recebida, nessa hora, do anjo bom" (n. 8). "Por vezes prevalece o demônio, prendendo a alma na perturbação e horror, coisa mais aflitiva do que qualquer tormento desta vida. Como esta horrenda comunicação vai de espírito a espírito, muito às claras, e de certo modo despojada de todo o corporal, é penosa sobre todo sentido. Permanece algum tempo no espírito tal investida do demônio, mas não pode durar muito, porque sairia do corpo o espírito humano [...]" (n. 9). "Tudo [...] sucede à alma passivamente, sem que ela contribua de modo algum para acontecer-lhe ou não" (n. 10). Contudo, isso acontece somente para "purificá-la e dispô-la, com esta vigília espiritual, para alguma festa e mercê sobrenatural [...]. [...] a alma, na medida em que sofreu aquela purificação tenebrosa e horrível, goza, a seguir, de admirável e saborosa contemplação espiritual, por vezes tão sublime que não há linguagem para traduzi-la" (n. 10). Os horrores precedentes subtilizaram-lhe o espírito em grande medida para isso, "porque estas visões espirituais são mais próprias da outra vida do que desta, e quando a alma recebe uma delas, dispõe-se para outra" (n. 10). Isso, no entanto, só vale para graças que foram concedidas pela mediação angélica. Quando Deus, por si mesmo, visita a alma, esta fica completamente "às escuras, velada". "A razão disso é a morada substancial de Sua Majestade na alma, onde nem o anjo nem o demônio podem chegar a entender o que se passa. Consequentemente, não podem conhecer as íntimas e secretas comunicações que há entre ela e Deus. Estas mercês [...], são totalmente divinas e soberanas; são todas, na verdade, toques substanciais de divina união entre a alma e Deus. Num só desses toques, que constituem o mais alto grau possível de oração, recebe a alma maior bem do que em tudo o mais" (n. 11). "[...] por isso estima e cobiça mais um destes toques da Divindade, do que todas as demais mercês feitas a ela por Deus" (n. 12). [...] "Quando aquelas mercês são feitas à alma escondidamente, isto é, somente no espírito [...] acontece, em algumas dessas graças, achar-se a alma, sem que ela o saiba compreender, de tal modo apartada e separada, segundo a parte espiritual e superior, da parte inferior e sensitiva, que conhece haver em si mesma duas partes bem distintas. Afigura-se-lhe até que são independentes, e nada tem a ver uma com a outra, tão separadas e longínquas estão entre si. Na verdade, assim o é, de certa maneira; porque a operação toda espiritual, que então se realiza na alma, não se comunica à parte sensitiva. Desta sorte, a alma se vai tornando toda espiritual; e neste esconderijo da contemplação unitiva, as paixões e apetites espirituais vão sendo afinal mortificados em grau muito intenso. Assim, a alma, falando da parte superior, diz logo neste último verso: 'Já minha casa estando sossegada'" (n. 14).

Com isso ela quer dizer o seguinte: "Estando a parte superior de minha alma – como igualmente a inferior – já sossegada em seus apetites e potências, parte para a divina união de amor com Deus" (Cap. XXIV, n. 1). Tanto a parte sensitiva quanto a espiritual foram combatidas na noite escura. "É necessário que ambas, a fim de chegarem à divina união de amor, sejam primeiro reformadas, ordenadas e pacificadas [...]" (n. 2). Por isso é que este verso foi dito duas vezes. "O sossego e quietação desta casa espiritual é alcançado pela alma de modo habitual e perfeito, tanto quanto possível em condição mortal, por meio daqueles toques substanciais de divina união [...]" (n. 3). Por meio deles, a alma foi purificada, sossegada e fortalecida, a fim de se tornar apta a receber aquela união: "o divino desposório entre a alma e o Filho de Deus. E assim, logo que estas duas casas da alma se pacificam de todo, e se fortalecem unidas, com todos os seus domésticos, isto é, as potências e apetites, sossegados no sono e no silêncio em relação às coisas do céu e da terra, imediatamente essa divina Sabedoria se une à alma com um novo laço de amorosa posse" (n. 3). "Não se pode chegar a tal união sem grande pureza [...]. Quem recusar, portanto, sair na noite já referida, para buscar o Amado, e não quiser ser despido de sua vontade nem mortificar-se, mas pretender achá-lo no seu próprio leito e comodidade [...], jamais chegará a encontrá-lo" (n. 4).

Na ditosa noite, a alma foi agraciada com imperturbável e oculta contemplação, tão alheia e incompreensível à parte sensitiva, que nenhuma criatura pode tocá-la e desviá-la da via da união do amor. Pelas trevas espirituais dessa noite, todas as potências da parte superior da alma estão às escuras, de modo que ela já nada consegue perceber, não se dedica a nenhuma outra coisa senão a Deus, a fim de alcançá-lo. Torna-se livre de todas as formas, imagens e apreensões que são empecilho para a duradoura união com Deus. Ela já não pode apoiar-se em nenhuma iluminação do entendimento e em nenhum guia exterior para encontrar neles consolação e satisfação, "por motivo de ser privada de tudo em meio a estas escuras trevas. Contudo, o único amor que nela arde solicita-lhe continuamente o coração para o Amado. É este amor que move e guia então a alma, fazendo-a voar para seu Deus pelo caminho da solidão, sem ela saber como nem de que maneira" (Cap. XXV, n. 4).

Aqui *se interrompe o tratado sobre a noite escura*. Das oito estrofes da canção, ele explicou apenas seis. Esta explicação tem, para nós, dupla importância: ela dá-nos outras informações sobre a *natureza do espírito*, e mostra-nos que a contemplação obscura é, ao mesmo tempo, *morte e ressurreição* para uma nova vida. Quanto a uma apresentação e esclarecimento dessa nova vida, a vida da união, tem-se aqui tão pouco quanto em *Subida*.

b) A alma no reino do Espírito e dos espíritos

α) Estrutura da alma; o Espírito de Deus e os espíritos criados

A alma encontra-se, como espírito, em um reino do espírito e dos espíritos. Ela mesma é peculiarmente modelada: ela não é apenas a forma vitalizadora da vida, algo *interior* de algo *exterior*, mas há, nela mesma, o contraste entre interior e exterior[42]. Em seu mais íntimo, na essência ou no mais recôndito fundamento da alma, ela está, na verdade, em casa. Com a atividade natural de suas potências, sai de si mesma para o encontro com o mundo exterior, em uma atividade puramente sensitiva,

42. É forçoso lembrar aqui que, nesta distinção, trata-se de uma imagem espacial para algo não espacial. "Como nela não há partes distintas, não existe diferença entre interior e exterior" (*Chama viva de amor*, Canção I, n. 10).

indo até mesmo à parte inferior de si mesma. Aquilo para o que ela sai, absorve-a em si e é absorvido por ela. Determina-a em seu agir e não agir, e, em certo sentido, limita-lhe a liberdade. Não pode penetrar no seu mais íntimo, mas pode mantê-la distante de seu próprio interior.

Em sua subida para Deus, a alma eleva-se acima de si mesma ou é elevada acima de si mesma. Com isso, no entanto, na verdade ela alcança sobretudo seu ser mais íntimo. Isso soa contraditório, mas corresponde à situação objetiva e está fundamentado no relacionamento no qual se encontra o espírito com Deus.

Deus é puro espírito e arquétipo de todo ser espiritual[43]. Por conseguinte, somente a partir de Deus é que se pode verdadeiramente compreender o que é o espírito. Isso significa, porém, que é um mistério que nos atrai constantemente, porque é o mistério de nosso próprio ser. Temos determinado acesso a ele na medida em que nosso próprio ser é ser espiritual. Temos também acesso a ele a partir de todo o ser, na medida em que todo o ser, como algo significativo e espiritualmente inteligível, tem algo do ser espiritual. Entretanto, ele desvela-se profundamente na medida de nosso conhecimento de Deus, sem jamais desvelar-se completamente, ou seja, sem deixar de ser mistério.

O espírito de Deus é completamente transparente a si mesmo, pode dispor de si mesmo de maneira inteiramente livre (naquela infinidade que o ser-por-si-mesmo inclui), sai de si mesmo de modo absolutamente livre e, no entanto, permanece em si mesmo. Ele expõe todos os

43. O que aqui é indicado em apenas algumas palavras a respeito do ser espiritual é apresentado extensivamente em *Endliches und Ewiges Sein. Versuch eines Aufstiegs zum Sinn des Seins*. Edith Steins Werke, Bd. II.

demais seres a partir de si mesmo, envolve-os, penetra-os e domina-os. O espírito criado é uma imagem limitada de Deus (em todos os traços mencionados): como imagem semelhante a Deus, como reflexo limitado de Deus; é mais ou menos ampla receptividade para Deus, na mais sublime forma de possibilidade para a união com Deus em mútua doação pessoal livre.

Falamos de um reino do espírito e dos espíritos na medida em que todo o espiritual está em uma conexão minimamente possível com um todo e faz parte dele. Chamamo-lo reino do espírito porque espírito abrange mais do que todos os espíritos, ou seja, tudo o que é espiritual, e isto é, em certo sentido, tudo o que existe. Contudo, acrescentamos: reino dos espíritos, porque nesse reino, os espíritos, isto é, os seres espirituais-pessoais, desempenham um papel proeminente. Infinitamente supremo a todo espiritual e a todos os espíritos, Deus encontra-se no vértice desse reino. Um espírito criado pode subir até Ele somente quando se eleva acima de si mesmo. Entretanto, Deus, como fundamento portante de tudo, é aquele que dá a vida a todos os seres e conserva-os na existência. Aquilo que a Ele ascende, precisamente em virtude disso, desce, ao mesmo tempo, ao seu centro.

β) Comunicação da alma com Deus e com os espíritos criados

O santo chama Deus de centro da alma, recorrendo a uma imagem espacial tirada da concepção das ciências naturais de seu tempo, segundo a qual os corpos são atraídos com toda força ao centro da Terra como o ponto da mais forte atração. Uma pedra dentro da Terra já estaria em determinado centro, mas não ainda no mais profundo centro, porque ainda teria a faculdade, a potência e a inclinação a continuar a cair, enquanto não estivesse no ponto central. Assim, a alma terá atingido seu centro último e mais profundo "quando [...] com todas as suas forças compreender amar e gozar plenamente a Deus" (*Chama viva de amor*, Canção I, n. 12). Nesta vida, isso jamais se realiza plenamente. Quando ela, portanto, pela graça de Deus, está em seu centro, mesmo assim ainda não está em seu centro mais profundo, porque pode penetrar ainda mais profundamente em Deus. Efetivamente, a força que a atrai para Deus é o amor, e neste mundo ele pode alcançar graus ainda mais elevados. Quanto mais alto for seu grau, mais profundamente está ancorado na alma, tanto mais interiormente a alma é tomada por Deus. Pelos degraus da escada, a alma sobe a Deus, ou seja, à união com Ele. Quanto mais alto ela sobe até Deus, tanto mais profundamente desce em direção a si mesma: a união realiza-se no mais íntimo da alma, no mais abissal fundamento da alma. Se tudo isso parece contraditório, então deve-se considerar que se trata apenas de imagens espaciais que, em sua mútua complementariedade, querem indicar algo que é completamente não espacial e que não pode absolutamente ser apresentado de maneira adequada por nada tirado da esfera da experiência natural.

Deus está no mais íntimo da alma, e nada do que nela existe lhe é oculto. No entanto, nenhum espírito criado pode, por si mesmo, adentrar nesse jardim fechado, ou penetrá-lo com seu olhar. Os espíritos criados – os espíritos bons e maus (que são chamados também de *espíritos puros*, porque não possuem corpo) e as almas humanas. A respeito da comunicação das almas humanas entre si encontra-se pouca coisa em João. Na verdade, trata-se apenas de *um* relacionamento humano a que ele volta com frequência: aquele da alma espiritual com seu diretor espiritual. Entretanto, ele não está interessado em quais vias de conhecimento se dá a compreensão. Apenas uma vez ele observa que as pessoas às quais foi dado o dom da graça do discernimento dos espíritos, aos mínimos sinais exteriores são capazes de reconhecer o estado interior de outras pessoas. Isso indica a via normal de conhecimento que conduz à vida desconhecida da alma: ultrapassa as expressões sensitivas da vida psíquica e leva tão longe, interiormente, quanto o íntimo se revela. Com efeito, todo sair-de-si exterior em manifestações corporais, em sons perceptíveis e palavras, em atos e obras, tem um sair de si interior – voluntário ou involuntário, consciente ou inconsciente – como pressuposto. Quando provém do mais íntimo, algo do mais íntimo também resplandecerá aí. Mas não será nada nitidamente delineado, nada segura e determinantemente tangível, enquanto a pessoa estiver dependente da via puramente natural e não for guiada pela extraordinária iluminação divina; pelo contrário, permanecerá algo misterioso. E se o mundo interior estiver fechado, nenhum olhar humano o penetrará com suas próprias forças. A alma encontra-se em conexão não apenas com seus semelhantes, mas também com *puros espíritos* criados, bons e maus. Com o *Areopagita*, João pressupõe que a iluminação divina é concedida aos seres humanos por meio dos anjos; contudo, ele não considera que a descida da graça por meio dos graus da *hierarquia celeste* seja a única via possível. Ele conhece uma união imediata de Deus com a alma, e esta é o que deveras lhe interessa. Ele considera que as encenações do demônio são mais fortes do que a influência dos anjos bons. Ele vê-o a rastejar constantemente ao redor das almas a fim de desviá-las do caminho para Deus. Que possibilidades de conexão existem entre as almas humanas e os espíritos puros, ou seja, incorpóreos? Uma via de conhecimento possível passa, também aqui, pela expressão corporal e pelas demais expressões sensitivas, em prol dos seres humanos, uma vez que os espíritos puros, tendo em vista o entendimento com aqueles, têm o poder de aparecer em forma visível ou de se deixaram escutar em palavras audíveis. Entretanto, este é um caminho bastante perigoso porque nele a pessoa está exposta a diversos equívocos e erros: pode considerar como fenômenos espirituais o que é apenas engano sensitivo ou imagens da fantasia; o demônio pode aparecer sob a forma de luz de um anjo bom a fim de seduzir mais facilmente; e a alma pode, por receio de tais equívocos, rejeitar fenômenos celestiais autênticos como logros sensitivos ou demoníacos.

Por outro lado, também para os espíritos puros, o exterior sensitivo pode ser considerado como acesso ao interior? As narrativas dos livros de *Jó* e de *Tobias* praticamente não podem ser interpretadas senão segundo a realidade de que os demônios e os anjos observam e supervisionam o comportamento exterior dos seres humanos. Que os anjos têm um conhecimento do mundo sensitivo e, portanto, também do exterior humano, é algo que corresponde também à doutrina da fé, pois é o pressuposto para o serviço que eles prestam ao ser humano.

Se eles, para esse fim, não precisam dos sentidos corporais, então isso indica que deve haver ainda outras possibilidades para a percepção da natureza corporal, um "conhecimento do sensitivo sem os sentidos".

Não é nossa tarefa, aqui, investigar tais possibilidades. Em todo caso, para eles, o exterior não é a única via de acesso à vida interior; para eles, as palavras e expressões interiores e espirituais são igualmente audíveis. O anjo da guarda "ouve" a "oração" que silenciosamente sobe do coração até ele. O inimigo maligno tem consciência de determinados estímulos espirituais que podem constituir um meio para suas insinuações. Por sua vez, os espíritos têm a possiblidade de se fazerem perceptíveis às almas mediante vias espirituais: por palavras silenciosas que, sem mediação dos sentidos exteriores, são pronunciadas no interior e percebidas interiormente, ou por efeitos que a pessoa sente em si mesma, mas como que condicionados exteriormente, por exemplo, alterações no humor ou impulsos da vontade que não são compreensíveis a partir do contexto da própria experiência. O que não cai nos sentidos exteriores não está, por isso, absolutamente isento de toda sensualidade e, conseguintemente, não é puramente espiritual no sentido em que João da Cruz fala de espiritualidade pura. Certamente ele designa a memória, o entendimento e a vontade como potências espirituais, mas a atividade natural delas ainda está condicionada aos sentidos e, portanto, é *vida sensitiva*; somente o que acontece no mais íntimo do coração é puramente espiritual, a vida da alma a partir de Deus e nele. Aqui, os espíritos criados não têm nenhum acesso. Os *pensamentos do coração* lhes são naturalmente ocultos – por via natural, pois Deus lhos pode revelar.

γ) O íntimo da alma e os pensamentos do coração

Os *pensamentos do coração* são a vida originária da alma em sua essência, em uma profundidade que é anterior a toda divisão em várias potências e suas atividades.

A alma vive nessa profundidade tal como é em si mesma, para além de tudo o que lhe é evocado pelas criaturas. Quando esta parte mais íntima é a morada de Deus e o lugar da união da alma com Deus, aflui aqui, porém, a própria vida, antes que comece a vida de união: também quando nunca se chega a uma união. Toda alma tem uma intimidade cuja existência é a vida. Contudo, essa vida primordial não está oculta somente aos demais espíritos, mas também a ela própria. Há vários motivos para isso. A vida originária é informe. Os *pensamentos do coração* não são realmente *pensamentos* em sentido comum, imagens firmemente delineadas, articuladas e compreensíveis do entendimento pensante. Eles devem passar por várias modelagens antes de se tornarem tais imagens. Devem em primeiro lugar *elevar-se* do fundo do coração. Em seguida atingem um primeiro umbral onde se tornam *perceptíveis*. Esse *pressentir* é uma forma mais originária da consciência do que a apreensão conforme o entendimento. Situa-se também antes da divisão das potências e das atividades. Falta-lhe a clareza da apreensão puramente conforme o entendimento; por outro lado, é mais rico do que uma mera apreensão do entendimento. O que se eleva é sentido como revestido de um caráter de valor que enseja a decisão de se a pessoa deve e quer permitir que o que sobe se manifeste ou não. Deve-se ainda observar, aqui, que o que emerge e se torna perceptível de maneira puramente natural já não é a vida puramente interior da alma, mas sim resposta a algo que a colocou em movimento. Isso, porém, leva a uma direção na qual não podemos aqui prosseguir.

No limitar em que as emoções ascendentes são sentidas começa a separação das faculdades anímicas separáveis segundo o gênero, e a modelação de estruturas compreensíveis: a estas pertencem os pensamentos elaborados pelo entendimento, com suas articulações lógicas (são as *palavras interiores*, para as quais também se podem achar *palavras exteriores*), emoções e decisões volitivas que entram como potências atuantes no contexto da vida anímica. A *vida anímica* já não é a vida primordial na profundidade, mas algo que é compreensível na *percepção interior*. E a percepção interior é uma forma de compreensão completamente diferente daquelas primeiras sensações do que ascende da profundidade. De igual modo, essa subida da profundidade é diferente do emergir de uma estrutura já formada, que foi conservada na memória e agora é revivida.

Daquilo que emerge e é "perceptível", nem tudo é percebido integralmente. Muita coisa surge, torna-se palavra interior e exterior, desejo, e vontade, e ato, "antes que a pessoa se aperceba". Somente quem vive inteiramente recolhido em seu íntimo mantém verdadeira vigilância sobre aquelas *primeiras emoções*.

Com isso chegamos à segunda razão por que ao ser humano lhe é oculta sua máxima interioridade. Foi dito que a alma estaria aqui realmente em casa. Contudo – por mais estranho que isso possa soar –, geralmente ela não está em casa. Existem apenas algumas almas que vivem em e a partir de seu recôndito mais profundo; e, no entanto, ainda menos pessoas vivem permanentemente nele e a partir dele. Naturalmente – isto é, em conformidade com sua natureza decaída –, as pessoas detêm-se nas *moradas externas* do *castelo de sua alma*. O que de fora delas se aproxima atrai-as para fora; Deus deve chamar e atrair de modo bastante perceptível a fim de movê-las "à volta para si mesmas"[44].

δ) A alma, o eu e a liberdade

É importante deixar o mais claro possível, de maneira puramente espiritual e não figurativa, o que aqui é manifesto em imagens espaciais. Tais imagens são praticamente indispensáveis; elas, porém, são ambíguas e equívocas. O que, de fora, se aproxima da alma, pertence ao *mundo exterior* e, com isto está indicado o que não pertence à própria alma; via de regra, também, o que não pertence a seu corpo; com efeito, se o próprio corpo é denominado o exterior dela, *seu* exterior é, no entanto, um com ela na unidade de um ser e não tão exterior como é o caso do que lhe está defronte de modo completamente alheio e separado. Entre esse alheio e separado, porém, existe a diferença entre coisas que têm um ser puramente *exterior* – ou seja, espacialmente difuso –, e aquelas que têm um *interior*, como é o caso da própria alma. Por outro lado, tivemos de falar de exterior e interior na própria alma. Quando é atraída para fora, ela não sai, no entanto, de si mesma; ela apenas se distancia mais ainda de seu recôndito mais íntimo e, portanto, entrega-se, ao mesmo tempo, ao mundo exterior. O que se aproxima, vindo de fora, tem certo direito de exigir dela determinada profundidade da alma na qual ele merece ser assumido, e isso corresponde a seu *peso*, ao valor e à importância que tem em si e para ela. Então é objetivamente apropriado se ela, por conseguinte, aceita-o. Para

---

44. Em sua principal obra mística (*O castelo interior*), nossa santa Mãe Teresa de Jesus comparou a alma a um castelo com muitos aposentos, com *7 moradas* (*Seelenburg*, I. Wohnung 1. Hauptstück, Neue deutsche Ausgabe der Schriften, vol. V, München 1938, p. 19ss.).

isso, entretanto, não é indispensável que ela revele um lugar situado mais profundamente: sendo ela espírito, e seu *castelo* um reino espiritual, aqui vigem regras completamente diferentes das do espaço exterior; quando ela se encontra no mais profundo e íntimo desse seu reino interior, governa-o inteiramente e tem a liberdade de deslocar-se nele para qualquer *lugar*, sem perder *seu lugar*, o lugar de seu repouso. Esta possibilidade de *mover-se* em si mesma repousa na *configuração-eu* da alma. O eu é, na alma, aquilo pelo qual ela se possui a si mesma, e aquilo que nela se move como em seu próprio *espaço*. O ponto mais profundo é, ao mesmo tempo, o lugar de sua liberdade: o lugar no qual ela pode recolher todo o seu ser e decidir sobre ele. Decisões livres, de mínimo alcance, em certo sentido, podem ser tomadas a partir de um ponto situado mais exteriormente: são, no entanto, decisões superficiais; é um *acaso* se a decisão for tomada adequadamente, pois somente no ponto mais profundo é que se tem a possibilidade de medir tudo segundo a medida definitiva; e também, *em última análise*, não é nenhuma decisão livre, pois quem não tem o controle total de si mesmo não pode dispor de si de maneira verdadeiramente livre, mas se deixa determinar. O ser humano é chamado a viver em seu mais íntimo recôndito e ter sobre si mesmo um tipo controle que somente a partir dali é possível; unicamente desse ponto é também possível o correto confronto com o mundo; dali somente pode ele encontrar o lugar que lhe foi destinado no mundo. Em tudo isso, ele jamais *percebe* inteiramente seu íntimo mais profundo. É um mistério de Deus, que somente Ele pode desvelar, desde que lhe apraza. Contudo, sua mais profunda intimidade lhe é colocada nas mãos; pode dela dispor em perfeita liberdade, mas também tem a obrigação de conservá-la como um precioso bem que lhe foi confiado. Deve ser-lhe atribuído um valor elevado no reino dos espíritos: os anjos têm a tarefa de protegê-la. Os espíritos maus buscam tê-la em seu poder. O próprio Deus escolheu-a por sua morada. Os espíritos bons e os maus não têm nenhum acesso franqueado à mais profunda intimidade. Os bons espíritos, naturalmente, são tão incapazes quanto os maus de ler os *pensamentos do coração*, mas são iluminados por Deus a respeito do que devem saber sobre os mistérios do coração. Ademais, existem vias espirituais para a alma conectar-se com outros espíritos criados. Com o que nela se tornou *palavras interiores*, ela pode dirigir-se a outro espírito. Assim concebe Santo Tomás a *língua* dos anjos pela qual estão em intercâmbio entre si: um voltar-se puramente espiritual com o fito de compartilhar com o outro o que se tem em si mesmo. Assim deve-se também pensar o apelo silencioso ao anjo da guarda ou uma conjuração de espíritos maus. Entretanto, mesmo sem nossa intenção de partilha, os espíritos criados têm certo acesso ao que nos acontece: não ao que está oculto na maior profundidade, mas certamente ao que, de forma perceptível, entrou no âmbito do contexto psíquico. A partir daqui, eles podem também tirar conclusões a respeito do que possa acontecer escondido de seu olhar. A propósito dos anjos, podemos pressupor que eles protegem o santuário fechado com temor reverente. Eles apenas gostariam de levar a alma a recolher-se a si mesma ali, para entregá-lo a Deus. O esforço de satanás, porém, consiste em apoderar-se do que é o Reino de Deus. Ele não pode fazê-lo por seu próprio poder, mas a alma pode entregar-se a ele. Ela não fará isso se ela mesma tiver entrado em seu mais íntimo e o tiver conhecido, como acontece na união divina. De fato, pois, está tão mergulhada e salvaguardada em Deus, que nenhuma tentação pode mais aproximar-se dela. Como, porém, é possível que ela se entregue, se ainda não tomou posse de si de tal maneira como só pode suceder pela entrada na mais íntima profundidade? É apenas concebível que ela o faça em um agir meio às cegas, por assim dizer, ainda a partir de fora. Ela entrega-se sem saber o que está dando com isso. E também o demônio não pode romper o selo do que, fechado, é-lhe colocado na mão. Ele pode tão somente destruir o que lhe permanece eternamente oculto.

O direito de decisão sobre si mesma cabe à alma. É o grande mistério da liberdade pessoal que o próprio Deus respeita. Ele quer o domínio sobre os espíritos criados apenas como dádiva gratuita de seu amor. Ele conhece os pensamentos do coração, perscruta as mais profundas motivações e os abismos mais profundos da alma, no qual o próprio olhar dela não penetra se Deus não a iluminar especificamente para isso. Mas Ele não quer tomar posse dela sem que ela própria não o queira. Entretanto, Ele faz tudo para conseguir a livre-doação da vontade dela à sua como dom do amor dela e, desse modo, poder levá-la à venturosa união. Este é o evangelho que João da Cruz tem de anunciar, a serviço do qual estão todos os seus escritos.

O que se disse por último sobre a estrutura essencial da alma, particularmente sobre a relação da liberdade com a mais recôndita profundidade dela, não provém das exposições do santo Padre João; por conseguinte, deve-se verificar se está em assonância com seus ensinamentos, até mesmo se é apropriado para fazer ressaltar ainda mais claramente tais ensinamentos. (Somente se for o caso, tal intercalação tem lugar neste contexto.) À primeira vista, algumas coisas do que foi dito parecem incompatíveis com certas declarações do santo.

Todo ser humano é livre, e todos os dias e a cada hora é colocado diante de decisões. A profundidade mais íntima da alma, porém, é o lugar onde Deus habita *inteiramente só*, até que a alma tenha alcançado a mais perfeita união de amor (cf. *Chama*, Canção II, n. 32), e a santa Madre Teresa dá-lhe o nome de sétima morada, que só se abre à alma nas núpcias místicas. Então, somente a alma que alcançou o mais elevado grau de perfeição pode decidir em plena liberdade? A esse respeito, deve-se considerar que, evidentemente, a atividade própria da alma diminui sempre mais à medida que ela se aproxima do seu íntimo mais profundo. E quando chega a esse ponto, Deus opera tudo nela, ela já nada tem a fazer senão acolher em receptividade. Contudo, justamente nessa acolhida em receptividade se expressa a participação de sua liberdade. Para além disso, porém, a liberdade ainda intervém em um ponto ainda mais decisivo: Deus só opera tudo aqui porque a alma se lhe entrega totalmente. E tal entrega é o mais sublime ato de sua liberdade. O próprio João descreve as núpcias místicas como doação voluntária de Deus e da alma um ao outro, e atribui à alma, nesse grau de perfeição, um poder tão imenso, que ela pode não apenas dispor de si mesma, mas inclusive de Deus. Quanto a esse elevadíssimo grau da vida pessoal, existe, portanto, completa conformidade entre a doutrina mística de nossos Pais da Ordem e a concepção de que a mais íntima profundidade é o lugar da mais perfeita liberdade.

Entretanto, como se comporta a grande massa dos seres humanos que não chegam às núpcias místicas? Podem entrar na mais recôndita intimidade e, a partir dali, tomar uma decisão, ou são capazes de decisões mais ou menos superficiais? A resposta não pode ser dada com um simples sim ou não.

A estrutura essencial da alma – suas maiores e menores profundidades, inclusive a mais íntima – é constituída por natureza, e nela, igualmente de modo natural, está fundamentado nesse espaço o movimento do eu como possibilidade essencial. Ele toma posição ora aqui, ora ali, a depender das *motivações* que o tocam. Mas ele empreende seus movimentos a partir de um lugar onde prefere deter-se. Ora, esse lugar não é o mesmo em toda parte, mas é caracteristicamente diferente nos diversos tipos humanos. O hedonista sensual está mergulhado, na maioria das vezes, no gozo sensual, ou ocupado em proporcionar-se um prazer; sua localização está bastante distante de sua mais remota profundidade. O buscador da verdade vive principalmente no cerne da faculdade investigativa do entendimento; quando, para ele, se trata realmente da verdade (não de uma simples coletânea de conhecimentos individuais), nessa altura talvez esteja mais próximo, do que ele imagina, do Deus, que é a verdade e, portanto, de seu próprio íntimo mais profundo. A esses dois exemplos, gostaríamos de acrescentar ainda um terceiro, que parece ser de particular importância: o *ser humano-eu*, ou seja, aquela pessoa para a qual o próprio eu se encontra no centro. Pode parecer, sob um olhar superficial, que tal pessoa esteja particularmente próxima de sua mais íntima interioridade; entretanto, talvez para nenhum dos outros tipos o caminho naquela direção esteja tão obstruído quanto para este. (Cada ser humano traz algo disso em si enquanto não tiver padecido a *Noite escura* até o fim.) Para todos esses tipos, devemos investigar as possibilidades do movimento do eu, as possibilidades da decisão livre e a possibilidade de atingir a mais íntima interioridade.

Quando ao hedonista, acostumado ao gozo, apresenta-se a possibilidade de obter um gozo maior, talvez, sem mais delongas, sem consideração e escolha, passe do gozo à ação. Dá-se um movimento, mas não é uma decisão verdadeiramente livre; também não há nenhum avanço rumo a uma profundidade maior se os *estímulos* se encontrarem no mesmo nível. Todavia, ao hedonista pode também apresentar-se algo que pertence a outra esfera de valor inteiramente diferente – nenhum tipo está estabelecido exclusivamente em uma área; apenas, a cada vez, uma sobrepuja as outras. Ele pode, por exemplo, ser desafiado a renunciar a um prazer a fim de ajudar outra pessoa. Neste caso, dificilmente a solução advirá sem uma decisão livre. Seja como for, o hedonista não chega *naturalmente* a uma renúncia, mas deve *decidir-se* a isso. Caso ele se negue – depois de ponderação própria ou com um imediato *está-fora-de-questão* –, existe aí também uma decisão da vontade. Como caso-limite, é concebível uma permanência no gozo sem rejeição à renúncia: lá onde o espírito está tão asfixiado na vida sensual, que o desafio já não pode alcançá-lo; as palavras são ouvidas, talvez também ainda seja compreendido o sentido imediato delas, mas o receptáculo profundo para o verdadeiro significado está enterrado. Neste caso-limite, não apenas a livre-decisão individual não se realiza, como também já se renunciou à própria liberdade. Na rejeição, o sentido foi provavelmente compreendido, ainda que não considerado em sua plena amplitude. Neste "não-considerado-em-sua-plena-amplitude" reside a superficialidade da decisão e, portanto, concomitantemente, a restrição da liberdade. A pessoa não admite que determinadas motivações nela se manifestem com todo o seu peso, e acautela-se do recuo até àquela profundidade onde tais motivações poderiam intervir. Com isso, porém, a pessoa entrega-se a um único âmbito de motivações para a *determinação*, não tem o controle sobre si mesma – isto é, sobre todas as camadas profundas de seu próprio ser; ao mesmo tempo, na ponderação da verdadeira situação objetiva – de modo verdadeiramente sensato e livre –, priva-se da possibilidade de tomar posição. Contudo, ao lado dessa rejeição superficial, é conceptível também uma rejeição apropriada: uma rejeição que permita que a exigência de prestar ajuda afete a alma com todo o seu peso, e leve isso em consideração, mas depois de sopesar todas as razões e contrarrazões, veja-se obrigada rejeitá-la como injustificável. Tal rejeição encontra-se no mesmo nível de uma disposição para agir depois de ponderação das razões e contrarrazões. Ambas só são possíveis quando o hedonista renuncia à sua atitude como hedonista e passa à *atitude* ética, ou seja, à postura que reconhece e faz o que é moralmente correto. Para isso, no entanto, ele deve tomar posição bem profundamente em si mesmo: tão profundamente, que a passagem assemelha-se a uma mudança formal do ser humano e talvez não seja possível de modo natural, mas somente em razão de um *despertar* extraordinário. Sim, provavelmente devamos dizer: uma decisão definitivamente apropriada só é possível a partir da derradeira profundidade. Com efeito, nenhum ser humano está, por natureza, em condições de negligenciar *todas* as razões e contrarrazões que entram em jogo em uma decisão. Somente com o melhor de seu conhecimento e com toda a consciência é que se pode decidir, até onde alcança a própria vista. A pessoa de fé, no entanto, sabe que existe Alguém cujo olhar não está restrito a nenhum campo visual, mas abrange e perscruta realmente tudo. Quem vive nessa certeza da fé, já não tem a consciência apaziguada pelo próprio melhor conhecimento. Depois disso, ele deve esforçar-se por reconhecer o que é correto aos olhos de Deus. (Esta é a razão pela qual somente a atitude religiosa é verdadeiramente ética. Certamente há uma busca e anseio naturais pelo que é justo e bom; há também uma descoberta em casos individuais, mas só chega deveras a realizar-se quando se busca a vontade divina.) Para aquele que foi atraído por Deus mesmo até à própria interioridade mais íntima e doou-se a Ele na união de amor, a questão está resolvida de uma vez por todas; ele só precisa deixar-se direcionar e conduzir pelo Espírito de Deus, que o impulsiona perceptivelmente, e tem, pois, sempre e por toda a parte, a certeza de estar fazendo o que é justo. Na grande decisão que ele tomou na máxima liberdade estão incluídas todas as decisões futuras e, em determinados casos, podem ser tomadas, então, como que naturalmente. Contudo, da simples busca pela decisão correta, em casos isolados, até esta elevada, há um longo caminho – se é que, em todo caso, um caminho leva até lá. Quem somente aqui e agora busca o que é justo e decide consequentemente conforme ele crer reconhecer, está precisamente com isso no caminho de Deus e no caminho para si mesmo, posto que não o saiba. Entretanto, ainda não tem o domínio de si mesmo tal como só se alcança na profundidade definitiva; não pode, portanto, dispor plenamente de si, e também não tem, em relação às coisas, a decisão perfeitamente livre. Quem, em princípio, busca o que é correto, ou seja, quem está disposto a fazê-lo sempre e em toda parte, decidiu sobre si mesmo e colocou sua vontade na vontade divina, mesmo que ainda não lhe esteja claro que o que é correto coincide com o que Deus quer. Todavia, se ele não tem clareza quanto a isso, então falta-lhe ainda o caminho seguro para encontrar o que é certo; e dispôs de si mesmo como se já tivesse o domínio de si, embora as profundidades definitivas de seu próprio íntimo mais recôndito ainda não se tenham aberto para ele. A decisão definitiva só será possível face a face com Deus. Quando, porém, alguém chegou tão longe na vida de fé, que se decidiu inteiramente por Deus e já nada mais deseja senão o que Deus quer, será que não chegou à sua máxima intimidade, mas existe ainda uma diferença em relação à união de amor? É muito difícil traçar aqui uma linha divisória, também muito difícil reconhecer como o santo Padre João a traça; no entanto – objetivamente e na perspectiva dele –, parece-me necessário reconhecer uma linha de fronteira e destacá-la. Quem realmente outra coisa já não quer senão o que Deus quer, em uma fé cega, alcançou o mais elevado grau que o ser humano pode atingir com a graça de Deus: sua vontade está plenamente purificada e livre de toda peia dos desejos terrenos, está unido à vontade divina mediante livre-doação. No entanto, ainda falta algo decisivo para a mais elevada união de amor, as núpcias místicas.

ε) As diversas formas de união com Deus

Aqui devemos lembrar de que João distinguiu três formas de união com Deus[45]: pela primeira de união, Deus habita essencialmente em todas as coisas criadas e mantém-nas assim em sua existência. Quanto à segunda,

45. *Subida*, Livro II, Cap. V, n. 1-2. Neste caso, considera-se apenas a união nesta vida, não na glória, que é sempre diferente daquela.

deve-se compreender a inabitação na alma pela graça; sob a terceira, a união transformadora e divinizadora mediante o perfeito amor. Na passagem mencionada acima, João gostaria de ver apenas uma diferença de grau entre a segunda e a terceira forma. Quando, porém, recorremos a outras passagens em busca de ajuda, tudo considerado, parece existir uma diferença de formas, e, dentro de cada forma, ainda uma sequência de graus. No *Cântico espiritual*, por exemplo, o santo menciona a mesma divisão tripartida, sem falar de uma simples diferença de graus entre a união pela graça e aquela mediante a presença do amor. Ao contrário, ele enfatiza ali o sentimento perceptível do sumo bem presente na união de amor e sua eficácia: o ardente desejo da visão de Deus venturosa e sem véus[46].

Santa Madre Teresa também muito se ocupou com a questão. Em *Castelo interior*, por meio da oração de união ela teria chegado ao conhecimento da verdade de fé segundo a qual Deus está em cada coisa por meio de sua essência, presença e poder. Anteriormente, ela sabia apenas a respeito da inabitação por meio da graça. Em seguida, interrogou vários teólogos a fim de obter clareza sobre sua descoberta. Um "semiletrado" também só conhecia a inabitação pela graça. Outros, porém, puderam confirmar-lhe como verdade de fé o que lhe fora iluminado na experiência da união. Talvez nos seja útil para maior clareza objetiva se tentarmos ponderar entre si as duas aparentemente tão diferentes exposições dos Pais da Ordem.

Eles concordam com a verdade de fé que era familiar ao teólogo João, ao passo que Teresa devia primeiramente descobri-la: o Deus Criador está presente em todas as

46. *Cântico*, Cap. XI, Explicação da estrofe 2.

coisas e mantém-nas na existência; Ele previu cada uma e conhece-as profundamente com todas as suas transformações e destinos. Em virtude de sua onipotência, Ele pode fazer o que lhe apraz com cada uma delas, a cada momento. Pode entregá-las à própria autonomia e ao curso normal dos acontecimentos. Pode também intervir com medidas extraordinárias. Dessa forma, Deus habita também em cada alma humana. Conhece a cada uma desde a eternidade, com todos os segredos de sua existência e todas as vicissitudes de sua vida. Ela está sob seu poder; cabe-lhe decidir se quer deixá-la entregue a si mesma e ao curso do mundo, ou com mão forte intervir em seu destino. Uma das maravilhas de sua onipotência é o renascimento de uma alma mediante a graça santificante. São João e Santa Teresa uma vez mais são concordes em que a inabitação de Deus por graça é diferente de sua presença mantenedora da existência, que é comum a todas as criaturas. Com "a essência, a presença e o poder", Deus pode estar na alma sem que ela o saiba ou queira, mesmo se, empedernida em pecados, viva no máximo distanciamento de Deus; é possível que ela não sinta nenhum efeito de sua presença. A inabitação pela graça só é possível em seres pessoais-espirituais, pois exige a livre-aceitação da graça santificante pelo receptor. (No batismo das crianças, esta livre-recepção é realizada pelos adultos de maneira substitutiva e, mais tarde, mantida pessoalmente por toda a vida de fé do batizado e em palavras explícitas mediante a renovação das promessas batismais.) Nisso está subentendido que Deus, nesta segunda maneira, não pode habitar em nenhuma alma pecadora, afastada de Deus. A *graça santificante* é assim chamada justamente porque apaga os pecados.

Que a inabitação pela graça seja impossível em seres impessoais, ou seja, subumanos, fundamenta-se em sua própria natureza. Significa um fluir permanente do ser e da vida divinos para a alma agraciada. Esse ser é, porém, vida pessoal, e só pode jorrar onde há uma abertura pessoal para ele. Justamente por isso é que a recepção da graça não é possível sem livre-aceitação. Com isso, realiza-se um ser-um-no-outro como só é possível onde existe um verdadeiro *ser interior*, ou seja, um ser espiritual. Somente quem vive espiritualmente pode acolher em si uma vida espiritual. A alma na qual Deus habita pela graça não é um palco impessoal da vida divina, mas é atraída, ela mesma, para essa vida. A vida divina é vida entre três pessoas; é um amor transbordante com o qual o Pai gera o Filho, e doa-lhe seu ser, com o qual o Filho abraça esse ser, e, por sua vez, entrega ao Pai o amor no qual o Pai e o Filho são um, que ambos exalam como seu Espírito. Por meio da graça, esse Espírito é infundido nos corações. Assim, a alma vive sua vida da graça mediante o Espírito Santo; nele ama o Pai com o amor do Filho, e o Filho com o amor do Pai. Esse convívio da vida trinitária pode realizar-se sem que a alma perceba a inabitação das pessoas divinas nela. Na realidade, somente pequeno número de escolhidos chega a uma compreensão perceptiva da divindade trinitária em sua mais íntima interioridade. Em um número maior, uma fé iluminada leva a um conhecimento vivo a respeito dessa inabitação e a uma comunicação viva com as três pessoas divinas na fé pura. Quem ainda não alcançou esse grau elevado está, no entanto, ligado a Deus pela fé, esperança e caridade, mesmo que não lhe seja evidente que Deus vive em seu mais íntimo, e que ele ali o pode encontrar; que toda a sua vida da graça e da virtude é efeito dessa vida divina nele e de sua participação nela. Possuir uma fé viva é ter firme convicção de que Deus existe, considerar verdadeiro tudo o que Deus revelou e estar amorosamente disposto a deixar-se guiar pela vontade divina. O conhecimento sobrenatural de Deus, infundido por Ele, é um "começo da vida eterna em nós"– mas apenas um *começo*. Por meio da graça santificante, Ele é como uma semente lançada em nós; sob nosso cuidado atento, deve desabrochar em uma grande árvore, com frutos gloriosos. De fato, é o caminho que já nesta vida deve conduzir-nos à união com Deus, posto que a mais elevada consumação pertença somente à outra vida. Agora estamos diante da grande tarefa de determinar em que a união de amor se distingue da inabitação pela graça. Neste ponto, as exposições da santa Madre Teresa e as do santo Padre João divergem.

A santa madre julga ter compreendido na oração de união o *primeiro* tipo de inabitação, que é diferente da inabitação pela graça, ao passo que, segundo *Subida*, a união mediante o amor deve ser reivindicada como um grau mais elevado da união pela graça. Por sinal, a santa também conhece uma união com Deus alcançada puramente por incansável colaboração com a graça mediante a mortificação da natureza e prática perfeita do amor a Deus e ao próximo. Ela enfatiza isso com toda veemência para a consolação daqueles que não alcançam ao que ela chama de *oração de união*. No entanto, anteriormente ela expôs com ênfase igualmente forte e com toda clareza desejável que a *oração de união* não deve ser alcançada de maneira alguma por esforço próprio. Trata-se de um arrebatamento da alma por Deus, que a torna insensível às coisas do mundo, ao passo que fica completamente desperta para Deus. Ela fica "sem sentidos", de modo que não pode pensar em nada. "Até o amar, se ama, não entende como, nem o que é que ama. [...] Todo o intelecto se desdobra para entender algo do que a alma sente. Mas como suas forças não bastam, fica transtornado e, embora não chegue a ficar inteiramente paralisado, também não dá nenhum sinal de vida" (*Castelo*, Quintas Moradas, Cap. 1, n. 4). No entanto, Deus opera na alma "sem que ninguém o estorve, nem nós mesmas!" (n. 5). E o que Ele opera "é um gozo superior a todos os prazeres mundanos, maior do que todos os deleites e maior do que todos os contentamentos" (n. 6). Esta circunstância dura breve tempo (dificilmente mais do que meia hora). Entretanto, a maneira pela qual Deus se fixa na alma é de tal sorte "que, quando ela volta a si, não pode duvidar, de modo algum, que esteve em Deus e Deus nela. Esta verdade fica gravada na sua memória com tanta força que, mesmo depois de anos sem voltar a receber aquela graça de Deus, não se esquece nem duvida de que aconteceu de fato. E isso acontece de modo totalmente independente dos efeitos que permanecem na alma" (n. 9). Enquanto durou a misteriosa operação, ela não se apercebeu de Deus; posteriormente, porém, reconheceu a realidade dele. Ele não se lhe mostrou claramente, pois, "na verdade, não é uma visão, e sim uma certeza que fica na alma, e só Deus pode dar" (n. 10). No caso, não se trata de algo corporal, como na presença invisível de Cristo no Santíssimo Sacramento. Só está presente a divindade. "Mas, então, se não o vemos, de onde vem essa certeza? Isso eu não sei. São obras suas. Só sei que digo a verdade. [...] Basta ver que é o Todo-poderoso quem as faz e que não tomamos parte nisso. Não temos meios de compreender, por mais que nos esforcemos. O máximo que conseguimos é saber que é Deus quem opera. Não queiramos entender" (n. 11).

Sem querer, porém, a santa madre fez algumas tentativas de interpretação. Uma interpretação era que a inabitação de Deus que ela experimentou com certeza tão incontestável, compreendeu-a como aquela inabitação que é comum a todas as criaturas. Existe também uma interpretação no seguinte comentário: "A quem não tem essa certeza, eu diria que sua alma não esteve unida inteiramente a Deus, mas apenas em parte, ou, na verdade, recebeu não esta, e sim alguma outra das muitas graças que Deus faz à alma" (n. 11). Na verdadeira união, Deus estaria ligado à essência da alma.

Para nós, é extremamente valioso que Teresa descreva com toda a imparcialidade o que ela experimentou; despreocupada com a possiblidade de uma explicação teórica do que foi vivenciado; despreocupada também em relação ao julgamento que sua exposição pudesse receber. Sua fiel descrição pode, talvez, ajudar-nos a reconhecer qual tipo de inabitação está presente aqui, e assim, ao mesmo tempo, possibilita-nos uma avaliação de sua própria tentativa de interpretação. *A alma tem a certeza de que estava em Deus e Deus nela.* Esta certeza restou-lhe a partir da experiência da união com Deus. Ela está situada nesta mesma experiência, ajudando essencialmente a construí-la, mesmo que depois ainda possa ser dela retirada. A consciência da união não se acrescenta à união vinda de fora, mas pertence à mesma união. Onde tal consciência e a emergente certeza subsequente não são possíveis – como no caso de uma pedra ou de uma planta –, não pode existir também o mesmo tipo de união ou de inabitação. Por conseguinte, a inabitação que Teresa experimentou na oração de união é, de fato, um tipo diferente daquela comum a todas as criaturas. E esse novo tipo de inabitação nem sempre está efetivamente presente, mesmo onde, em princípio, é possível. A própria santa o expressa quando diz que a alma estaria certa de que *estava* em Deus e Deus nela. Era uma circunstância passageira. A inabitação por "presença, essência e potência" não se interrompe por nenhum instante enquanto uma coisa existir. Sua interrupção significaria para a coisa a submersão no nada.

Conseguintemente, mantemos, com João da Cruz, que a inabitação da união de amor é diferente daquela que mantém todas as coisas na existência.

Por outro lado, na exposição da santa madre ressalta-se com toda acuidade e clareza de que se trata de uma inabitação diversa daquela segundo a graça não apenas quanto ao grau. Ela exorta expressamente suas filhas a empenhar-se com todas as suas forças pelo mais elevado grau da vida da graça, que deve ser alcançada mediante a fiel colaboração com a graça: a união perfeita da vontade humana com a divina através da prática perfeita do amor a Deus e ao próximo. Entretanto, ela também declara resolutamente inútil forcejar por aquela união que somente Deus pode proporcionar. Mesmo que levado pela graça, ninguém jamais logrará, pelos próprios esforços, sentir a presença de Deus e a unicidade com Ele como realidade viva. A obra da vontade apoiada pela graça jamais realizará o maravilhoso efeito que se produz no breve período de uma união: transformar a alma de tal modo que ela mesma mal se reconhece; mudar a lagarta em borboleta. O trabalho pessoal exige vários anos de árdua luta para conseguir algo semelhante.

A oração de união ainda não é *a* união que João tem sempre em mente como meta da *noite escura*. É prenúncio e antessala para ela. Serve para preparar a alma para a perfeita doação a Deus e despertar-lhe o ardente desejo pelo retorno da união e por sua posse permanente. Isso é demonstrado claramente na quinta e na sexta moradas do *Castelo interior*, onde se descrevem a preparação e a realização do *noivado espiritual*. A apresentação correspondente se encontra no *Cântico espiritual*, na explicação das estrofes 13 e 14. Nessas duas passagens, João e Teresa estão de acordo em que o noivado acontece em um êxtase. Deus apodera-se da alma com grande violência, de modo que a natureza quase sucumbe no processo. Por isso a santa madre sublinha que é necessário grande coragem para contrair esse noivado. E no *Cântico espiritual*, dos lábios da assustada noiva escapa o pedido de que o amado possa desviar os olhos quando ele repentinamente lhe concede o olhar tão longamente desejado e implorado. Verifica-se certa contradição quando lemos em João, em outra passagem, que a posse pela graça e a posse pela união relacionavam-se entre si como o noivado e o matrimônio. Uma significa o que se poderia alcançar pela vontade e pela graça – a plena assonância da vontade humana com a divina por meio da perfeita purificação da alma; a outra, a completa mútua doação e união[47]. É possível explicar parcialmente esta contradição do ponto de vista puramente terminológico: a palavra *noivado* claramente não é usada no mesmo sentido nos dois lugares. Para além disso, porém, há uma diferença objetiva: a verdadeira mística parece, de alguma maneira, limitada ao nível mais elevado, ao passo que já foi introduzida mais cedo na outra exposição[48]. Contu-

---

47. Cf. *Chama viva*, Explicação da Canção III, v. 3, n. 24.

48. Veremos, posteriormente, que também dentro do *Cântico espiritual* a exposição não é completamente uniforme.

do, o decisivo para a questão que nos guia em todas essas considerações é que, em todo caso, para o nível mais elevado, aqui João expressa claramente uma diferença essencial entre o extremo que deve ser alcançado pela graça e pela vontade, e o matrimônio místico. Com isso está evidentemente superada aquela apresentação contida em *Subida*, que pretendia ver apenas uma diferença de graus entre a união pela graça e a união mística. Ademais, no entanto, em todos os seus escritos, podem-se apontar passagens que mostram claramente que o empenho pela verdadeira mística já deve ser buscado em um nível muito mais baixo. Basta lembrarmos daqueles *toques*[49] na essência da alma, dos quais se fala em *Subida*. A respeito deles, diz-se que neles o intelecto experimentaria Deus de maneira sublime e prazerosa, que não estariam de maneira alguma em relação com as obras da alma, que a pessoa apenas se prepara para eles, mas que não poderia absolutamente obtê-los, que seriam recebidos de maneira puramente passiva e que deveriam levar à união com Deus. Tudo isso aponta para algo que está fora do *caminho normal da graça*: uma união transitória que dá uma prelibação da duradoura.

Como se deve entender o fato de que João da Cruz não se tenha expressado de maneira clara e inequívoca a respeito desta decisiva questão? Para responder com exatidão a essa pergunta, deveríamos saber mais sobre a vida pessoal do taciturno santo do que ele revelou em seus escritos e confidenciou aos seus contemporâneos. Só poderíamos formular como possibilidades o que a história de seu tempo e as novas pesquisas sobre a história textual de suas obras podem sugerir. As gran-

49. Cf. *Subida*, Livro II, Cap. XXVI.

des lutas religiosas de seu tempo, as heresias que continuamente se difundiam, os perigos de um misticismo doentio haviam levado a uma severa vigilância dos escritos religiosos. Todo aquele que escrevia sobre questões da vida interior devia contar com o fato de que a Inquisição interviria contra ele e contra suas obras. Seria concebível que João, em atenção a esse fato, tivesse sido cuidadoso em delimitar nitidamente sua própria doutrina em relação à dos *Illuminati* (tal como acontece claramente em várias passagens) e em colocar o desenvolvimento místico em uma conexão o mais próximo possível do *caminho normal da graça*. Que tal intenção tenha sido decisiva quando da publicação de seus escritos, demonstram-no a revisão de edições mais antigas dos manuscritos e a comparação dos manuscritos entre si. *Chama viva de amor* e *Cântico espiritual* foram-nos legados em dupla versão manuscrita. Mediante o abrandamento de expressões mais arrojadas e explicações inseridas, as reelaborações posteriores mostram o esforço de prevenir interpretações equivocadas. Tais mudanças remontam ao próprio santo ou foram feitas por uma mão estranha? *Subida* e *Noite* foram transmitidas em apenas uma composição manuscrita. Contudo, a diferença entre estes manuscritos e todas as edições impressas mais antigas até a primeira edição crítica de Pe. Gerardo (assim como a diferença entre a antiga edição impressa de *Chama* e a primeira redação manuscrita, sobre a qual se apoia) é tão significativa, que é inegável aqui a mutilação feita por mãos estranhas. *Subida* e *Noite* estão-nos disponíveis como fragmentos. Em ambos os casos, faltam as partes nas quais a união deveria ser exposta detalhadamente, e as questões com que nos ocupamos recentemente deveriam ter uma explicação. Essas partes jamais foram escritas ou foram supressas nas cópias? (N.b.: todos quatro principais tratados existem apenas em cópias; de nenhum temos o escrito original; somente uma cópia do *Cântico espiritual* contém correções do punho do santo.) E tal supressão aconteceu por instrução do autor ou assim o decidiu uma vontade estranha? Para todas essas perguntas não temos nenhuma resposta.

No desejo de lograr clareza, buscamos refúgio nas descrições imparciais de nossa santa madre. Elas dão-nos certeza onde as várias formulações em João da Cruz nos suscitam dúvidas. São de inestimável valor não apenas como relatos factuais completamente não adulterados, mas também como base para alcançarmos nosso próprio entendimento teórico. Temos também o direito de supor que ambos os antos – não obstante toda a diferença de caráter, de peculiaridade literária, também do tipo de santidade e da avaliação das graças místicas não essenciais – eram unânimes na compreensão essencial da vida interior. O *Castelo interior* e também os escritos do santo Padre João são redigidos depois que ambos haviam vivido muitos anos em Ávila em familiar troca de ideias. Depois disso, a santa madre chamou seu jovem colaborador de "Pai de sua alma"[50], e João ocasionalmente referiu-se aos escritos dela a fim de poupar-se explanações que podiam ser ali encontradas[51]. Por conseguinte, se encontrarmos, em sua exposição dos vários níveis da união mística, algo que seja inconfundivelmente diferente, quanto à espécie, da união pela graça, então devemos ter a convicção

---

50. Carta a *Ana de Jesus*, 265. Carta. Nova edição alemã dos Escritos, v. IV, Munique, 1939, p. 10.

51. *Cântico espiritual*, Explicação da estrofe 13, n. 7. *Obras* III, 59 e 262. (A numeração é diferente em ambas as edições porque no volume foi introduzida uma estrofe, a 11.)

de que estamos diante de algo que foi aprovado por João da Cruz. Mediante a sinopse das exposições de ambos os Pais da Ordem, chegamos à corroboração da ideia de que as três formas mencionadas de inabitação de Deus são diversas não apenas quanto ao escalonamento, mas também quanto à espécie, e agora procuramos elaborar um pouco mais precisamente as diferenças objetivas.

É o mesmo Deus Uno em três pessoas que está presente em todas as três maneiras, e seu ser imutável é o mesmo nas três maneiras. Entretanto, a inabitação é diferente porque aquilo em que a única e mesma divindade imutável habita é diferente a cada vez: desse modo, a própria inabitação é modificada[52]. O primeiro tipo de inabitação – ou melhor: a presença divina, visto que ainda não é nenhuma inabitação em sentido próprio – exige daquilo onde Deus está presente nada mais do que o ser submisso ao conhecimento e ao poder de Deus, bem como a condicionalidade pelo ser divino. Tudo isso é comum a todas as criaturas. O ser divino e o ser criatural, no caso, permanecem completamente separados; entre eles existe apenas a relação unilateral de dependência do ser, que não significa um verdadeiro estar um no outro – justamente por isso não é nenhuma inabitação propriamente dita. Afinal, para a inabitação, é preciso que ambos os lados tenham um ser interior, ou seja, um ser que se recolha interiormente e possa assumir em si outro ser, de modo que, sem a supressão da autonomia daquele que está sendo assumido e daquele que está assumindo, surja

52. Quando em um e mesmo ser criatural a inabitação se modifica, na verdade se trata de uma *variação*, não a adição de um tipo a outro: quando uma alma recebe a graça santificante, Deus não habita agora de duas maneiras diferentes na alma, mas a essência e a inabitação pela graça são uma só.

uma unidade do ser. Isto só é possível no ser espiritual: somente o espiritual está em si mesmo e pode assumir em si mesmo o outro, igualmente espiritual. Somente isto é verdadeira inabitação. A inabitação pela graça já é algo desse tipo. Quem não está submisso ao ser, ao saber e ao poder de Deus, sem o próprio saber e querer, mas diz sim, este assume Deus em si, seu ser é permeado pelo ser divino. Mas esta permeação não é perfeita. Ela vai até onde a capacidade de acolhida do receptor o permite. Para ser plenamente permeada pelo ser divino – nisto consiste a perfeita união de amor –, a alma deve estar desvinculada de qualquer outro ser: vazia de todas as outras criaturas e de si mesma, como o santo Padre João tão veementemente expôs. O amor, em sua mais elevada plenitude, é a unidade em livre-mútua doação: esta é a vida divina intratrinitária. Tendem a essa plenitude o amor (*amor*, *ἔρως*) criatural, que deseja e anseia ardentemente, e o amor (*caritas, ἀγάπη*) misericordioso e condescendente de Deus pelas criaturas. Onde estes dois se encontram a união realiza-se progressivamente: à custa do que ainda se lhes interpõe no caminho, e na medida em que é consumido. Isto acontece, como sabemos, pela noite escura de maneira ativa e passiva. Mediante a purificação que acontece por si só, a vontade humana entra cada vez mais na divina, mas de tal modo que a vontade divina não é experimentada como realidade presente, mas acolhida com fé cega. Aqui há, de fato, apenas uma diferença gradual entre a inabitação pela graça e a união de amor. Em contrapartida, na purificação experimentada dolorosamente por meio do fogo divino devorador, a vontade divina permeia mais e mais a humana na medida em que ela, ao mesmo tempo, deixa-se experimentar como realidade presente. E aqui, em minha opinião, há uma nova forma de inabitação, não apenas diferente daquela pela graça quanto à graduação. A diferença evidencia-se em conexão com a interpretação que Agostinho dá das palavras do Evangelho de João: "Muitos creram em seu nome [...]. Mas Jesus não se fiava neles [...]" (Jo 2,23-24)[53].

Agostinho refere-se aqui aos catecúmenos: eles já se confessam crentes em Jesus Cristo, mas Ele ainda não se lhes oferece no Santíssimo Sacramento. Nós também podemos aplicar o mesmo a ambos os tipos de inabitação, cuja diferença queremos compreender e, assim, ao mesmo tempo, à diferença entre fé e contemplação. A inabitação pela graça confere a virtude da fé, ou seja, a potência de como realmente acolher o que não se percebe presente, e de considerar verdadeiro o que não se pode provar estritamente com argumentos racionais. É mais ou menos como no caso de uma pessoa a respeito da qual já se ouviram muitas coisas boas e magníficas; ela também já beneficiou outras pessoas, distribuiu dádivas; por esse motivo, a gente inclina-se para ela com amor e gratidão, e tem o desejo crescente de conhecê-la pessoalmente. Ela, porém, ainda não *se confiou* a seu protegido: nem sequer minimamente, a ponto de que lhe teria concedido um encontro; ainda menos lhe teria aberto seu íntimo ou até mesmo lhe teria entregado o coração. Tudo isso, porém – uma vez mais em ascensão gradual –, é concedido por Deus ao ser humano mediante a terceira forma de inabitação, a da eleição mística: Deus garante-lhe um encontro pessoal por meio de um *toque* em sua mais arcana intimidade; abre-lhe seu próprio in-

53. "...multi *crediderunt* in nomine eius [...]. Ipse autem Jesus non *credebat* semetipsum eis [...] (Jo 2,23-24). Cf. Aug. Tract. in Joan. 11-12, Migne, P. L. XXXV 1474ss.

terior mediante iluminações especiais sobre sua natureza e seus misteriosos conselhos; entrega-lhe o coração – primeiramente como em uma irrupção momentânea durante uma união pessoal (na oração de união[54]), passando, em seguida, para a posse permanente (no noivado e no matrimônio místicos[55]). Nada disso é um olhar face a face – nisso é que fracassa a imagem da progressiva aproximação entre pessoas. Contudo, já desde o nível mais ínfimo, trata-se de um encontro de pessoa a pessoa e, portanto, de conhecimento empírico. Com sua essência, Deus toca o mais íntimo da alma (que o santo Padre João também designa a *essência* dela). A essência de Deus, porém, outra coisa não é senão seu ser e Ele próprio; Ele mesmo é pessoa, seu ser é um ser pessoal. E também o ser anímico é um ser pessoal, a máxima interioridade da alma é o cerne e o ponto fontal de sua vida pessoal; ao mesmo tempo, é principalmente o lugar de seu encontro com outra vida pessoal. Um toque de pessoa a pessoa só é possível no mais íntimo; por esse toque, uma pessoa manifesta a outra sua presença[56]. Quando, portanto, alguém se sente dessa forma tocado interiormente, então encontra-se em *contato* vivo com uma pessoa. Ainda não se trata de união, mas apenas o ponto de partida para ela. Todavia, relativamente à inabitação pela graça, já é um avanço rumo a algo novo: ali será comunicado à alma o ser divino, mas o ponto fontanal pessoal permanece oculto e não surge nesta comunicação do ser; aqui,

54. Cf. *Castelo interior*, 5ª Morada; *Noite escura*, estrofe 2 , v. 2, § 3, cap. 19; *Cântico espiritual*, estrofe 13.

55. *Castelo interior*, 4ª Morada; *Cântico espiritual*, estrofes 13 e 14.

56. Aqui não podemos entrar na questão de até que ponto isso é válido para a comunicação entre pessoas humanas.

o ponto fontinal da vida divina (até onde se pode falar a respeito) entra em contato no nível do ser com o ponto fontanal da vida anímico-humana e torna-se, assim, perceptível como presente. Ao mesmo tempo, porém, ele permanece na escuridão e fechado. Nas iluminações sobre os mistérios divinos se abre o *interior fechado* de Deus: quando a alma, na comunicação pela graça, experimenta a afluência do ser divino em sua própria elevação do ser, entra ela no ser divino. Na união (com seus vários níveis) realiza-se a unidade a partir do ponto fontinal pessoal da vida mediante a mútua doação pessoal.

A esse respeito ainda há diversas coisas a serem observadas: o simples toque no mais íntimo não tem necessariamente como pressuposto a inabitação pela graça. Ele pode ser concedido à pessoa completamente incrédula como despertar da fé e como preparação para a recepção da graça santificante. Pode também servir como meio apto para fazer de um incréu instrumento para determinados fins. Ambos ainda valem também para iluminações individuais. A união, por sua vez, como doação recíproca, não pode acontecer sem a fé e o amor, ou seja, sem a graça santificante. Caso a união devesse começar em uma alma que não estivesse em estado de graça, com seu começo deveria ser-lhe enviada a graça santificante, e como sua condição prévia, o completo arrependimento. Tais possibilidades atestam a diferença fundamental entre a união pela graça e a união mística, e as formas correspondentes de inabitação. Trata-se de dois estádios diversos. Com isso não se exclui que a vida da graça possa preparar o caminho para a união mística.

O fato de o mais íntimo da alma ser essencialmente o lugar do encontro e da união pessoais torna compreensível – tanto quanto se pode falar de compreensão em se tratando de mistérios divinos – que Deus tenha destinado a máxima interioridade da alma como habitação. Se a união é o escopo para o qual as almas foram criadas, então deve existir de antemão a relação que torna possível tal união.

É igualmente compreensível que esta máxima interioridade seja colocada à livre-disposição da alma, porque a doação amorosa só é possível a um ser livre. Da parte da alma, tal doação viva no matrimônio místico é ainda algo diverso da incondicional doação de sua vontade à vontade divina? Evidentemente, sim. *Quanto ao conhecimento*, é outra coisa: quando Deus se doa a ela no matrimônio místico, ela conhece a Deus de uma maneira que não o conhecera anteriormente, e de nenhum outro modo pode conhecer; ela também não conheceu anteriormente suas próprias últimas profundidades. Por conseguinte, ainda não sabia de modo algum, como o sabe agora, a quem está entregando sua vontade, o que ela dá e qual a doação que essa vontade divina pode exigir dela. É algo *volitivamente diferente*: quanto à *meta*, pois a doação da vontade chega à união da própria vontade com a *vontade* divina, não ao *coração* de Deus, não às *Pessoas* divinas; quanto ao *ponto de partida*, pois somente agora é que se alcança o ponto fontanal mais profundo, apenas agora a vontade abrange a si mesma totalmente, porque envolve a pessoa inteira a partir de seu centro pessoal; quanto à *consumação*, pois na doação esponsal a própria vontade não é simplesmente submissa e integrada à divina: a doação divina é acolhida; por essa razão é que a doação da própria pessoa é ao mesmo tempo a mais ousada tomada de posse, que transcende toda compreensão humana. João da Cruz expressa-o com bastante clareza quando diz que a alma agora pode dar a Deus mais do que ela mesma é: ela dá-se a si mesma a Deus em Deus[57]. Desse modo, quanto ao ser, existe algo diferente do que se verifica na união pela graça: a atração mais profunda para o ser divino que diviniza a própria alma; uma unidade das pessoas que não suprime sua autonomia, mas a tem como pressuposto; uma permeação que só é superada pelo ser um no outro das pessoas divinas, no qual ela tem seu arquétipo. Esta é a união que João tem inconfundivelmente diante dos olhos como meta em seus escritos, posto que muitas vezes tenha usado a palavra em outro sentido, e não a tenha teoricamente delimitado tão nitidamente em sua singularidade em relação aos outros tipos, como se tentou aqui. Já foi dito antecipadamente: o matrimônio místico é união com o Deus unitrino. Desde que Deus só toca a alma na escuridão e no oculto, ela só pode sentir o toque pessoal como tal sem aperceber-se de que se trata de uma ou de várias pessoas que a tocam. Quando, porém, é inteiramente atraída para a vida divina na perfeita união de amor, então não pode permanecer-lhe oculto que se trata de uma vida tripessoal, e ela deve entrar em contato com todas as três pessoas divinas.

ζ) Fé e contemplação. Morte e ressurreição

A diferença entre a inabitação de Deus pela graça e aquela pela união mística parece-nos também o fundamento apropriado para se lograr uma clara delimitação entre *fé* e *contemplação*. O santo Padre João fala mui frequentemente de ambas, mas não oferece nenhuma verdadeira confrontação de modo que se possa vincular a ele uma determinação inequívoca do relacionamento mútuo entre elas. Muitas vezes suas exposições soam como se não se devesse traçar nenhuma linha divisória nítida: am-

57. *Chama viva*, Explicação da Canção III, vv. 5-6, n. 77-78.

bas são consideradas como caminho para a união, como notícia obscura e amorosa. *Subida do Monte Carmelo*[58] lida principalmente com a obscuridade da fé: aqui a fé é referida como escuridão da meia-noite, porque devemos renunciar completamente à luz do conhecimento natural a fim de obter *sua* luz. João refere-se a miúdo à contemplação com as expressões do Areopagita – *teologia mística* (sabedoria de Deus oculta) e *raio de treva*[59]. Ambas se aproximam bastante quando se diz que Deus se oculta na obscuridade da fé quando se comunica à alma[60]. Por outro lado, justamente em tais explicações de *Subida*, torna-se claro que a fé e a contemplação não podem simplesmente significar a mesma coisa, porque é dito que a noite da fé é guia para o deleite da pura contemplação e união. Pressupõe-se também uma distinção, quando no Prólogo de *Cântico espiritual* se diz que a *sabedoria mística* não exige nenhum entendimento específico, e nisso é semelhante à fé, mediante a qual também amamos a Deus sem o compreender exatamente[61]. Caso as duas coincidissem, então não se poderia falar de semelhança. A distinção e o íntimo pertencimento são talvez expressos da maneira mais nítida em uma passagem onde a contemplação, considerada notícia pouco clara, obscura e geral, é contraposta à inteligência sobrenatural nitida-

---

58. Livro II, cap. Iss.

59. *Subida*, Livro II, Cap. V, n. 3; Cap. IX, n. 6. Dionísio usou a expressão *raio de treva* no Cap. I da *Teologia Mística* (Migne, P. Gr. III 999s.).

60. *Subida*, Livro II, Cap. IX, n. 3.

61. *Prólogo*, n. 2. Temos aqui, ao mesmo tempo, evidência para a representação da fé como conhecimento amoroso; quanto à contemplação, cf. particularmente *Subida*, Livro II, Cap. XIII e XIV.

mente reconhecível e separada: "A inteligência obscura e geral é única; é a contemplação recebida pela fé"[62].

Para a compreensão desta frase e da relação entre fé e contemplação é preciso lembrar o que foi dito em passagens anteriores sobre a pluralidade de significados que a palavra *fé* necessariamente contém em si; é igualmente mister lembrar a ambiguidade do vocábulo *contemplação.* Chama-se fé ao conteúdo da revelação divina e à acolhida desse conteúdo revelado, em última instância, a doação amorosa a Deus, a respeito de quem a revelação fala e a quem é devida. O conteúdo da fé fornece o material para a contemplação: a atividade das potências anímicas no que assumimos em atitude de fé, na presentificação pictórica, na reflexão racional e na intencionalidade de nossa vontade. Como fruto da contemplação adquire-se um estado permanente de notícia amorosa[63]. A alma agora permanece em doação tranquila, pacífica e amorosa na presença de Deus, a quem conheceu pela fé, sem contemplar nenhuma única verdade de fé. Como fruto da contemplação, esta é uma *contemplação adquirida.* De acordo com o conteúdo de sua vivência, ela não é diferente da fé no terceiro sentido, o *credere in Deum*, a entrada crente e amorosa em Deus. Entretanto, na maioria das vezes, João da Cruz tem em mente algo diferente quando fala de contemplação. Deus pode enviar à alma uma notícia obscura, amorosa de si mesmo também sem o exercício precedente da contemplação. Repentinamente Ele pode colocá-la em estado de contemplação e de amor, *infundindo*-lhe a contemplação. De igual modo isso não acontecerá sem relação com a fé. De modo geral, é concedido às almas que estão preparadas para tal mediante uma fé

62. *Subida*, Livro II, Cap. X, n. 4.

63. *Subida*, Livro II, Cap. XIII, n. 7.

viva e uma vida de fé. No entanto, se por acaso alguma vez um incréu for tomado por tal estado de contemplação, a doutrina da fé, até agora não acolhida por ele, ajudá-lo-ia no conhecimento daquele que tomou conta dele. E também a alma fielmente amorosa, a partir da escuridão da contemplação, buscará repetidamente seu refúgio na firme clareza da doutrina da fé, e compreenderá, a partir daí, o que lhe acontece[64]. O que lhe acontece, porém, apesar de toda a coincidência, é algo radicalmente diferente da *contemplação adquirida* e da doação a Deus em fé simples, cujo conteúdo experiencial é congruente com o da contemplação adquirida. O novo é o ser tomado pelo Deus cuja presença se sente ou – naquelas experiências da noite escura, nas quais a alma é privada dessa presença palpável – a dolorosa ferida de amor e o ardente desejo que restam quando Deus se afasta da alma. Ambas são experiências místicas, fundamentadas naquele tipo de inabitação que é um toque de pessoa a pessoa no mais íntimo da alma. A fé, por outro lado, e tudo o que diz respeito à vida de fé, baseiam-se na inabitação pela graça.

A contraposição entre a presença palpável e o retraimento tangível de Deus na contemplação mística aponta ainda para outra coisa que pode servir para diferenciá-la da fé. A fé é, sobretudo, questão do intelecto. Embora na *aceitação* da fé se expresse uma participação da vontade, trata-se da aceitação de um conhecimento. A *obscuridade* da fé caracteriza uma idiossincrasia desse conhecimento. A contemplação é assunto do coração, ou seja, da máxima interioridade da alma, e, portanto, de todas as potências. A presença e a aparente ausência de Deus são sentidas no coração – em felicidade ou em dolorosa saudade. Aqui, no

64. *Cântico espiritual*, Explicação da estrofe 12.

mais íntimo, onde ela está inteiramente em si mesma, a alma, no entanto sente também a si mesma e sua condição[65]; e enquanto não estiver completamente purificada sente-a tormentosamente como oposição à santidade vivenciada do Deus presente. Desse modo, a *Noite* denota a contemplação não apenas como obscuridade do conhecimento, mas trevas da impureza e tormento purificador.

Na fé e na contemplação a alma é tomada por Deus. A aceitação da verdade revelada não se dá simplesmente por decisão natural da vontade. A mensagem da fé chega a muitos que não a acolhem. Obviamente, motivações naturais podem entrar em jogo, nesse caso, mas existem circunstâncias nas quais subjaz uma misteriosa incapacidade: ainda não é chegada a hora da graça. A inabitação pela graça ainda não começou. Na contemplação, no entanto, a alma encontra o próprio Deus, que dela se apodera.

Deus é o amor. Por conseguinte, o ser tomado por Deus é tornar-se inflamado no amor – se o espírito estiver preparado para isso. Para tudo o que é finito, o amor eterno é fogo devorador. E estes são todos os movimentos desencadeados na alma pelas criaturas. Caso ela se volte às criaturas, então afasta-se do amor divino, mas não pode escapar-lhe. Com efeito, o amor torna-se para ela mesma fogo devorador. A mente humana, como espírito, foi projetada para um ser imperecível. Isto manifesta-se na imutabilidade que ele atribui a suas próprias

65. Este *sentir a si mesmo* na profundidade é algo diferente do simples autoconhecimento que a santa madre no *Castelo interior* atribui já à 1ª Morada. É um tornar-se íntimo de si mesmo, sem confrontar-se a si mesmo. Ao mesmo tempo, o próprio ser permanece misterioso, bem como a presença de Deus nele. O *mais íntimo* não se restringe aqui à 7ª Morada, onde acontece o matrimônio, mas diz respeito a todo o âmbito do acontecimento místico.

circunstâncias: ele dá a entender que, tal como em cada situação em que se encontra, deveria permanecer sempre. Isso é um engano, pois em seu ser temporal ele está sujeito à mudança. Entretanto, nisso se expressa a consciência de que seu ser não surge da temporalidade, mas tem suas raízes na eternidade. Consoante à sua natureza, não pode desintegrar-se como os objetos materiais. Contudo, quando ele, em livre-doação, fixa-se no temporal, chega a experimentar a mão do Deus vivo que, por força de sua onipotência, pode aniquilá-lo, consumi-lo pelo fogo vindicador do amor divino repudiado ou conservá-lo na eterna consumição como os anjos decaídos. Esta morte segunda e mais verdadeira seria o destino de todos nós, se Cristo, com seu sofrer e seu morrer, não se interpusesse entre nós e a justiça divina, e não nos tivesse aberto o caminho para a misericórdia.

Em Cristo, por sua natureza e por sua livre-decisão, nada havia que opusesse resistência ao amor. Ele viveu cada momento de sua existência na completa entrega ao amor divino. Contudo, na encarnação, assumira sobre si todo o fardo do pecado da humanidade, abraçou-o com seu amor misericordioso e abrigou-o em sua alma: no *Ecce venio* ["Eis-me aqui"], com que começou sua vida terrena, e expressamente renovou em seu batismo, e no *Fiat!* do Getsêmani. Assim, realizou-se o sacrifício expiatório em seu íntimo, em todo o seu sofrimento, ao longo da vida, na forma mais aguda, porém, no Jardim das Oliveiras e na cruz, porque aqui cessou a tangível bem-aventurança da irrevogável união, a fim de entregá-lo totalmente ao sofrimento, e permitir que esse sofrimento se tornasse a experiência do extremo abandono da parte de Deus. No *Consummatum est* ["Tudo está consumado"] anuncia-se o fim do sacrifício expiatório e no *Pater, in manus tuas commendo spiritum meum* ["Pai, em tuas mãos entrego o meu espírito"], o retorno definitivo à eterna e imperturbável união de amor.

No sofrer e no morrer de Cristo nossos pecados foram consumidos pelo fogo. Se acolhermos isso na fé, e se em doação fundada na fé acolhermos o Cristo total – isto é, se escolhermos e percorrermos o caminho da sequela de Cristo –, então Ele nos conduz "por seu sofrimento e cruz à glória da ressurreição. Exatamente isso é o que se experimenta na contemplação: a travessia pelo sacrifício expiatório para a bem-aventurada união de amor. A partir disso se explica seu caráter discrepante. Ela é morte e ressurreição. Depois da *Noite escura*, resplandece a *Chama viva de amor*.

3. A glória da ressurreição

§ 1. Nas chamas do amor divino

Llama de amor viva	Chama viva de amor[66]
1º *Oh llama de amor viva,* *Que tiernamente hieres* *De mi alma en el más* *profundo centro,* *Pues ya no eres esquiva,* *Acaba ya si quieres,* *Rompe la tela de este dulce* *encuentro.*	1º Oh! Chama de amor viva Que ternamente feres De minha alma no mais profundo centro! Pois não és mais esquiva, Acaba já, se queres, Ah! Rompe a tela deste doce encontro.

66. SÃO JOÃO DA CRUZ. *Obras Completas*. Petrópolis: Vozes, 2002.

2º *Oh cauterio suave!* *Oh regalada llaga!* *Oh mano blanda! Oh toque delicado,* *Que a vida eterna sabe,* *Y toda deuda paga!* *Matando, muerte en vida la has trocado.*	2º Oh! cautério suave! Oh! regalada chaga! Oh! branda mão Oh! toque delicado Que a vida eterna sabe, E paga toda dívida! Matando, a morte em vida me hás trocado.
3º *Oh lámparas de fuego,* *En cuyos resplandores* *Las profundas cavernas sentido,* *Que estaba obscuro y ciego,* *Con extraños primores* *Calor y luz dan junto a querido!*	3º Oh! lâmpadas de fogo Em cujos resplendores As profundas cavernas do sentido, – Que estava escuro e cego, – Com estranhos primores Calor e luz dão junto a seu Querido!
4º *Cuán manso y amoroso* *Recuerdas en mi seno,* *Donde secretamente solo moras:* *Y en tu aspirar sabroso* *De bien y gloria lleno* *Cuán delicadamente me enamoras!*	4º Oh! quão manso e amoroso Despertas em meu seio Onde tu secretamente moras: Nesse aspirar gostoso, De bens e glória cheio Quão delicadamente me enamoras!

a) À soleira da vida eterna

A alma escapou à noite. O que agora lhe acontece é mais poderoso do que todas as palavras podem expressar. Os nostálgicos clamores "Oh!" e "Quão" procuram expressá-lo. Por isso o santo hesitou em atender ao pedido de sua filha espiritual, Anna de Peñalosa, para que lhe explicasse as quatro canções. Ele sentia quão insuficiente é a linguagem para esclarecer algo tão completamente espiritual e interior. Depois de algum tempo, porém, pareceu-lhe que o Senhor lhe tinha "dado alguma luz ao entendimento e infundido algum calor" (*Chama viva de amor*, Prólogo, n. 1), até mesmo o animando a fazer, ele próprio, o trabalho.

"Algum calor"! De fato, tem-se a impressão de que não apenas as quatro estrofes do Cântico, mas também toda a explicação são uma erupção da *Chama viva de amor*. Assim, somente com santa reverência é que podemos aproximar-nos desses divinos mistérios na mais recôndita intimidade de uma alma escolhida. Entretanto, depois que o véu foi, finalmente, retirado, não é permitido silenciar a esse respeito. Na verdade, temos diante de nós o que *Subida* e *Noite* – tais como nos estão disponíveis – nos ficaram a dever: a alma chegada à meta da longa Via-Sacra, à venturosa união.

Foi dito, anteriormente, que mesmo os primeiros escritos foram evidentemente redigidos por alguém que já alcançara o fim. A canção da noite escura dificilmente pode ser entendida de outro modo. No entanto, na explicação das estrofes, ele transportou-se novamente para o período da noite escura, retratando-a como se ainda estivesse envolvido por ela. Somente em previsão do futuro é que ele disse algo sobre a meta. Agora, porém, ele está imerso na resplandecente luz da manhã da ressurreição. Se ele agora ainda fala de cruz e de noite, fá-lo em retrospectiva. Justamente essa retrospectiva torna o escrito significativo em nosso contexto: a nova vida nasceu da morte, a glória da ressurreição é o galardão pela fiel resistência na noite e na cruz. Assim, "ela pagou todas as culpas".

A alma "sente brotarem de seu seio aqueles rios de água viva" (Jo 7,38), e "parece-lhe, pois, estar tão fortemente transformada em Deus, e tão altamente dele possuída, bem como tão cumulada de riquezas preciosas, de dons e virtudes, e tão próxima à bem-aventurança, que dela apenas a separa uma tela finíssima" (*Chama*, Canção I, Explicação, n. 1). Quando investe sobre ela essa delicada chama de amor que nela arde, a cada vez "vai glorificando-a com suave e forte glória" (n. 1), e dá a entender como se a tela desta vida mortal fosse rompida e faltasse muito pouco para a posse da eterna bem-aventurança e da vida eterna. Sente-se assim completamente replena de forte anseio e implora por libertação do invólucro mortal.

A *Chama viva de amor* é o *Espírito Santo*. "Sente-o a alma agora em si, não apenas como fogo que a mantém consumida e transformada em suave amor, mas como fogo que, além disso, arde no seu íntimo, produzindo chama [...]. E essa cada vez que flameja, mergulha a alma em glória, refrigerando-a ao mesmo tempo numa atmosfera de vida divina" (n. 3). O Espírito Santo opera na alma uma inflamação de amor na qual a vontade da alma se torna um único amor com a chama divina. A transformação em amor é o hábito, o estado permanente no qual a alma é situada, o fogo que arde permanentemente nela. Seus atos, porém, "são a chama que se levanta do fogo do amor, e irrompe tanto mais veemente quanto mais intenso é o fogo da união" (n. 4). Nesse estado, a alma não pode agir por si mesma. Dessa maneira, "a cada crepitar dessa chama [...] parece-lhe estar recebendo agora vida eterna, pois é elevada à operação de Deus em Deus" (n. 4). Nesta transformação em uma chama de amor, o Pai, o Filho e o Espírito Santo comunicam-se com ela, nisso ela se aproxima tanto de Deus que goza um vislumbre de vida eterna; ela tem a impressão de que isso é a vida eterna (cf. n. 6).

A chama da vida divina *toca* a alma com a delicadeza da vida divina e a *transforma* tão vigorosamente em seu mais profundo interior, que ela se derrete completamente em amor. Como ainda se pode falar aqui em transformação? De fato, estas feridas são "quais labaredas terníssimas de delicado amor" (n. 8), jogos da sabedoria eterna, "são labaredas de ternos toques dados na alma, por instantes, provenientes do fogo do amor que nunca está ocioso" (n. 8).

Isso acontece no *mais profundo centro* da alma, aonde nem o demônio nem o centro do sentido conseguem chegar; por essa razão, é totalmente segura, substancial e deleitosa. "Pois quanto mais interior, tanto mais pura; e quanto maior é a pureza, tanto mais abundante, frequente e geral é a comunicação de Deus. Assim, torna-se mais intenso o deleite e gozo da alma [...] porque é Deus quem tudo opera, sem que a alma de sua parte nada faça" (n. 9). De fato, por si mesma, ela só consegue ser ativa com o auxílio dos sentidos corporais; e como no estado em que se acha, está completamente livre deles, "ocupa-se então unicamente em receber de Deus. Só Ele é que pode, no fundo da alma, sem a ajuda dos sentidos, fazer sua obra e movê-la a agir" (n. 9). Assim, todas as emoções da alma são divinas, são atos de Deus, mas também, outra vez, atos da alma, "porque é Deus quem os produz na alma com ela, dando esta a sua vontade e consentimento" (n. 9).

Quando a alma diz que o Espírito Santo a fere no mais profundo centro, dá a entender que há nela também pontos menos profundos, correspondentes aos graus do amor de Deus; agora, porém, sua substância, potência e virtude são tocadas e recolhidas. Não quer afirmar "que esta investida do amor seja tão substancial e plena como será na visão beatífica de Deus na outra vida" (n. 14); ela assim se expressa apenas "para significar a profusão e abundância de deleite e glória que experimenta no Espírito Santo por esta espécie de comunicação; deleite tanto mais intenso e mais terno quanto mais forte e mais substancialmente está transformada e concentrada em Deus" (n. 14). Nesta vida isso não acontece de modo tão perfeito quanto na vida eterna. "Pode acontecer, talvez, que o hábito da caridade, na alma, seja tão perfeito nesta vida como na outra; mas não será assim quanto à sua operação ou seu fruto" (n. 14). Contudo, este estado torna-se tão semelhante ao da outra vida que a alma, convicta de que assim é, atreve-se a dizer: de minha alma no mais profundo centro. As pessoas que não têm experiência nenhuma de tais coisas podem considerar um exagero. No entanto, "o Pai das luzes, cuja mão não é abreviada, e com abundância derrama suas graças [...], não hesita nem se dedigna de ter seus deleites com os filhos dos homens comumente pela redondeza da terra. Não havemos de considerar inacreditável que a uma alma já examinada, provada e purificada no fogo das tribulações e trabalhos, e por grande variedade de tentações, e achada fiel no amor, seja recusado nesta vida o cumprimento da promessa feita pelo Filho de Deus quando disse: se alguém o amasse, a este viria a Santíssima Trindade para estabelecer nele a sua morada (Jo 14,23). E isto significa para a alma ter o entendimento divinamente ilustrado na sabedoria do Filho, a vontade inebriada de deleite no Espírito Santo, absorvendo-a o Pai, forte e poderosamente, no abraço e abismo de sua doçura" (n. 15). Todavia, na alma em que arde a chama viva de amor, o Espírito Santo opera algo muito mais sublime do que aquela comunicação e transformação de amor, "porque no primeiro caso, é como brasa incandescente, e, no segundo, não só como brasa inflamada no fogo, mas lançando labaredas de chama viva" (n. 16). A *união simples* assemelha-se ao "fogo de Deus em Sião" (Is 31,9), ou seja, na Igreja militante, na qual o fogo do amor não arde até o grau máximo; *a união com inflamação de amor* assemelha-se à "fornalha de Deus em Jerusalém", à visão de paz na Igreja triunfante, onde este fogo já está como fornalha abrasada em perfeição de amor. A alma ainda não alcançou a perfeição do céu, mas abrasa-se como fornalha ardente com a visão pacífica, gloriosa e fulgurante de amor. Ela dá-se conta de que "esta chama viva de amor lhe está vivamente comunicando todos os bens" (n. 17). Por isso exclama: "Oh! chama de amor viva, que ternamente feres!", e com isso pretende dizer: "Oh! abrasado amor, que com teus amorosos movimentos deliciosamente me glorificas, conforme toda a capacidade e força de minha alma! A saber: dando-me inteligência divina, segundo toda a aptidão e capacidade de meu entendimento, comunicando-me amor em proporção de toda a força de minha vontade; e ao mesmo tempo deleitando-me na íntima substância de mim mesma, com a torrente de tuas delícias, por teu divino contato e união substancial, segundo a maior pureza de minha substância, bem como toda a capacidade e extensão de minha memória" (n. 17). Quando se realiza a completa purificação de todas as potências, então "a substância divina que todas as coisas alcança por sua pureza [...], com sua divina chama muito profunda, sutil e elevadamente absorve a alma em si; e nesta absorção da alma pela Sabedoria, o Espírito Santo exercita as vibrações gloriosas de sua chama" (n. 17). É *o mesmo fogo que, durante a purificação, era obscuro e doloroso para a alma.* Agora, porém, é iluminante, amoroso e jucundo. Por isso diz a alma: "*Pois não és mais esquivo*". Outrora, a luz divina permitiu-lhe ver apenas suas próprias trevas; agora, estando ela iluminada e transformada, vê em si mesma a luz. Anteriormente, a chama era terrível para a vontade, porque lhe fazia experimentar dolorosamente sua própria dureza e secura. Não podia sentir a ternura e a doçura da chama. Não podia igualmente saborear sua doçura porque seu gosto estava estragado por inclinações degeneradas. A alma não conseguia apreender a imensurável riqueza e delícia da chama de amor, e sob seu efeito sentia apenas a própria pobreza e a própria miséria. Ela pensa em tudo isso em retrospectiva e quer dizer com aquelas breves palavras: "Pois já não somente não me és obscura como outrora, mas, ao contrário, és a divina luz de meu entendimento com a qual te posso olhar. E em vez de causares desfalecimento à minha fraqueza natural, agora és a fortaleza de minha vontade, com que te posso amar e em ti achar meu gozo, já estando eu toda transformada em teu divino amor. Já não és peso e angústia para a substância de minha alma, mas sim glória, deleite e dilatação" (n. 26). E porque agora se sente tão próxima à meta, pede a última coisa: "Acaba já, se queres".

É o pedido da consumação do matrimônio espiritual na visão beatífica. É bem verdade que, neste nível, a alma está completamente serena e quase sem desejos; não gostaria de pedir mais nada. No entanto, visto que ainda vive na esperança e ainda não na plena posse da adoção dos filhos de Deus, anseia pela plenitude, tanto mais pelo fato de já prelibá-la e gozá-la, na medida em que é possível sobre a Terra. Esse grau é tão elevado, que ela crê que sua natureza deveria desfazer-se, uma vez que a parte inferior não está em condições de suportar fogo tão poderoso e sublime. E ela realmente sucumbiria se Deus não viesse em auxílio da fraqueza de sua natureza e se não a sustentasse com sua destra. Ademais, os breves lampejos da contemplação são de tal sorte, "que na verdade seria prova de pouco amor não pedir acesso àquela perfeição e cumprimento do amor" (n. 28). Ela também percebe que o mesmo Espírito Santo a convida àquela felicidade, tal como a noiva recebe o apelo no *Cântico dos Cânticos*: "Levanta-te, apressa-te, amiga minha, pomba minha, formosa minha, e vem [...]" (Ct 2,10ss.). "Acaba já, se queres" – nisto a alma "faz ao Esposo as duas petições que Ele nos ensinou no Evangelho: 'Venha a nós o vosso reino'; 'seja feita a vossa vontade'" (Mt 6,10) (n. 28).

Para que possa acontecer a perfeita união é preciso que seja retirada toda tela que se interpõe entre Deus e a alma. A tela pode ser tríplice: "a primeira é temporal, e nela estão compreendidas todas as criaturas; a segunda é natural, compreendendo todas as operações e inclinações puramente naturais; a terceira é sensitiva, e consiste unicamente na união da alma com o corpo, isto é, na vida sensitiva e animal [...]" (n. 29). A primeira e a segunda tiveram de ser rompidas para a alma chegar à já alcançada união. Isto aconteceu "pela ação dos encontros esquivos da chama de amor, quando esquivamente a feria" (n. 29). Agora resta apenas a terceira tela da vida sensitiva a ser rompida, e ela, devido à união com Deus, já é tão sutil e fina como um véu. E quando é rompida, a alma pode falar de um *doce encontro.* Afinal, a morte natural de tais almas, embora semelhante à das outras quanto à própria condição da morte, é muito diferente, pois, "morrendo efetivamente de doença ou em idade avançada, não é isso, todavia, que lhes tira a vida, e sim algum ímpeto e encontro de amor muito mais subido que os antecedentes, e bem mais poderoso e eficaz, pois consegue romper a tela, e arrebatar a joia da alma. Assim, a morte de semelhantes almas é suavíssima e dulcíssima, muito mais do que lhes foi a vida espiritual inteira; morrem com os mais subidos ímpetos e deliciosos encontros de amor, assemelhando-se ao cisne que canta mais suavemente quando vai morrer. Daí vem a palavra de Davi: 'Preciosa é diante do Senhor a morte de seus santos' (Sl 115,15). Com efeito, é então que se vêm concentrar todas as riquezas da alma, e os rios de amor que estão nela vão perder-se no oceano, já tão largos e caudalosos que já parecem mares" (n. 30). A alma vê-se já "no ponto de sair para tomar posse perfeita e completada seu reino [...]. Reconhece aqui, efetivamente, que está pura, rica e cheia de virtudes, e já disposta para alcançar aquele reino; porque neste estado Deus permite à alma ver sua própria formosura [...], pois tudo se lhe converte em amor e louvores, sem sombra de presunção ou vaidade, já não havendo fermento de imperfeição que possa corromper a massa. Como a alma percebe não lhe faltar mais do que rasgar esta frágil tela da vida natural em que se vê enredada [...], arde em desejo de ser desatada e ver-se com Cristo (Fl 1,23), tendo lástima de que uma vida tão baixa e fraca seja obstáculo a outra tão alta e forte. Por isso, pede que se rompa, dizendo: Ah! rompe a tela deste doce encontro" (n. 31).

Visto que ela "experimenta a fortaleza da outra vida [...], vê a fraqueza desta em que se acha agora, e assim lhe parece ser uma tela finíssima, ou mesmo uma teia de aranha (Sl 89,9). E ainda parece muito menos [...], porque [...] compreende as coisas como o próprio Deus [...]. Para ela todas as coisas são nada, e ela própria é nada a seus olhos. Só o seu Deus, para ela, é tudo" (n. 32).

Ela pede para "romper", não para cortar: a primeira razão é porque isso é mais adequado à ideia de um encontro; a segunda, "porque o amor gosta de mostrar sua força, e de dar assaltos violentos e impetuosos [...]. A terceira é por desejar o amor que a sua ação seja muito rápida, a fim de que ela se realize depressa, e tanto mais forte e vigorosa será quanto mais rápida e espiritual, pois a força concentrada é mais poderosa do que quando se dispersa" (n. 33). As ações que em um instante se realizam na alma são infundidas por Deus; aquelas que a própria alma produz são disposições formadas por desejos e jamais chegam a ser atos perfeitos de amor, a não ser eventualmente, como foi dito, quando "Deus mesmo as forma e aperfeiçoa no espírito com grande rapidez" (n. 33). "Naquela alma, porém, que já está disposta, a ação do amor penetra em momentos, pois a cada contato dele a centelha se inflama na madeira já seca. Eis por que a alma enamorada deseja mais a brevidade do romper [...]" (n. 33). Ela não quer nenhuma dilação na espera do fim natural da vida. "A força do amor, e a disposição que vê em si, levam-na a querer e pedir que se rompa logo a vida por algum encontro ou ímpeto sobrenatural de amor. Sabe muito bem como Deus costuma levar antes do tempo aqueles a quem muito ama, aperfeiçoando neles em breve tempo, mediante o seu amor [...]. É, pois, coisa de muita importância para a alma exercitar-se em atos de amor durante esta vida, a fim de que, consumando-se em breve, não demore muito aqui ou lá para ver a Deus" (n. 34).

À impetuosa investida interior do Espírito Santo a alma chama de *encontro*. Deus ataca-a com esse ímpeto sobrenatural a fim de elevá-la acima da carne e conduzi-la rumo à ansiada consumação. São os verdadeiros encontros; neste processo, o Espírito Santo permeia a substância da alma, endeusando-a e tornando-a divina. "E nisto é a alma absorvida, sobre todo ser criado pelo Ser de Deus" (n. 35). Aqui à alma é permitido experimentar vivo gozo de Deus, e frente a todos os outros toques e encontros chama a este de *doce encontro*, porque ultrapassa a todos os demais por sua eminência. Desse modo Deus prepara a alma para a felicidade completa e inspira-lhe o pedido de romper aquela finíssima tela, a fim de que, desde logo, possa amar a Deus sem termo nem fim, com a plenitude e a fartura que ela deseja[67].

b) Unida ao Deus triuno

Oh! cautério suave!
Oh! regalada chaga!
Oh! mão tão branda! Oh! toque delicado
Que a vida eterna sabe
E paga toda dívida!
Matando, a morte em vida me hás trocado.

Na Canção I, a união foi considerada principalmente obra do Espírito Santo. Mencionou-se apenas brevemente que todas as três pessoas divinas assumem morada na alma. Agora se tentará apresentar a participação de cada uma das três pessoas na "obra divina de união". O cautério, a mão e o toque são, substancialmente, a mesma coisa; os nomes são diferentes em relação ao efeito que cada uma produz. "O cautério é o Espírito Santo; a mão é o Pai; o toque é o Filho" (*Chama*, Canção II, Explicação, n. 1). Cada uma concede-lhe uma mercê especial: do Espírito Santo, *o cautério suave*, ela recebe a *regalada chaga*. Ao Filho ela atribui o *sabor de vida eterna*. O Pai transforma-a em Deus com *mão branda*. E, no entanto, na realidade fala somente com uma Divindade, "porque as Três operam em unidade, e assim a alma atribui tudo a uma só, e, ao mesmo tempo, a todas" (n. 1).

---

67. Conclui-se, assim, a Explicação da Canção I.

Já conhecemos o Espírito Santo como *fogo consumidor* (Dt 4,24), "isto é, fogo de amor, o qual, sendo infinitamente forte, pode, de modo inefável, consumir e transformar em si a alma quando a toca" (n. 2). [...] "E quando esse fogo divino tiver transformado a alma, ela não sentirá simplesmente o cautério, mas tornar-se-á também completamente um forno que arde violentamente"[68]. É maravilhoso que "sendo este fogo de Deus tão ardente e consumidor, pois consumiria mil mundos com maior facilidade do que um fogo da terra faria a um fiapo de linho, contudo não consome nem destrói a alma [...]. Antes [...] vai endeusando-a e deleitando-a" (n. 3). Tendo-lhe sido concedida "a grande ventura de chegar a ser tocada por este cautério, tudo saboreia, tudo experimenta, e faz tudo quanto quer, com grande prosperidade, sem que alguém possa prevalecer diante dela, nem coisa alguma venha atingi-la" (n. 4). A ela se aplicam as palavras do Apóstolo: "'O espiritual julga todas as coisas, e por ninguém é julgado' (1Cor 2,15). E também: 'O espírito tudo penetra, mesmo os arcanos divinos' (1Cor 2,10). Efetivamente, é próprio do amor esquadrinhar todos os bens do Amado" (n. 4.).

O cautério suave produz uma chaga suave, pois "sendo esse cautério de amor cheio de suavidade, também será a chaga de amor suave, e regalará suavemente a alma" (n. 6). Tal como o fogo material transforma em queimaduras feridas já existentes nas quais toca, assim o cautério de amor fere as chagas da miséria e do pecado, cura-as e depois as transforma em chagas de amor. Inclu-

---

68. "Por ser Ele fogo de amor infinito, quando lhe apraz tocar a alma com alguma veemência, abrasa-a em tão subido grau de amor que a alma se sente estar ardendo sobre todos os ardores do mundo" (texto segundo *Obras Completas*).

sive as feridas que ele próprio produz, cura-as – isso diferencia-o do fogo material –, e elas não podem ser curadas por nenhum outro remédio. Entretanto, ele cura-as para produzir novas chagas. "Porque de cada vez que o cautério de amor toca na chaga de amor, a aumenta; e assim, quanto mais vai curando, mais vai chagando, [...] até chegar a ponto de tornar tão grande a chaga, que toda a alma venha a transformar-se em chaga de amor. Desse modo [...], toda feita uma chaga de amor, está a alma toda sã no mesmo amor, porque está transformada em amor, [...] estando toda chagada e toda sã" (n. 7). E mesmo assim o cautério não deixa de agir, mas, como costuma fazer um bom médico, regala a chaga carinhosamente.

Quanto a este elevadíssimo tipo de chaga de amor, "trata-se de um puro toque da divindade na alma, sem forma nem figura alguma intelectual ou imaginária" (n. 8). Contudo, existem ainda outras formas de cauterização, bastante elevadas, nas quais intervém uma forma intelectual. O santo oferece aqui uma descrição muito detalhada de como a alma pode ser ferida por um serafim com uma flecha ou dardo incandescentes. Em relação a este ponto, dificilmente se pode entender outra coisa senão a ferida no coração de nossa santa Madre Teresa. A exposição dele, porém, oferece traços notáveis que Teresa não assinalou em seu próprio relato. Isso não causa espécie, visto que ela havia revelado completamente sua alma a João e, em todo caso, pronunciou-se a este respeito mais sem reservas do que na apresentação literária. A alma – conta ele – "sente a ferida penetrante e a força do veneno com que vivamente estava ervada aquela seta, qual uma ponta afiada a enterrar-se na substância do espírito, a traspassar-lhe o mais íntimo da alma (n. 9). Sobre este íntimo ponto da ferida, que parece atingir a profundidade da medula do espírito, onde o deleite é mais intenso, quem poderá falar convenientemente? Na verdade, a alma experimenta ali como um grão de mostarda de tamanho mínimo, vivíssimo e extremamente incendido, o qual projeta em derredor um vivo e abrasado fogo de amor. Este fogo, proveniente da substância e força daquele ponto ardente onde por sua vez se acha a substância e virtude do veneno, a alma o sente difundir-se por todas as suas veias substanciais e espirituais [...]. Com isto, de tal maneira nela cresce e tão forte se torna o abrasamento do fogo, e esse mesmo abrasamento intensifica tanto o amor, que dá a impressão de mares de fogo amoroso, cujas águas inundam todas as alturas e profundidades da alma enchendo tudo de amor. Parece-lhe, então, que todo o universo é um oceano de amor, no qual está ela engolfada, não alcançando avistar termo nem fim onde se acabe esse amor, pois [...], sente a alma dentro de si mesma o vivo ponto e centro do amor" (n. 10). "O gozo da alma chegada a esta altura não se pode descrever senão dizendo que aí experimenta quão real é a comparação evangélica do Reino dos Céus ao grão de mostarda, o qual, sendo tão vivo, embora pequeníssimo, cresce como o maior dos arbustos (Mt 13,31). Com efeito, a alma se vê transformada num imenso fogo de amor que nasce daquele ponto abrasado no centro do espírito" (n. 11).

"Poucas almas chegam a tanto. Algumas, contudo, hão chegado, mormente aquelas cuja virtude e espírito se haveria de difundir na sucessão dos filhos espirituais; porque Deus costuma conceder aos que hão de ser cabeças de novas famílias espirituais as primícias do espírito, segundo o maior ou menor número dos discípulos que hão de herdar sua doutrina e espírito" (n. 12). (Esta observação também retrata a santa madre.)

Em alguns casos, a chaga interior torna-se de igual modo visível exteriormente no corpo. A este respeito, João refere-se às chagas com que o serafim feriu São Francisco de Assis: "[...] também se manifestou o efeito delas no corpo, ficando as chagas impressas na carne, tal como foram feitas na alma ao ser chagada de amor[69]. Em geral, não costuma Deus conceder alguma mercê ao corpo, sem que primeiro e principalmente a conceda no interior, à alma" (n. 13). Neste processo, quanto mais intenso é o deleite e maior a força do amor em consequência da chaga interior, "tanto maior é também o efeito produzido na chaga corporal, e crescendo um, cresce o outro". De fato, "nestas almas já purificadas e estabelecidas em Deus, aquilo que lhes causa dor e tormento à carne, corruptível, é doce e saboroso para o espírito forte e são. [...] Quando, porém, a chaga é feita somente na alma [...], pode o deleite chegar a ser ainda mais intenso e mais subido. Com efeito, como a carne traz sob seu freio o espírito quando participa dos bens espirituais a ele comunicados, puxa as rédeas para o seu lado e enfreia a boca desse ligeiro cavalo do espírito, apagando-lhe o brio, pois se ele pudesse livremente usar sua força, de certo arrebentaria as rédeas" (n. 13).

A breve interpolação sobre variedades da chaga de amor já é notável porque mostra quão cuidadosamente o santo se esforça por complementar sua própria experiência interior mediante o que lhe era acessível em outras almas, mas também como ele salientou nítida e claramente as diferenças, permanecendo firme no que fundamental-

69. João escreveu isto cerca de dois anos após a morte da santa madre. Ele ainda não sabia que a chaga de amor havia deixado vestígios visíveis no coração dela.

mente se lhe tornou claro: por mais sublime que possa ser a chaga de amor na experiência visionária, nada se compara ao puro evento espiritual na essência da alma. A isso corresponde a concepção bastante característica do relacionamento entre corpo e alma sugerida nesta passagem: a alma, como espírito, é instância essencialmente dominante, mesmo que, em estado de queda, esteja sobrecarregada pelo corpo e oprimida pelo invólucro terreno – posto que na mais sublime elevação que se possa cogitar na Terra. A ordem da graça adapta-se a este ordenamento originário da natureza e concede seus dons principalmente e acima de tudo à alma; ao corpo, concede-os somente de maneira derivativa e ocasional por meio da alma.

A *mão* que imprime a chaga é o *Pai misericordioso* e *onipotente*: "[...] sendo tão generosa e liberal quanto é poderosa e rica, concederá preciosas e magníficas dádivas quando se abrir para fazer mercês à alma" (n. 16). A alma experimenta sua carinhosa condescendência e seu toque tanto mais brandamente porque esta mão poderia aniquilar todo o universo se ela o tocasse um pouco mais pesadamente. Ela faz morrer e faz viver, e não há ninguém que lhe possa escapar. "Tu, porém, oh! divina vida!, nunca matas a não ser para dar vida, assim como nunca chagas a não ser para sarar. Quando castigas, basta que toques de leve, para logo ser consumido o mundo; mas quando regalas, muito determinadamente te pousas sobre a alma, e não se podem contar as delícias de tua suavidade. Chagaste-me para curar-me, oh! divina mão!, e mataste em mim aquilo que me mantinha morta sem a vida de Deus na qual me vejo agora viver[70]. Isto fizeste

70. "*Du hast in mir getötet, was mich unter dem Baum des Todes fern vom göttlichen Leben gefangen hielt...*" ["Mataste em mim aquilo que, sob a árvore da morte, mantinha-me prisioneira, longe da vida divina..."].

com a liberalidade de tua generosa graça de que usaste para comigo, quando me tocaste com esse toque do resplendor de tua glória e figura de tua substância (Hb 1,3), que é teu Unigênito Filho; nele, que é a tua Sabedoria, tocas fortemente atingindo de um fim até outro fim (Sb 8,1). E este teu Unigênito Filho, oh! mão misericordiosa do Pai, é o toque delicado com que me tocaste e me chagaste na força de teu cautério" (n. 16).

"Oh! pois, toque delicado, tu, ó Verbo Filho de Deus, que, pela delicadeza de teu ser divino, penetras sutilmente a substância de minha alma, e tocando-a toda, delicadamente, em ti a absorves toda com tão divinos gêneros de deleites e suavidades, 'como jamais se ouviu na terra de Canaã, nem se viu em Temã!' (Br 3,22). Oh! pois, muito e muitíssimo delicado toque do Verbo, tanto mais delicado para mim quanto te fizeste sentir suave e fortemente ao profeta no sopro da branda viração depois de derrubados os montes e despedaçadas as pedras no Monte Horeb, com a sombra de teu poder e força que caminhava à tua frente! (Cf. 1Rs 19,11-12). Oh! aragem branda, que sopras tão tênue e delicada, dize: Como tocas sutil e delicadamente, ó Verbo, Filho de Deus, se és tão terrível e poderoso? Oh! ditosa e mil vezes ditosa a alma em que tocas sutil e delicadamente, tu que és tão terrível e possante! Dize isto ao mundo! Ou antes, não o queiras dizer ao mundo, porque ele não entende de aragem branda [...]. Só poderão ver-te e sentir teu toque delicado, Deus meu e vida minha, aqueles que, alheando-se do mundo, se sutilizarem espiritualmente convindo sutil com sutil, e assim se tornem aptos para te sentir e gozar" (n. 17). [...]

"Oh! pois, outra vez e muitas vezes delicado toque, tanto mais forte e poderoso quanto mais delicado! Porque, com a força de tua delicadeza, desfazes e apartas a alma de todos os demais toques de coisas criadas, e te apossas dela somente para ti, unindo-a contigo. Tão delicado efeito e impressão nela deixas, que qualquer outro toque de todas as coisas altas ou baixas lhe parece grosseiro e indigno, tendo por ofensa até mesmo o olhar para elas e sentindo grande pena e tormento em as tratar e tocar!" (n. 18).

Com a delicadeza cresce o poder de compreensão; com a simplicidade e a fineza, tem-se a plenitude da comunicação. A palavra é infinitamente simples e terna; a alma, neste estado, mediante sua delicadeza e purificação, é um recipiente de grande dimensão e conteúdo. Quanto mais sutil e delicado é o toque, tanto maior é o deleite que proporciona. Este toque divino não tem nem forma nem figura, porque a palavra divina não se adapta a nenhum gênero de extensão. Ele é substancial, isto é, concretiza-se na alma pela substância simples de Deus e é, conseguintemente, inefável. É infinito e, portanto, também infinitamente delicado, "que a vida eterna sabe". Isto não é impossível quando a substância de Deus toca a alma em sua substância. O deleite que se sente neste toque é inexprimível. "[...] nem queria eu falar nisso, para não se pensar que é apenas como eu digo, e não mais" (n. 21). Para essas subidas coisas divinas, as almas têm sua forma própria de expressão, compreendida unicamente por aquele a quem são concedidas tais coisas: Ele alegra-se por causa delas e as mantém em segredo. Aqui acontece o mesmo que com o nome sobre a pedrinha branca: ninguém o conhece senão aquele que o recebe (Ap 2,17). Desse modo, o toque divino concede a prelibação da vida eterna, embora a alegria ainda não seja tão completa como na glória eterna. "Goza então a alma nele de todas as coisas de Deus que lhe comunica, e sua fortaleza, sabedoria e amor, formosura, graça, bondade etc. Como Deus encerra em si todas essas perfeições, a alma as saboreia todas num único toque de Deus, gozando delas em suas potências e substância (n. 21). Deste bem da alma redunda por vezes no corpo a unção do Espírito Santo, que produz gozo em toda a substância sensitiva, nos membros, ossos e medula [...], com sentimento de grande deleite e glória, experimentado até nas últimas articulações dos pés e mãos" (n. 22). Nesta prelibação da vida eterna, a alma sente-se ricamente recompensada, muito além de toda medida, por todos os esforços, tribulações, queixas e exercícios de penitência anteriores. Pode-se, portanto dizer: "E paga toda dívida" (n. 22).

Se tão poucos chegam "a tão alto estado de perfeição na sua união com Deus", a causa não deve ser buscada em Deus, pois Ele gostaria que todos fossem perfeitos. Contudo, Ele encontra apenas poucos vasos "capazes de tão alta e sublime obra" (n. 27). Muitos "não querem sujeitar-se ao menor desconsolo e mortificação[71]; [...] Não vai, pois, adiante em os purificar e levantar do pó da terra pelo trabalho da mortificação [...] (n. 27). [...] Ó almas desejosas de andar seguras e consoladas nas coisas do espírito! Se soubésseis quanto vos convém padecer sofrendo, para alcançar esta segurança e consolo! [...] Carregaríeis, de preferência, a cruz, e, nela pregadas, desejaríeis beber fel e vinagre puro e o teríeis por grande ventura vendo como pela vossa morte ao mundo e a vós mesmas: viveríeis para Deus, em deleites espirituais" (n. 28). Na verdade, "àqueles aos quais o Senhor faz tão assinalada mercê"

71. "*...und auch, mit beharrlicher Geduld zu wirken*" ["...e também trabalhar com tenaz paciência"] (Frase sem correspondência em *Obras* – [N.T.]).

(n. 28), hão de ter prestado muitos serviços a Deus, demonstrando grande paciência e constância, tornando-se extremamente agradáveis aos olhos do Senhor pela vida e pelas obras. Assim, "são muito poucos os que merecem ser consumados por sofrimentos" (n. 30).

Em retrospectiva, a alma reconhece que tudo foi para seu bem, e que a luz corresponde às trevas. Não apenas tudo lhe foi recompensado, mas foram-lhe também aniquilados todos os apetites imperfeitos que procuravam tirar-lhe a vida espiritual. Desse modo, a mão de Deus, *matando, a morte em vida me hás trocado* (n. 31).

Neste caso, sob *vida* devem-se entender duas coisas: a visão beatífica de Deus, à qual só podemos chegar através da morte natural, e a vida espiritual perfeita na união com Deus: a ela conduz a mortificação de todos os vícios e inclinações, vale dizer, da própria disposição natural. Aquilo a que a alma aqui chama *morte*, é "todo o homem velho, isto é, ao exercício das potências, memória, entendimento e vontade, ocupado e empregado nas coisas do século, bem como os apetites e gostos de criaturas" (n. 33). Em tudo isso persiste a vida velha, e tem o mesmo significado que a morte da vida nova, a espiritual. No entanto, na vida nova da união todos os apetites e potências da alma, todas as suas inclinações e operações trocam-se em divinas. Ela vive "a própria vida de Deus, e assim sua morte foi trocada em vida, isto é, a sua vida animal se trocou em vida espiritual" (n. 34). Seu entendimento foi remodelado em um entendimento divino; sua vontade, memória e apetites naturais foram todos divinizados. "A substância (*sustancia*) da alma, embora não se possa tornar substância de Deus, porque impossível lhe é transformar-se substancialmente (*sustancialmente*) em Deus, contudo, nessa união em que está vinculada e absorvida em Deus torna-se Deus por participação de Deus" (n. 34). Destarte, agora a alma pode dizer com muito acerto: "Vivo, já não eu, mas é Cristo que vive em mim" (Gl 2,20). "Em tão perfeito estado de vida, sempre anda a alma como em festa, no interior e no exterior; com grande frequência saboreia no seu espírito um grande júbilo de Deus, qual um cântico novo, sempre novo, envolto em alegria e amor, e em conhecimento de seu feliz estado" (n. 36). Deus, que renova todas as coisas, também renova a alma constantemente. Não lhe permite volver atrás, como antes, mas aumenta-lhe os merecimentos. "[...] além do conhecimento que tem das graças recebidas, sente o seu Amado tão solícito em mimoseá-la com tão preciosas, delicadas, e encarecidas palavras, engrandecendo-a com estas e outras mercês, que lhe parece não ter Ele outra pessoa no mundo a quem regalar, nem outra coisa em que se ocupar, mas que Ele todo é só para ela. E, experimentando-o assim confessa como a Esposa dos Cantares: 'O meu Amado é para mim, e eu para Ele'" (Ct 2,16)" (n. 36).

c) No esplendor da glória divina

> Oh! lâmpadas de fogo,
> Em cujos resplendores
> As profundas cavernas do sentido
> – Que estava escuro e cego –
> Com estranhos primores
> Calor e luz dão junto a seu querido!

A alma transborda de gratidão pelas mercês que recebeu da união. Seus sentidos e suas potências, outrora cegos e obscuros, foram esclarecidos e abrasados pelos conhecimentos de amor ardente. Desse modo ela pode retribuir luz e amor ao Amado; nisso deleita-se.

Na união substancial com Deus, a alma reconhece as grandezas e as virtudes de todos os *atributos divinos* que estão encerrados no simples ser divino: sua onipotência, sabedoria, bondade, misericórdia etc. "Cada um desses atributos é o mesmo Ser de Deus numa pessoa, seja no Pai, ou no Filho ou no Espírito Santo, sendo cada atributo o próprio Deus. E por ser Deus luz infinita, e fogo divino infinito, como já dissemos, consequentemente cada um desses inumeráveis atributos resplandece e produz calor como o mesmo Deus; assim cada um deles é uma *lâmpada* que brilha na alma, dando- lhe calor de amor" (*Chama*, Canção III, Explicação, n. 2). Em um único ato da união, a alma recebe conhecimentos dos diversos atributos, de modo que "podemos afirmar que Deus é para ela como muitas lâmpadas juntas que distintamente brilham em luz de sabedoria e produzem calor de amor" (n. 3). Por conseguinte, ela é particularmente inflamada por esta lâmpada e por todas elas conjuntamente, "sendo todos esses atributos [...] o mesmo e único ser de Deus. Logo, todas as lâmpadas são uma só lâmpada, a qual, segundo as virtudes e atributos divinos, brilha e arde como muitas lâmpadas" (n. 3). O resplendor desta lâmpada do ser divino em seu atributo de onipotência confere à alma luz e calor de Deus enquanto é onipotente. Mas ele também preenche-a com resplendor como o onisciente, e assim é, para ela, uma lâmpada de sabedoria. O mesmo acontece com todos os demais atributos que se revelam à alma ao mesmo tempo. A alma recebe deleite admirável do fogo e da luz dessas lâmpadas, uma abundância infinita, pois provém de tantas lâmpadas, e cada uma abrasa a alma em amor; "e se vão unindo o calor de uma ao da outra, bem como a chama de uma à da outra, e a luz de uma à da outra, pois qualquer um dos atributos divinos revela os outros. Assim, todas as lâmpadas juntas tornam-se uma só luz e um só fogo [...]" (n. 5). A alma é desmesuradamente absorvida nessas delicadas chamas, sutilmente chagada de amor, e por todas elas, em conjunto, ainda mais chagada do amor que provém da vida, e "vê muito claramente que aquele amor é de vida eterna, na qual está o conjunto de todos os bens" (n. 5). Deus demonstra à alma seu amor e suas mercês na potência de seus atributos: agracia-a e ama-a com onipotência e sabedoria, na bondade e na santidade, na justiça e na misericórdia, na simplicidade e na pureza etc. Estima-a sumamente, deseja que ela se iguale com Ele e, por isso, mostra-se a ela alegremente nos conhecimentos da união. Ele efunde sobre ela torrentes de amor, e ela torna-se afortunada na perfeita harmonia da alma e do corpo, transformada em um paraíso que Deus cultivou completamente. E o fogo imenso é tão amável, que se torna como águas vivas que impetuosamente aplacam a sede do espírito. Isto sugeria aquele admirável procedimento narrado pelos livros dos Macabeus: o fogo sagrado, que havia sido escondido em uma cisterna, transformou-se em água enquanto estava oculto na cisterna; sobre o altar dos sacrifícios, mudou-se novamente em fogo (cf. 2Mc 1,19-22). O espírito de Deus está como uma água-doce, deleitosa enquanto oculto está nas veias da alma; quando, porém, durante o sacrifício do amor divino, vem à luz, torna-se chamas viva de fogo. Em razão de a alma aqui estar inflamada e exercitar-se em amorosa doação, prefere dar-lhes o nome de lâmpadas em vez de água.

Entretanto, tudo isso não passa de tentativas insuficientes de exprimir o que acontece realmente, "porque a transformação da alma em Deus é indizível" (n. 8).

Quando se fala de *resplendores* nos quais a alma resplandece, quer-se indicar os conhecimentos amorosos dos atributos divinos. Unida a estes atributos, ela transforma-se em resplendores amorosos e resplandece como eles mesmos. A luminescência do resplendor divino é totalmente diferente da incandescência das lâmpadas materiais. Com seus clarões, estas iluminam as coisas que estão fora delas; aquela radiação, ao contrário, permite que as coisas brilhem no interior dos raios. De fato, a alma encontra-se *dentro* dos resplendores, e por isso foi remodelada e se tornou, ela própria, convertida em resplendores: assemelha-se ao ar abrasado e transformado em fogo dentro das chamas. Os movimentos das chamas, suas tremulações e cintilações provêm da alma e do Espírito Santo ao mesmo tempo; eles vêm a ser "não só resplendores, mas também glorificações de Deus na alma; porque tais movimentos e labaredas são como jogos e festas joviais que o Espírito Santo realiza na alma" (n. 10), dos quais já se falou anteriormente. Parece que, desse modo, Ele quer conceder-lhe a vida eterna e a plena glorificação. Esta é a meta a que visam os benefícios anteriores e os subsequentes. Contudo, por mais poderosamente que os estímulos do Espírito Santo possam operar, a subida até à plenitude da bem-aventurança só é possível quando a alma "sair da esfera [...] dessa vida mortal, e enfim possa entrar no centro do espírito que é a vida perfeita em Cristo" (n. 10).

Quando se falou dos *movimentos* das chamas não se deve atribuí-los propriamente a Deus, mas à alma. Com efeito, Deus é imutável; apenas lhe parece à alma que Ele se move dentro dela.

Os *resplendores* também podem ser chamados de *obumbração*, como o fez o anjo durante a anunciação (Lc 1,35).

De fato, *ensombrar* ou *cobrir com sombras* significa "amparar, favorecer, conceder graças" (n. 12). Ou seja, tão logo a sombra de uma pessoa cobre alguém, é sinal de que ela está próxima para favorecer e amparar. Ora, a sombra que uma coisa projeta configura-se de agora em diante com a natureza da coisa: "Por exemplo, se o objeto é opaco e escuro, projeta sombra escura; se é claro e leve, faz sombra clara e leve" (n. 13). Assim são as sombras dos resplendores das lâmpadas divinas: a lâmpada da formosura produz como sombras na alma outra formosura; a lâmpada da fortaleza, outra fortaleza, e a sombra da sabedoria de Deus é, por sua vez, uma sabedoria. Por melhor dizer: a sabedoria, a formosura e a fortaleza de Deus estão envoltas em sombras porque a alma, na terra, não as pode compreender perfeitamente. Entretanto, visto que esta sombra corresponde totalmente a Deus, à sua substância e aos seus atributos, na sombra a alma reconhece nitidamente a sublimidade de Deus. A onipotência e a sabedoria de Deus, sua infinita bondade e sua felicidade se passam "no meio de claras e incendidas sombras, produzidas por aquelas claras e incendidas lâmpadas" (n. 15), e são entendidas e saboreadas pela alma. Desta forma, ela reconhece e goza de todas as riquezas reunidas na infinita unidade e simplicidade do ser divino. O conhecimento de um atributo não é impedimento para conhecer e gozar de outro; ao contrário, cada formosura e virtude é uma luz que revela, a seu turno, outra grandeza. A pureza da sabedoria divina leva-nos a ver nela muitas coisas como se fossem uma.

Toda essa glória enche "as profundas cavernas do sentido". Tal expressão quer indicar as potências da alma: memória, entendimento e vontade. "São tanto mais profundas quanto mais capazes de receber grandes bens" (n. 18). Somente o infinito pode preenchê-las. Assim como foi grande o tormento que suportaram quando estavam vazias, grande agora é o deleite de que gozam, visto que cheias de Deus. Elas não haviam sentido o imenso vazio de sua profunda capacidade enquanto não tivessem sido esvaziadas, purificadas e limpas de todo apego às criaturas. A mais ínfima ninharia a que se apeguem, torna-as insensíveis, de tal sorte "que não sentem quanto lhes prejudica; não percebem os imensos bens que possuem nem conhecem a sua capacidade para eles. É coisa espantosa que, sendo as potências capazes de bens infinitos, no entanto baste o menor deles para as impedir de receber os infinitos [...]. Quando, porém, estão vazias e purificadas, é intolerável a sede, fome, e ânsia da parte espiritual; porque sendo profundos os estômagos destas cavernas, penam profundamente, uma vez que é também profundo o manjar que lhes falta, a saber, o próprio Deus. Este tão grande sentimento [de fome e de sede] padece a alma de ordinário, perto do fim da sua iluminação e purificação [...]" (n. 18). Quando o apetite espiritual se acha purificado de toda criatura e de toda afeição dela, então a alma substituiu seu modo de ser natural por aquele divino, e possui um espaço vazio e preparado para ele. No entanto, uma vez que aquele modo divino ainda não lhe foi comunicado na união com Deus, "a pena deste vazio e sede chega a ser pior do que a morte. Isto acontece, sobretudo, quando, por alguns visos ou resquícios, transluz algum raio divino sem, todavia, lhe ser comunicado. Tais são as almas que padecem com amor impaciente, e não podem ficar muito tempo sem receber, ou morrer" (n. 18).

A primeira caverna é o *entendimento*; seu vazio é a *sede de Deus*, e anseia pela *sabedoria* divina. A segunda caverna é a *vontade*, que sente *fome* de Deus e *deseja* a perfeição de *amor*. A terceira caverna é a *memória*. Ela *derrete*-se pela *posse de Deus*. O que essas cavernas podem conter é Deus. E porque Deus é profundo e infinito, assim, em certo sentido, a capacidade de apreensão delas é também infinita; a sede e a fome delas são infinitas; o seu aniquilar-se e seu tormento são uma morte sem fim. Embora esse tormento ainda não seja tão profundo como na outra vida, mesmo assim oferece dele uma imagem viva, visto que a alma já possui a prontidão necessária para assumir em si a plenitude da vida eterna. Entretanto, em razão de essa tribulação ter seu lugar na vida, não há nenhum lenitivo para ela, "pois quanto maior é ele, tanto mais impaciente se torna pela posse de seu Deus, pelo qual suspira com intenso desejo a cada momento" (n. 22).

Todavia, se a alma, na verdade, anseia por Deus, então já possui aquele a quem ama, e assim parece que já não pode sentir nenhuma dor. "No desejo que [...] têm os anjos de ver o Filho de Deus (1Pd 1,12), não há pena ou ânsia alguma, porque já o possuem; logo, parece também que a alma, possuindo a Deus na mesma medida em que o deseja goza dele com deleite e fartura. [...] A alma, portanto, deveria sentir agora não só dor e pena, mas tanto maior fartura e deleite quanto mais intenso é o seu desejo, pois na medida em que deseja, possui a Deus" (n. 23).

Talvez convenha aqui observar que a *posse de Deus* deve ser entendida de dois modos: posse *pela graça* e *pela união*. Ambas relacionam-se mutuamente, mais ou menos como *noivado* e *matrimônio*. No noivado, faz-se um acordo: a noiva e o noivo às vezes visitam um ao outro e trocam presentes, mas a comunicação recíproca das pessoas e a união só acontecem no matrimônio. Assim, estando a alma perfeitamente purificada, a vontade de Deus e a dela se unificaram em livre-concordância;

ela, então, "há chegado a ter em Deus, pela graça de sua vontade, tudo quanto pode possuir por esta via da vontade e da graça. Em correspondência a este 'sim' da alma, Deus lhe dá de sua parte o 'sim' verdadeiro e total de sua graça[72] (n. 24). É um estado muito sublime este do noivado espiritual da alma com o Verbo; nele, o Esposo lhe concede grandes mercês, e muitas vezes visita-a amorosissimamente, cumulando-a, nessas visitas, de imensos benefícios e deleites" (n. 25). Entretanto, o que lhe é testemunhado em afetos não se compara com o matrimônio místico; é apenas preparação para ele. Com efeito, para isso é necessário não apenas a purificação de toda afeição de criatura, mas também outras disposições operadas mediante visitas e dons divinos, a fim de que ela sempre mais formosa, pura e afinada, torne-se mais digna de tão alta união. A este respeito, isto requer tempo mais longo para um, menos longo para outro. A preparação dá-se pelas unções do Espírito Santo. Durante esse tempo, "quanto mais sublimes são os unguentos [...], as ânsias das cavernas da alma costumam ser extremas e delicadas. Como tais unguentos são agora mais proximamente dispositivos para a união de Deus, por serem mais chegados a Ele, dando-lhe consequentemente o gosto de Deus e estimulando delicadamente o seu apetite de possuí-lo, tornam o seu desejo mais delicado e profundo, porque esse mesmo desejo de Deus é disposição para unir-se com Ele" (n. 26).

Os unguentos do Espírito Santo "são já tão sutis e de tão delicada unção, que penetram na profundidade da íntima substância da alma, dispondo-a e deliciando-a;

72. "...das will sagen: Gott hat der Seele in ihr Sein sein wahres Sein und die Fülle seiner Gnade hineingelegt" ["...isto quer dizer: Deus colocou no ser da alma seu verdadeiro ser e a plenitude de sua graça"].

e assim é sem limites o que ela padece, desfalecendo em desejo e com o vazio imenso dessas cavernas" (n. 68). Contudo, quanto mais refinada foi a preparação, tanto mais plenamente o *sentido da alma* desfrutará da posse no matrimônio. "Pelo sentido da alma compreende-se aqui a virtude e força que possui a substância íntima da mesma alma para saborear e sentir os objetos das potências espirituais, com as quais goza da sabedoria, do amor, e da comunicação de Deus" (n. 69). A alma denomina suas potências de *profundas cavernas dos sentidos*, porque nelas ela goza a sublimidade da sabedoria e das perfeições de Deus. "Com efeito, percebe que podem conter os profundos conhecimentos e resplendores das lâmpadas de fogo, e, consequentemente, conhece que têm tanta capacidade e tantas cavidades quantas são as coisas distintas que lhes são dadas, seja inteligências ou sabores, gozos ou deleites, de Deus" (n. 69). Tal como o sentido comum da imaginação é o receptáculo e o arquivo das imagens e das formas dos sentidos, "assim o sentido comum da alma por sua vez se torna receptáculo e arquivo das grandezas de Deus; tanto mais rico e iluminado fica quanto maiores e mais sublimes são os bens que possui" (n. 69). Outrora estava *cego e obscuro* – ou seja, antes que a alma fosse iluminada e esclarecida por Deus. O olho corporal não pode ver quando está às escuras ou quando é cego. De igual modo, também a alma, mesmo na mais acurada potência visual, nada reconhece se Deus, sua luz, não a iluminar. Em sentido inverso, se seu olho espiritual ficar cego pelos pecados ou pelo apetite por alguma coisa criada, a luz divina jorra inutilmente sobre ela. Ela não reconhece sua própria obscuridade, isto é, sua ignorância. Deve-se fazer uma distinção entre as *trevas* do pecado e a *obscuridade*: a ignorância inculpada diz respeito a coisas naturais ou sobrenaturais. Desse modo, o sentido da alma, antes da purificação, encontrava-se às escuras em duplo sentido. De fato, "até dizer o Senhor: *fiat lux*, estavam as trevas sobre a face do abismo dessa caverna do sentido da alma; este abismo do sentido, quanto mais profundo é, e quanto mais profundas e insondáveis são as suas cavernas, tanto mais profundas são também as trevas em que se acha a respeito do sobrenatural, quando Deus, que é sua luz, não o ilumina. Assim lhe é impossível alçar os olhos à divina luz, ou admiti-la em seu pensamento, porque, não havendo visto essa luz, não sabe como ela é. Logo não poderá desejá-la; ao contrário, todo o seu desejo é pelas trevas, pois sabe por experiência o que elas são [...]" (n. 71). Quando, porém, Deus concede à alma a luz da graça, ilumina-se-lhe o olho espiritual, abrindo-se para a divina luz. E como antes, um abismo de trevas atrai outro abismo (Sl 19,3), assim agora um abismo de graça chama o outro, nomeadamente para a transformação da alma em Deus. Em seguida a luz de Deus se identifica totalmente com a luz da alma, a luz natural da alma une-se com a luz sobrenatural de Deus, e brilha já unicamente a sobrenatural. O sentido da alma também estava cego porque se comprazia em outra coisa que não Deus. O apetite encontrava-se como catarata ou como névoa diante do olhar da razão; estava cego para as sublimes formosuras e riquezas de Deus. A mais ínfima coisa colocada perto do olho tolhe-lhe a visão de outros objetos situados mais distantes. Conseguintemente, basta um leve apetite para impossibilitar à alma a visão de todas as glórias de Deus. Em tal estado, "o olho do juízo" só vê aquela névoa ora de uma cor, ora de outra; pensa que a névoa é Deus porque se interpõe no sentido; Deus, no entanto, não se encaixa no âmbito do sentido. As pessoas que ainda não se libertaram de todos os apetites e gostos devem convencer-se de que julgam ao contrário. O que para o sentido é vil e baixo, mas satisfaz os sentidos, consideram como algo grandioso; o que é elevado para o espírito, mas apela pouco aos sentidos, têm em pouca conta. Para a pessoa sensual, ou seja, para aquela que vive totalmente segundo seus apetites e gostos naturais, também os desejos que têm sua origem no espírito se tornam meramente naturais. Mesmo quando a alma anseia por Deus, tal desejo nem sempre é sobrenatural, mas somente quando Deus o infunde e lhe concede vigor.

Desse modo, os sentidos da alma, com seus desejos e gostos, eram obscuros e cegos. Agora, porém, foi iluminada pela união sobrenatural com Deus, aliás, mais ainda: Ele mesmo, com suas próprias potências, é uma luz resplandecente e pode "Com estranhos primores, calor e luz dão junto a seu Querido" (n. 76).

As cavernas das potências da alma são inundadas pelos resplendores das lâmpadas divinas. Elas mesmas ardem agora e enviam a Deus em Deus os resplendores que receberam, em amorosa felicidade, como o vidro reverbera o brilho do raio de sol que jorra, mas muito mais sublime na alma, porque aí se tem o exercício da vontade. Acontece em uma plenitude totalmente singular, que supera todo pensamento comum e não se deixa expressar por palavras. Conforme o primor no qual o entendimento, tendo-se tornado um com Deus, recebe a sabedoria, também a reverbera de volta. E na medida do primor com o qual a vontade está unida à bondade divina, ela retribui a Deus em Deus. De fato, a alma só recebe para dar de volta: toda luz e todo calor de amor que o Amado lhe transmite, ela lhos devolve. Mediante a transformação substancial, ela tornou-se sombra de Deus, e "age em Deus por Deus do mesmo modo que Ele age nela por si próprio, e de modo idêntico ao seu [...]. Logo, na medida em que Deus a ela se dá, com livre e graciosa vontade, tendo a mesma alma também a vontade tanto mais livre e generosa quanto mais unida a Ele, faz o dom de Deus ao mesmo Deus em Deus [...]. Conhece então que Deus verdadeiramente é todo seu, e que ela o possui como herança, com direito de propriedade, como filha adotiva de Deus [...]; vê que como coisa própria sua, o pode dar e comunicar a quem quiser, por sua livre-vontade. E, assim, a alma o dá a seu Querido, que é o mesmo Deus que a ela se deu [...] (n. 78). [...] a alma sente inestimável deleite e fruição, pois vê que pode ofertar a Deus, como coisa própria, um dom proporcionado ao seu infinito Ser. [...] Deus fica pago com aquela dádiva da alma e, a não ser com isto, não se daria por pago. Recebe Ele agradecido esse dom que lhe faz a alma daquilo que a ela pertence; e nessa mesma dávida, a alma ama a Deus com um novo amor de retribuição. Forma-se, deste modo, entre Deus e a alma um amor recíproco, como na união e entrega do matrimônio em que os bens são comuns a ambos. Esses bens consistem na divina essência, e cada um os possui livremente em razão da entrega voluntária de um ao outro, possuindo-os ao mesmo tempo conjuntamente [...] (n. 79). Aqui está a grande satisfação e alegria da alma: ver que dá a Deus mais do que ela própria é e vale em si mesma, e que o faz com aquela luz divina e calor divino que recebe de Deus. Esta igualdade de amor se realiza na vida eterna mediante a luz da glória; e aqui na terra, pela fé já muito esclarecida" (n. 80). Assim, "as profundas cavernas do sentido, com estranhos primores, calor e luz dão junto a seu Querido. Junto [...], porque conjuntamente se comunicam a ela o Pai e o Filho e o Espírito Santo, que nela são luz e fogo de amor" (n. 80).

O amor entre Deus e a alma é de uma perfeição absolutamente extraordinária, bem como a fruição que ela nele experimenta, e o louvor e o agradecimento que a Ele dá. A alma ama "a Deus não por si mesma, mas por Ele só. [...] porque ama pelo Espírito Santo, como o Pai e o Filho se amam [...]" (n. 82). Além disso, a alma ama Deus em Deus: "De fato, nesta veemente união, a alma se absorve no amor de Deus, e Ele, por sua vez, com grande veemência se entrega à alma" (n. 82). Enfim, "a alma ama a Deus, nesta transformação, por ser Ele quem é; não o ama, com efeito, pela generosidade, bondade, e glória com que Deus se comunica a ela, mas o ama de modo muito mais forte, porque Deus em si mesmo contém essencialmente todos esses atributos" (n. 82).

De igual modo, a *fruição* é tão sublime porque é um gozo de Deus por Ele mesmo. Efetivamente, segundo o entendimento, aqui a alma está unida com a onipotência, a sabedoria e a bondade de Deus; e posto que isso não aconteça de modo tão claro quanto na outra vida, sua alegria em todas as coisas claramente reconhecidas é, no entanto, extraordinariamente grande. Demais, agora a alma encontra seu agrado apenas em Deus, sem mescla de criatura alguma. E ela goza Deus unicamente pelo que Ele próprio é, sem a intromissão da satisfação pessoal.

O *louvor* dela é caracterizado pelo fato de oferecê-lo para cumprir seu dever, porque reconhece que Deus a criou para louvá-lo. Ela louva-o, além disso, por causa das mercês e graças que recebe, e em razão da alegria que sente em louvar a Deus. Para além disso, porém, ela louva-o pelo que Ele é em si mesmo; "e ainda que a alma não sentisse alegria alguma, louvaria sempre a Deus por ser Ele quem é" (n. 84)[73].

d) Vida amorosa secreta

Quão manso e amoroso
Despertas em meu seio
Onde Tu só secretamente moras;
Nesse aspirar gostoso,
De bens e glória cheio,
Quão delicadamente me enamoras!

A alma fala de uma operação admirável de Deus, que ela ocasionalmente percebe em si. Ela tem diante dos olhos a imagem de uma pessoa que desperta do sono e respira, pois ela realmente tem a sensação de que algo semelhante lhe acontece.

"São muitas as maneiras deste despertar de Deus na alma; tantas, que se nos puséssemos a enumerá-las jamais acabaríamos. Este de agora, porém, que a alma quer exprimir como sendo feito pelo Filho de Deus, é, a meu parecer, dos mais sublimes e de maior proveito para ela; porque consiste num movimento do próprio Verbo na substância da alma, com tanta grandeza, majestade e glória, e de tão íntima suavidade, que ela sente como se todos os bálsamos e espécies aromáticas e todas as flores do universo fossem revolvidos e agitados, combinando-se para exalar seus mais suaves perfumes. Parece-lhe também que se movimentam todos os reinos e senhorios

73. Fim da explicação da Canção III.

do mundo, juntamente com as potestades e virtudes do céu. [...] mas ainda todas as virtudes e substâncias, perfeições e graças, encerradas nas coisas criadas, reluzem e se põem, por sua vez, em movimento uníssono e simultâneo. [...] Daí, ao mover-se no íntimo da alma este altíssimo Imperador, o qual [...] traz sobre o ombro o seu Principado, isto é, as três máquinas, celeste, terrestre e infernal, [...] sustentando-as todas com o verbo de sua virtude [...], consequentemente todas as coisas criadas parecem mover-se [...] de modo semelhante ao que se dá com a terra cujo movimento arrasta consigo todas as coisas materiais a se moverem também, como se nada fossem" (*Chama*, Canção III, Explicação, n. 4).

"Bastante imprópria é ainda esta comparação; porque não somente todos os seres criados parecem movimentar-se, mas também desvendam à alma as belezas próprias de cada um deles, bem como suas virtudes, encantos e graças, e a raiz de sua duração e vida. De fato, a alma ali verifica como todas as criaturas superiores e inferiores têm em Deus sua vida, força e duração; [...] todavia é tão grande o conhecimento de que Deus contém eminentemente em Seu Ser infinito todas essas coisas, que ela as conhece melhor no Ser de Deus do que nelas mesmas. Eis aí o grande deleite deste despertar; conhecer as criaturas por Deus, e não a Deus pelas criaturas [...]" (n. 5).

"Maravilhoso é este movimento na alma, sendo Deus imutável; porque embora Deus realmente não se mova, parece à alma que na verdade se move. Sendo ela renovada e movida por Deus, para que perceba esta vista sobrenatural, e sendo-lhe manifestada de modo tão novo aquela vida divina, na qual se encerra o ser e a harmonia de todas as criaturas, com seus movimentos em Deus, por isso lhe parece ser Deus quem se move, tomando então a causa o nome do efeito que produz" (n. 6).

É o que acontece também à alma que é despertada do sono da visão natural para a sobrenatural. "Assim, o que entendo quanto ao modo de produzir-se este despertar e esta vista da alma é o seguinte. Estando ela em Deus substancialmente, como está toda criatura, tira-lhe Ele alguns dos muitos véus e cortinas que a alma tem diante de si a fim de que o possa ver como Ele é. Transparece, então, e dá-se a perceber algum tanto, embora obscuramente – porque não são tirados todos os véus –, aquela sua face cheia de graças, a qual, como está movendo todas as coisas com a sua virtude, toma a semelhança daquilo que está fazendo, e parece mover-se Deus nas criaturas, e as criaturas em Deus, com movimento contínuo. Eis o motivo de se afigurar à alma que Ele se moveu e despertou, quando de fato ela é que foi movida e despertada (n. 7). [...] A Deus é atribuído então o que havia nos homens, pois estando eles adormecidos e prostrados, pedem ao Senhor que se levante e desperte, quando na verdade jamais dorme [...]. É certo, todavia, quando todo o bem do homem procede de Deus, e Ele nenhuma coisa boa pode fazer de si mesmo – podermos verdadeiramente dizer que nosso despertar é despertar de Deus, e nosso levantar é levantar de Deus. [...] E estando a alma adormecida em um sono do qual jamais pudera por si mesma despertar, sendo Deus o único que lhe pôde abrir os olhos e fazer esta ação de despertá-la, com muito acerto dá o nome de 'despertar de Deus' [...] (n. 9). É de todo indizível o que a alma conhece e sente da grandeza de Deus neste despertar" (n. 10). A excelência de Deus se comunica à essência da alma (a que ela chama de seu *seio*) e revela-se com imensa força, "como a voz de uma multidão de grandezas, e milhares de milhares de virtudes incontáveis de Deus. E a alma, ali, imóvel, no meio delas, acha-se firme e terrível como um exército em ordem de batalha; e ao mesmo tempo se queda suavizada e agraciada com todas as suavidades e graças das criaturas" (n. 10). A razão pela qual a alma, na fraqueza da carne, não desfalece nem perece de pavor em um tão maravilhoso despertar, tem sua explicação no fato de que ela já se encontra no estado de perfeição. A parte inferior está inteiramente purificada e conformada à espiritual, de modo que já não sofre nenhum detrimento ou pena nas comunicações espirituais como antes. Além disso, Deus mostra-se "manso e amoroso". Ele provê a que a alma não sofra nenhum detrimento e protege-lhe o natural enquanto comunica sua glória ao espírito. Por isso é que a alma experimenta nele tanto amor e mansidão quanto poder, majestade e grandeza. Quanto mais poderoso é o deleite, tanto mais forte é também o amparo, em mansidão e amor, para poder suportar a força desse gozo. Desta forma, a alma torna-se antes mais poderosa e mais forte do que desfalecida. O rei do céu mostrar-se-lhe de igual a igual, e irmão. Desce de seu trono, inclina-se para ela e abraça-a. Veste-a com vestes reais: com as admiráveis potências de Deus, envolve-a com o resplendor do ouro que é a caridade e permite que nela transluza a pedra preciosa do conhecimento das substâncias superiores e inferiores. Tudo isso se passa na mais íntima substância da alma, "onde Tu só secretamente moras". Obviamente Deus mora em todas as almas em segredo e oculto – do contrário não poderiam subsistir. Contudo, em algumas Ele mora sozinho, em outras não; aqui com complacência, ali a contragosto. Em algumas Ele mora como em sua própria casa, governando e dirigindo tudo; em outras, como um estranho a quem ninguém deixa mandar e nem permite fazer nada. Quanto menos uma alma estiver presa a seus próprios apetites e gostos, tanto mais Ele aí mora sozinho e como em sua própria casa, e quanto mais sozinho, mais secretamente Ele mora aí. Em uma alma que está livre de todos os apetites, de todas as formas e figuras, e despida de afetos de quaisquer criaturas, aí reside Ele mui secretamente e no abraço mais íntimo. Nem o demônio, nem o entendimento humano podem imaginar o que acontece. À alma, porém, neste nível de perfeição, não permanece oculto, uma vez que o sente sempre em si. Entretanto, neste processo ainda existe aquela diferença entre sono e despertar. Às vezes, é como se o Amado estivesse adormecido nela, de modo que nenhuma comunicação de amor e de conhecimento é possível, e depois, uma vez mais, é como se Ele despertasse. Ditosa é a alma que de contínuo sente vivamente que Deus nela repousa e encontra refrigério! Ela deve conservar-se em incomensurável silenciosa quietude a fim de que nenhum movimento e nenhum ruído disturbe o Amado: se Ele quisesse ficar sempre desperto nela e comunicar-lhe os tesouros do conhecimento e amor, então ela já estaria no estado de glória. Nas almas que ainda não alcançaram a união de amor, na maioria das vezes Ele permanece oculto. De maneira geral, não o percebem, mas apenas quando Ele as desperta cheias de gozo. Este despertar é diferente daquele no estado de perfeição. Aqui, também, nem tudo está oculto ao demônio e ao entendimento humano como lá, pois, em tais almas, nem tudo é espiritual até o momento; nelas ainda se acham estímulos da sensualidade. Naquele despertar, entretanto, que o próprio Esposo opera nas almas perfeitas, tudo é perfeito, porque Ele é quem o realiza. O respiro e o despertar das almas são, nessa altura, como no caso de alguém que desperta e respira; ela sente aí a aspiração de Deus. Por esta razão diz nos versos seguintes:

> Nesse aspirar gostoso,
> De bens e glória cheio,
> Quão delicadamente me enamoras!

"Em tal aspiração, cheia de bens e glória, e de delicado amor de Deus para a alma, não quisera eu falar, nem mesmo o desejo porque vejo claro que não tenho termos com que o saiba exprimir, e pareceria que os tenho, se o dissesse. Na verdade, trata-se de uma aspiração feita por Deus na alma, em que por meio daquele despertar – que é conhecimento sublime da Divindade –, o Espírito Santo a aspira na mesma medida da inteligência e notícia de Deus que lhe concede, absorvendo-a o mesmo Espírito Santo. De modo profundíssimo, e enamorando-a com primor e delicadeza divina correspondentes ao que a alma viu em Deus. Sendo essa aspiração cheia de bens e glória, por ela o Espírito Santo encheu a alma de bens e glória, e nisto a enamorou de si mesmo, além de toda expressão e sentimento nas profundezas de Deus [...]" (n. 16-17)[74].

e) Singularidade de **Chama viva de amor** *em comparação com os escritos mais antigos*

Se a sensação de impotência diante do indizível impõe ao santo o silêncio – como ousamos acrescentar a suas palavras uma explicação objetiva? Apenas gostaríamos de agradecer-lhe o fato de nos permitir um vislumbre de uma terra maravilhosa, um paraíso terrestre no

74. Fim de *Chama viva de amor*.

limiar do celeste. No entanto, devemos tentar conectar o que ele aqui nos revelou com o que já é conhecido. O amor às almas abriu-lhe os lábios: ela quer encorajá-las no árduo caminho da cruz, no caminho íngreme e estreito que culmina em cimo tão claro e venturoso.

Com isso se evidencia brevemente a coesão entre *Chama viva de amor* e os dois escritos que tinham como objeto o próprio caminho da cruz: *Subida* e *Noite*. Uma confrontação verdadeira do conteúdo cognitivo só seria possível se tivéssemos diante de nós as partes perdidas ou jamais escritas de ambos os escritos mais antigos. Mesmo assim, é provável que se possa dizer pelo menos isso: em conformidade com o que aquelas duas obras antecipadamente, em algumas passagens, sugeriram a respeito da união, tem-se a impressão de que existe uma nova base de experiência. A disposição fundamental permaneceu inalterada: não há nenhuma outra via para a união senão através da cruz e da noite, da morte do homem velho. Também não se deve eliminar posteriormente o que foi reiteradas vezes enfatizado: que o poeta e intérprete do *Cântico da noite* já havia alcançado a união. No entanto, a união pareceu realizar-se na noite, ou seja, na cruz. Até que ponto o céu pode abrir-se já nesta vida, somente mais tarde é que o santo parece ter beatificamente experimentado.

De igual modo, o destino exterior do último escrito foi mais feliz do que o dos anteriores. Com isso não se quer apenas dizer que ele foi concluído e conservado em sua inteireza. Se os outros, de fato, ficaram inacabados – deixamos sempre aberta esta questão –, isso deveu-se, talvez, ao fato de que a explicação, ali, foi escrita posteriormente, e não apenas em um distanciamento cronológico, mas também espiritual do cântico. *Subida* e *Noite* são mais fortemente instrutivos do que a interpretação de *Chama viva de amor*. O pensador encontra-se diante da poesia, da condensação de sua experiência originária quase como que diante de algo estranho; em todo caso, como diante de algo objetivamente dado. E a ânsia de explicar intelectualmente os conceitos fundamentais e as imagens condutoras arrasta-o de tal modo consigo, que sua intenção original de explicar o poema estrofe por estrofe, verso por verso, logo é abandonada em *Subida,* e em *Noite,* só tardiamente é realizada. Em *Chama viva de amor*, ao contrário, a poesia e a explicação formam uma só coisa. O fato de se ter passado algum tempo entre a redação de uma e a da outra não prejudicou a unidade – pelo contrário: João hesitou em começar a explicação porque esta, como tarefa do entendimento natural, pareceu-lhe inexequível. Ele decidiu-se a isso quando a *Chama viva de amor* se elevou novamente nele, inundando-o de luz celestial. O que ele havia escrito anteriormente abriu-se agora por si mesmo mais profundamente. Assim, deu-se espontaneamente a íntima conexão na sequência de pensamento das quatro estrofes. A unidade do todo só é interrompida em uma passagem por uma discussão mal-humorada com os guias espirituais diletantes[75]. À parte isso, o escrito forma um todo harmonioso, conduzido, como nenhum outro, do início ao fim, por um dinamismo poético e místico. Da abundância de luz resulta também uma particular peculiaridade de estilo. O santo sempre viveu na Sagrada Escritura. Por toda parte, espontaneamente se lhe impunham imagens e comparações da Sagrada Escritura, a que ele recorreu com gosto,

75. *Chama viva de amor*, Explicação da Canção 3, n. 42-67. Omitimos aqui esta inserção para não romper o nexo objetivo. Recorremos a ela em nossa III Parte.

a fim de assegurar e fortalecer pela palavra da Escritura o que a própria experiência lhe ensinava. Contudo, a assonância da própria experiência com a Palavra de Deus revelada e os acontecimentos da história salvífica é, aqui, especialmente convincente[76]. A gente sente como se, para o santo, os véus são tirados, e tudo se lhe torna transparente para a clarificação da comunicação secreta entre Deus e a alma. O que para o olhar não iluminado do leitor comum não passa de evento exterior, ele *lê*-o naturalmente como expressão de um acontecimento místico. Só para citar *um* exemplo: para João, Mardoqueu, que havia salvado a vida do Rei Assuero, é a imagem da alma que serve fielmente ao Senhor sem nada receber em troca. Mas eis que, de repente, "como foi feito ao mesmo Mardoqueu, pagam-lhe todos os trabalhos e serviços, e não só a fazem apresentar-se diante do Rei, adornada com as vestes reais, mas também lhe dão coroa e cetro, além do trono, com a posse do anel real, para que faça tudo o que quiser, e o que não quiser, não faça, no reino de seu Esposo" (*Chama,* Canção II, n. 31).

§ 2. O cântico nupcial da alma

a) O Cântico espiritual *e sua relação com os demais escritos*

Em todos os seus escritos, sempre que João falava da união da alma com Deus, com prazer lhe brotavam dos lábios palavras do Cântico dos Cânticos. Naquela época, porém, em que sua própria alma provavelmente

76. Nossa interpretação do conteúdo de *Chama viva de amor* oferece dele apenas uma imagem bastante pálida, porque da abundância dos exemplos escriturísticos, apresentamos apenas muito poucos (também no caso dos outros escritos). Quem quiser ter a impressão correta deve ler, por si mesmo, as obras do santo.

estava abalada por todas as dores e deleites do amor – nos meses de masmorra em Toledo –, ali renasceu em seu coração o imemorial cântico nupcial místico, que nos foi transmitido em duas versões, cuja diferença é importante para nós.

Canciones entre el alma y el esposo	Canções de amor entre a alma e Deus
Esposa	*Esposa*
I[77] *¿Adónde te escondiste,* *Amado, y me dejaste con gemido?* *Como el ciervo huiste,* *Habiéndome herido;* *Salí tras ti clamando, y eras ido.*	I Onde é que te escondeste, Amado, e me deixaste com gemido? Como o cervo fugiste, Havendo-me ferido; Saí, por ti clamando, e eras já ido.
II *Pastores, los que fuerdes* *Allá por las majadas al otero,* *Si por ventura vierdes* *Aquel que yo más quiero,* *Decilde que adolezco, peno y muero.*	II Pastores que subirdes Além, pelas malhadas, ao Outeiro, Se porventura virdes Aquele a quem mais quero, Dizei-lhe que adoeço, peno, e morro.
III *Buscando mis amores,* *Iré por esos montes y riberas,* *Ni cogeré las flores,* *Ni temeré las fieras,* *Y pasaré los fuertes y fronteras.*	III Buscando meus amores, Irei por estes montes e ribeiras; Não colherei as flores, Nem temerei as feras, E passarei os fortes e fronteiras.

77. Os algarismos romanos I, II e III só foram inseridos na segunda versão.

Pregunta a las criaturas	*Pergunta às criaturas*
IV *¡Oh, bosques y espesuras,* *Plantadas por la mano del Amado!* *¡Oh, prado de verduras,* *De flores esmaltado!* *Decid si por vosotros ha pasado.*	IV Ó bosques e espessuras, Plantados pela mão de meu Amado! Ó prado de verduras, De flores esmaltado, Dizei-me se por vós ele há passado!
Respuesta de las criaturas	*Resposta das criaturas*
V *Mil gracias derramando,* *Pasó por estos sotos con presura,* *Y, yéndolos mirando,* *Con sola su figura* *Vestidos los dejó de hermosura.*	V Mil graças derramando, Passou por estes soutos com presteza, E, enquanto os ia olhando, Só com sua figura A todos revestiu de formosura.
Esposa	*Esposa*
VI *¡Ay!, ¿quién podrá sanarme?* *Acaba de entregarte ya de vero;* *No quieras enviarme* *De hoy más ya mensajero,* *Que no saben decirme lo que quiero.*	VI Quem poderá curar-me?! Acaba de entregar-te já deveras; Não queiras enviar-me Mais mensageiro algum, Pois não sabem dizer-me o que desejo.
VII *Y todos cuantos vagan* *De ti me van mil gracias refiriendo,* *Y todos más me llagan,* *Y déjame muriendo* *Un no sé qué que quedan balbuciendo.*	VII E todos quantos vagam, De ti me vão mil graças relatando, E todos mais me chagam; E deixa-me morrendo Um "não sei quê", que ficam balbuciando.

VIII *Mas, ¿cómo perseveras,* *¡Oh vida!, no viviendo donde vives,* *Y haciendo porque mueras* *Las flechas que recibes,* *De lo que del Amado en ti concibes?*	VIII Mas como perseveras, Ó vida, não vivendo onde já vives? Se fazem com que morras As flechas que recebes Daquilo que do Amado em ti concebes?
IX *¿Por qué, pues has llagado* *aqueste corazón, no le sanaste?* *Y pues me le has robado,* *¿Por qué así le dejaste,* *Y no tomas el robo que robaste?*	IX Por que, pois, hás chagado Este meu coração, o não saraste? E, já que mo hás roubado, Por que assim o deixaste E não tomas o roubo que roubaste?
X *Apaga mis enojos,* *Pues que ninguno basta a deshacellos,* *Y véante mis ojos,* *Pues eres lumbre dellos,* *Y sólo para ti quiero tenellos.*	X Extingue os meus anseios, Porque ninguém os pode desfazer; E vejam-te meus olhos, Pois deles és a luz, E para ti somente os quero ter.
XI[78] *Descubre tu presencia,* *Y máteme tu vista y hermosura;* *Mira que la dolencia* *De amor, que no se cura* *Sino con la presencia y la figura.*	XI Mostra tua presença! Mate-me a tua vista e formosura; Olha que esta doença De amor jamais se cura, A não ser com a presença e com a figura.

78. Esta estrofe foi inserida na segunda versão.

XI (XII) *¡Oh, cristalina fuente,* *Si en esos tus semblantes plateados* *Formases de repente* *Los ojos deseados,* *Que tengo en mis entrañas dibujados!*	XI (XII) Ó cristalina fonte, Se nesses teus semblantes prateados Formasses de repente Os olhos desejados Que tenho nas entranhas debuxados !
XII (XIII) *¡Apártalos, Amado,* *Que voy de vuelo!*	XII (XIII) Aparta-os, meu Amado, Que eu alço o voo.
Esposo	*Esposo*
Vuélvete, paloma, *Que el ciervo vulnerado* *Por el otero asoma,* *Al aire de tu vuelo, y fresco toma.*	Oh! Volve-te, columba, Que o cervo vulnerado No alto do outeiro assoma, Ao sopro de teu voo, e fresco toma.
Esposa	*Esposa*
XIII (XIV) *Mi Amado: las montañas,* *Los valles solitarios nemorosos,* *Las ínsulas extrañas,* *Los ríos sonorosos,* *El silbo de los aires amorosos.*	XIII (XIV) No Amado acho as montanhas, Os vales solitários, nemorosos, As ilhas mais estranhas, Os rios rumorosos, E o sussurro dos ares amorosos;
XIV (XV) *La noche sosegada* *En par de los levantes de la aurora,* *La música callada,* *La soledad sonora,* *La cena, que recrea y enamora.*	XIV (XV) A noite sossegada, Quase aos levantes do raiar da aurora; A música calada, A solidão sonora, A ceia que recreia e que enamora.
Texto B	Texto B

XV[79] *Nuestro lecho florido* *De cuevas de leones enlazado,* *En púrpura tendido,* *De paz edificado,* *De mil escudos de oro* *coronado.*	XV Nosso leito é florido, De covas de leões entrelaçado, Em púrpura estendido, De paz edificado, De mil escudos de ouro coroado.
XVI *A zaga de tu huella* *Las jóvenes discurren al* *camino* *Al toque de centella,* *Al adobado vino,* *Emisiones de bálsamo divino.*	XVI Após tuas pisadas Vão discorrendo as jovens no caminho, Ao toque de centelha, Ao temperado vinho, Dando emissões de bálsamo divino.
XVII *En la interior bodega* *De mi Amado bebí,* *Por toda aquesta vega,* *Ya cosa no sabía,* *Y el ganado perdí que antes* *seguía.*	XVII Na interior adega Do Amado meu, bebi; quando saía, Por toda aquela várzea Já nada mais sabia, E o rebanho perdi que antes seguia.
XVIII *Allí me dió su pecho,* *Allí me enseño ciencia muy* *sabrosa,* *Y yo le di de hecho* *A mí, sin dejar cosa,* *Allí le prometí de ser su* *esposa.*	XVIII Ali me abriu seu peito E ciência me ensinou mui deleitosa; E a ele, em dom perfeito, Me dei, sem deixar coisa, E então lhe prometi ser sua esposa.

79. Corresponde ao n. XXIV em *Obras Completas* [N.T.].

XIX *Mi alma se ha empleado,* *Y todo mi caudal en su servicio;* *Ya no guardo ganado,* *Ni ya tengo otro oficio,* *Que ya sólo en amar es mi ejercicio.*	XIX Minha alma se há votado, Com meu cabedal todo, a seu serviço; Já não guardo mais gado, Nem mais tenho outro ofício, Que só amar é já meu exercício
Texto J	Texto J
XVI[80] *Cazadnos las raposas,* *Que está ya florecida nuestra viña,* *En tanto que de rosas* *Hacemos una piña,* *Y no parezca nadie en la montiña.*	XVI Caçai-nos as raposas, Que está já toda em flor a nossa vinha; Enquanto destas rosas Faremos uma pinha; E ninguém apareça na colina!
XVII *Detente, cierzo muerto,* *Ven, Austro, que recuerdas los amores,* *Aspira por mi huerto,* *Y corran tus olores,* *Y pacerá el Amado entre las flores.*	XVII Detém-te, Aquilão morto! Vem, Austro, que despertas os amores: Aspira por meu horto, E corram seu olores, E o Amado pascerá por entre as flores.
XVIII *¡Oh ninfas de Judea!,* *En tanto que en las flores y rosales* *El ámbar perfumea,* *Morá en los arrabales,* *Y no queráis tocar nuestros umbrales.*	XVIII Ó ninfas da Judeia, Enquanto pelas flores e rosais Vai recendendo o âmbar, Ficai nos arrabaldes E não ouseis tocar nossos umbrais.

80. Coincide com a numeração em *Obras Completas* [N.T.].

XIX *Escóndete, Carillo,* *Y mira con tu haz a las* *montañas,* *Y no quieras decillo;* *Mas mira las compañas* *De la que va por ínsulas* *extrañas.*	XIX Esconde-te, Querido! Voltando tua face, olha as montanhas; E não queiras dizê-lo, Mas olha as companheiras Da que vai pelas ilhas mais estranhas.
Esposo:	Esposo:
XX *A las aves ligeras,* *Leones, ciervos, gamos* *saltadores,* *Montes, valles, riberas,* *Aguas, aires, ardores,* *Y miedos de las noches* *veladores.*	XX A vós, aves ligeiras, Leões, cervos e gamos saltadores, Montes, vales, ribeiras, Águas, ventos, ardores, E, das noites, os medos veladores.
XX[81] *Pues ya si en el ejido* *De hoy más no fuere vista ni* *hallada,* *Diréis que me he perdido;* *Que, andando enamorada,* *Me hice perdidiza, y fui* *ganada.*	XX Se agora, em meio à praça, Já não for mais eu vista, nem achada, Direis que me hei perdido, E, andando enamorada, Perdidiça me fiz, e fui ganhada.

81. Corresponde aos n. XXIX-XXXIII em *Obras Completas* [N.T.].

XXI *De flores y esmeraldas,* *En las frescas mañanas* *escogidas,* *Haremos las guirnaldas* *En tu amor floridas,* *Y en un cabello mío* *entretejidas.*	XXI De flores e esmeraldas, Pelas frescas manhãs bem escolhidas, Faremos as grinaldas Em teu amor floridas, E num cabelo meu entretecidas.
XXII *En sólo aquel cabello* *Que en mi cuello volar* *consideraste,* *Mirástele en mi cuello,* *Y en él preso quedaste,* *Y en uno de mis ojos te* *llagaste.*	XXII Só naquele cabelo Que em meu colo a voar consideraste, – Ao vê-lo no meu colo, – Nele preso ficaste, E num só de meus olhos te chagaste.
XXIII *Cuando tú me mirabas,* *Su gracia en mí tus ojos* *imprimían;* *Por eso me adamabas,* *Y en eso merecían* *Los míos adorar lo que en ti* *vían.*	XXIII Quando tu me fitavas, Teus olhos sua graça me infundiam; E assim me sobreamavas, E nisso mereciam Meus olhos adorar o que em ti viam.
XXIV *No quieras despreciarme,* *Que, si color moreno en mí* *hallaste,* *Ya bien puedes mirarme,* *Después que me miraste,* *Que gracia y hermosura en mí* *dejaste.*	XXIV Não queiras desprezar-me, Porque, se cor trigueira em mim achaste, Já podes ver-me agora, Pois, desde que me olhaste, A graça e a formosura em mim deixaste.

XXI *Por las amenas liras* *Y canto de sirenas, os conjuro,* *Que cesen vuestras iras,* *Y no toquéis al muro,* *Porque la Esposa duerma más* *seguro.*	XXI Pelas amenas liras E cantos de sereias, vos conjuro Que cessem vossas iras, E não toqueis no muro, Para a Esposa dormir sono seguro.
XXII *Entrado se ha la Esposa* *En el ameno huerto deseado,* *Y a su sabor reposa,* *El cuello reclinado* *Sobre los dulces brazos del* *Amado.*	XXII Entrou, enfim, a Esposa No horto ameno por ela desejado; E a seu sabor repousa, O colo reclinado Sobre os braços dulcíssimos do Amado.
XXIII *Debajo del manzano,* *Allí conmigo fuiste desposada,* *Allí te dí la mano,* *Y fuiste reparada* *Donde tu madre fuera* *violada*[82].	XXIII Sob o pé da macieira, Ali, comigo foste desposada; Ali te dei a mão, E foste renovada Onde a primeira mãe foi violada.

82. Aqui termina a reordenação das estrofes que foi feita na segunda compilação. Reproduzimos ambas as versões uma ao lado da outra a fim de que não se perdesse a impressão do poema original. Seguindo os manuscritos mais importantes, denominamos a primeira versão de B (*Barrameda*), e a segunda de J (*Jaén*). A visão geral a seguir mostra a relação entre ambas:

B: 1-10, 11-14, 15-24, 25-26, 27-28, 29-30, 31-32, 33-39

J: 1-10, 11, 12-15, 24-33, 16-17, 22-23, 20-21, 18-19, 34-40

É necessário ler cada uma das versões como um todo e em sua conexão, sentindo-lhes o efeito; somente assim é possível descobrir o sentido da reorganização. Se foi o próprio santo quem empreendeu tal reorganização ou se foi outra pessoa é uma questão de que não queremos tratar aqui mais do que o fizemos em passagens anteriores. Faltam-nos os documentos necessários para sua solução. No entanto, não podemos passar ao largo da íntima relação entre ambas as reordenações.

Textos B. J. *Esposo:* *XXXIII (XXXIV)*[83] *La blanca palomica* *Al arca con el ramo se ha tornado,* *Y ya la tortolica* *Al socio deseado* *En las riberas verdes ha hallado.*	Textos B. J. *Esposo:* XXXIII (XXXIV) Eis que a branca pombinha Para a arca, com seu ramo, regressou; E, feliz, a rolinha O par tão desejado Já nas ribeiras verdes encontrou.
XXXIV (XXXV) *En soledad vivía,* *Y en soledad ha puesto ya su nido,* *Y en soledad la guía* *A solas su querido,* *También en soledad de amor herido.*	XXXIV (XXXV) Em solidão vivia, Em solidão seu ninho há já construído; E em solidão a guia, A sós, o seu Querido, Também na solidão, de amor ferido.
Esposa: *XXXV (XXXVI)* *Gocémonos, Amado,* *Y vámonos a ver en tu hermosura* *Al monte y al collado,* *Do mana el agua pura;* *Entremos más adentro en la espesura.*	*Esposa*: XXXV (XXXVI) Gozemo-nos, Amado! Vamo-nos ver em tua formosura, No monte e na colina, Onde brota a água pura; Entremos mais adentro na espessura.

83. Aqui, a numeração entre parênteses corresponde à de *Obras Completas* [N.T.].

XXXVI (XXXVII) *Y luego, a las subidas* *Cavernas de la piedra nos* *iremos,* *Que están bien escondidas,* *Y allí nos entraremos,* *Y el mosto de granadas* *gustaremos.*	XXXVI (XXXVII) E, logo, as mais subidas Cavernas que há na pedra, buscaremos; Estão bem escondidas; E juntos entraremos, E das romãs o mosto sorveremos.
XXXVII (XXXVIII) *Allí me mostrarías* *Aquello que mi alma* *pretendía,* *Y luego me darías* *Allí, tú, ¡vida mía!,* *Aquello que me diste el otro día.*	XXXVII (XXXVIII) Ali me mostrarias Aquilo que minha alma pretendia, E logo me darias, Ali, tu, vida minha, Aquilo que me deste no outro dia.
XXXVIII (XXXIX) *El aspirar del aire,* *El canto de la dulce filomena,* *El soto y su donaire,* *En la noche serena* *Con llama que consume y no* *da pena.*	XXXVIII (XXXIX) E o aspirar da brisa, Do doce rouxinol a voz amena, O souto e seu encanto, Pela noite serena, Com chama que consuma sem dar pena.
XXXIX (XL) *Que nadie lo miraba,* *Aminadab tampoco parecía,* *Y el cerco sosegaba,* *Y la caballería* *A vista de las aguas descendía.*	XXXIX (XL) Ali ninguém olhava; Aminadab tampouco aparecia; O cerco sossegava; Mesmo a cavalaria, Só à vista das águas, já descia.

Este cântico da masmorra é de impressionante riqueza de imagens e pensamentos. Isso é o que o diferencia essencialmente das estrofes de *Noite escura* e de *Chama viva de amor*. Ali, a cada vez, tínhamos uma imagem simples que dominava o todo: a fuga para a noite – o calor ardente com as chamas que se elevavam. Aqui, provavelmente, existe também um vínculo que confere unidade – ainda voltaremos a este tema –, mas que inclui constante alternância de imagens. Lá, simplicidade e quietude; aqui, a alma e toda a criação em movimento. Isso não é mera variedade de estilo poético: a diversidade de estilo brotou de uma profunda diferença na base da experiência. *Noite* e *Chama* dão, por assim dizer, uma amostra da vida mística em determinado momento do percurso, e, reconhecidamente, em um período em que a alma já deixou para trás todas as coisas criadas e está ocupada somente com Deus. Sua relação com as coisas do mundo é tratada apenas de modo retrospectivo. O *Cântico espiritual* reproduz todo o percurso místico – não apenas na explicação, mas nas próprias estrofes – e é descrito por uma alma que está tomada por todos os encantos da criação visível. O prisioneiro na cela escura, que era poeta, artista instruído e sensível ao fascínio da música, é invadido pelo mundo exterior – o mundo do qual está separado – com maravilhosas imagens e sons cativantes. Obviamente ele não se detém nas imagens e nos sons. Eles são para ele uma pictografia misteriosa na qual se expressa – e na qual ele próprio pode expressar-se – o que ocultamente se lhe passa na alma. Realmente é uma pictografia misteriosa. Ela contém abundância tão imensa de sentido, que parece impossível ao próprio santo encontrar as palavras adequadas para explicar tudo o que o Espírito Santo lhe cantou "com gemidos inenarráveis". De fato, tais estrofes devem ser atribuídas ao Espírito Santo. São "sussurros amorosos e notícia misteriosa"; o Espírito de Deus deu-os à alma na qual ele fez sua morada, e coisas semelhantes, o próprio agraciado também não consegue descrever completamente e tornar compreensíveis. Por este motivo, o poeta de antemão renuncia a explicar tudo. Deseja apenas "dar alguma luz geral [...] declarar os ditos de amor em toda a sua amplidão, a fim de deixar cada alma aproveitar-se deles segundo seu próprio modo e capacidade espiritual [...]" (*Cântico espiritual*, Prólogo, n. 2). Ele está seguro de que "a sabedoria mística [...] não há mister ser entendida distintamente para produzir efeito de amor na alma" (n. 2). Assim, o Espírito, que infundiu seu amor em uma alma, abrirá a outras almas amáveis um acesso à misteriosa expressão daquele amor. O santo não pretende impor nenhuma barreira a esse sopro do Espírito. Por conseguinte, ele declara suas explicações como não obrigatórias. Quando acabamos de ler essas explicações, ficamos sinceramente agradecidos por este esclarecimento; com efeito, o contraste entre o ímpeto poético-místico do cântico e o estilo completamente diferente da interpretação é aqui mais perceptível do que em *Subida* e *Noite*. Nestes temos o extremo contraponto à *Chama viva de amor*, embora ambos os escritos estejam intimamente ligados cronológica e conceitualmente. Aqui não só acontece como no caso dos dois tratados mais antigos, em que o pensador e mestre fica diante da poesia como se fosse algo objetivamente dado e quase estranho. (Em todo caso, contribuiu para isso a distância cronológica: a maior parte das estrofes surgiu em 1578 em Toledo, ao passo que a primeira redação das explicações foi escrita em 1584 em Granada). Ademais, tem-se a impressão de que além da visão norteadora de explorar interpretativa e pedagogicamente a linguagem metafórica da poesia, estava operando outra consideração. Por trás de seus filhos e filhas espirituais para os quais ele escreve em primeiro lugar, parece que emerge diante do olhar do santo outro público, menos benevolente e menos receptivo. Já durante os esforços para a compreensão de *Subida* e de *Noite escura,* impôs-se-nos a suspeita de que nas importantes questões da distinção entre a mística propriamente dita e a vida *comum* da graça, a exposição pode não ser totalmente imparcial, mas influenciada pela preocupação como o olhar vigilante da Inquisição e da suspeita do Iluminismo a que tudo o que era místico estava de antemão exposto[84]. O *Cântico espiritual* parece ter sido ainda mais influenciado por essa consideração. E a reorganização na segunda compilação parece essencialmente condicionada a isso. Esta reorganização, na verdade, não se restringiu às explicações, mas imiscuiu-se profundamente no próprio cântico.

Inicialmente, gostaríamos aqui de apontar para quatro fatos que aparentemente se encontram em íntima conexão: 1. A segunda redação contém uma estrofe que não existia originariamente. (Esta estrofe, aliás, já aparecia em algumas edições impressas que, além disso, orientavam-se pela primeira redação, mas provavelmente foi tomada de um manuscrito da segunda redação[85]). 2. A segunda redação decompõe o cântico em três seções: I, II, III. 3. Efetua uma reorganização das estrofes e assim corta a estrutura original. 4. Após a conclusão do cântico, antes do começo da explicação da primeira estrofe, ela insere um *argumento*, uma breve indicação da linha de pensamento central. Segundo essa denotação, as estrofes tratam do caminho da alma a partir do momento em que ela começou a dedicar-se ao serviço de Deus até o mais elevado estado

84. Cf. a genial exposição objetiva da Inquisição em J. Brouwer, *De achtergrond der Spaanse mystiek*, Zutphen 1935, p. 79ss.

85. Cf. P. Silvério no anexo ao *Geistlichen Gesang, Obras* III 456.

da perfeição, o matrimônio espiritual; conseguintemente, tocam-se também os três estados ou vias que conduzem a esta meta: purgativa, iluminativa e unitiva (ou a via dos principiantes, dos adiantados – até o noivado espiritual – e dos perfeitos: o estado do matrimônio). As últimas estrofes ainda tratam da situação dos bem-aventurados, pela qual os perfeitos se esforçam.

A divisão posterior do cântico em três seções corresponde ao *argumento,* com sua ênfase sobre a distinção habitual das três vias. (Consequentemente, em retrospecto sobre o caminho percorrido, no começo da descrição do matrimônio espiritual na segunda redação, interpõe-se uma alusão às três vias[86]).

A intercalada estrofe 11 exprime o anseio da alma pela visão sem véus da vida eterna, e prepara a reinterpretação das estrofes 36-39 (35-38): na primeira redação estas estrofes referem-se inconfundivelmente ao estado do matrimônio místico, mas na segunda redação, mediante algumas alterações e acréscimos nas explicações, são caracterizadas como um descrição antecipada da vida eterna.

Tudo isso indica uma intenção consistente na segunda redação: apresentar o percurso místico da alma, tanto quanto possível, de forma tradicional e insuspeita, e distinguir nitidamente o mais elevado estado – o do matrimônio místico – do da perfeição da alma na vida eterna. Em breve deveremos verificar se também a reorganização das estrofes serve ao mesmo propósito.

Se a reelaboração das primeiras explicações se deu visivelmente no esforço de colocar sob a luz correta tudo o que pudesse ser suspeito ou mal-interpretado, então esta preocupação parece ter entrado em jogo também já na

86. Compare-se a Explicação da estrofe 27, n. 7, com a da estrofe 22, n. 1.

primeira redação. Também no Prólogo de *Subida* e no de *Chama viva de amor*, o santo fornece a habitual explicação de que se submete em tudo ao juízo da Igreja e, ademais, recorre aos ensinamentos da Sagrada Escritura. Aqui, porém, isso é feito com maior insistência. No fim do Prólogo (*Cântico espiritual*, Prólogo, n. 4), ele assegura que não quer afirmar nada por si mesmo, tampouco na simples confiança em sua própria experiência e no que possa ter conhecido pelo que intuicionava em outras almas; ao contrário, deseja confirmar e declarar tudo com citações da Sagrada Escritura, pelo menos no que possa ser de mais difícil compreensão. De fato, no *Cântico espiritual*, as palavras escriturísticas não aparecem tão espontaneamente por toda parte como em *Chama viva de amor*, particularmente as inúmeras passagens paralelas tiradas do Cântico dos Cânticos. A miúdo dão a impressão de que deveriam provar que determinadas expressões ousadas se fundamentam no uso linguístico da Sagrada Escritura e são usadas no mesmo sentido que lá. Por fim, o propósito externo talvez torne também um pouco compreensível a inegável distância entre o poema e sua interpretação, embora provavelmente outras circunstâncias concorram para isso. Já se acenou ao fato de que este poema se distingue dos demais que foram explicados por escrito pela abundância e variedade de suas imagens. As explicações agem agora quase como um dicionário desta linguagem imagética. De certa forma, isto é sugerido pela peculiaridade de várias imagens. Elas não se encontram em nenhuma unidade original com o que devem representar, como o símbolo em sentido estrito e próprio: por exemplo, o da noite ou o da chama. Obviamente existe certa semelhança em algum aspecto entre a imagem e aquilo que ela deve denotar, e com isso um fundamento prático para a relação simbólica. Este fundamento, porém, não basta para compreender sem mais nem menos o sentido das imagens. Sua linguagem deve ser aprendida; além disso, na escolha de suas expressões, parece muito mais arbitrária do que uma linguagem natural de palavras, embora não tão arbitrária quanto uma linguagem artificial ou um sistema de sinais escolhido inteiramente à vontade. Esta liberdade de escolha e o frouxo nexo objetivo têm como consequência o fato de as imagens não serem unívocas, mas admitirem várias interpretações; por outro lado, a realidade para a qual elas apontam também pode ser apresentada de outra forma, porque elas não são nenhuma expressão indispensável. Aquilo a que chamamos *alegoria* é descrito com todas essas características. Ela tem o sabor do tempo, um distintivo da poesia barroca. João conhecia muito bem a arte poética de seu tempo e permitiu-se moldar por ela. Assim, o recurso a este expediente artístico era-lhe já bastante natural, algo que ele maneja com maestria na poesia[87]. Entretanto, quando, na interpretação, ele enfileira explicações de palavra, uma após a outra, e às vezes dá diversas explicações completamente diferentes para *uma* expressão metafórica – por exemplo, na segunda estrofe, os *pastores* são interpretados como os desejos e afetos da alma, ou como os anjos –, ele vai além daquilo que a alegoria como tal exige, e diminui o impacto do poema mediante a dissolução da unidade em uma profusão de pormenores e a ênfase na estranheza e arbitrariedade das imagens. Será que por trás desse amontoado de explicações não estaria a intenção de prevenir interpretações questionáveis e perigosas? Neste caso,

87. Não é possível medir até que ponto, aqui, ele cria de maneira puramente natural, como artista, ou em que medida o faz sob inspiração do Espírito Santo. Ainda voltaremos a esta questão.

o coração do poeta pode, ocasionalmente, ter-se rebelado contra o procedimento do intérprete. Sua asseveração de que ele, mediante suas próprias interpretações, não queria colocar nenhum obstáculo ao sopro do Espírito na alma do leitor, deve ser entendida, em todo caso, como desafio a ater-se acima de tudo à própria poesia.

b) A principal linha de pensamento segundo a apresentação do santo

Se, descontraidamente, permitirmos que o cântico em sua primeira redação aja sobre nós, então nos aparece como fiel expressão de todo o *caminho místico*. Sublinhamos "místico" porque o próprio santo, no já mencionado retrospecto, na explicação da estrofe 22 diz que as cinco primeiras estrofes são dedicadas à vida espiritual, ao tempo em que a alma se exercita em meditações e mortificações; somente com a estrofe 6, assim insere a segunda redação, começa a apresentação da vida contemplativa. No entanto, desde o ansioso apelo com o qual o cântico começa – *¿Adónde te escondiste?* (Onde é que te escondeste?) –, já ouvimos o lamento de uma alma ferida de amor de Deus no mais profundo do coração. Certamente ela conhece seu Senhor não apenas *por ouvir dizer*, mas encontrou-o pessoalmente, experimentou seu toque no mais íntimo de si mesma. Sua dor é a dor da amante a quem foi permitido saborear a presença do Amado, e agora deve dela prescindir. Ele deixou-a a suspirar; de fato, a ausência do Amado suscita um constante gemido "no coração enamorado [...], mormente quando já saboreou alguma comunicação suave e deleitosa do Esposo que, em se ausentando, deixou a alma de repente sozinha e na secura" (*Cântico*, Explicação da

Canção I, n. 14). Quando se fala de "ardentes toques de amor", será que não somos levados a pensar em elevadas graças místicas, "como setas de fogo que vêm ferir e transpassar a alma, deixando-a toda cauterizada com amoroso fogo"? (n. 17). Neste processo, a vontade fica inflamada com tanta veemência, "que a alma fica a se abrasar em fogo e chama de amor, tão fortemente, a ponto de parecer consumir-se naquela frágua, saindo fora de si, a renovar-se toda [...], como a fênix que se queima, e renasce das cinzas" (n. 17). Reconhecemos nesta descrição a união de amor que, segundo a exposição da santa Madre Teresa e do próprio Padre João, prepara para o noivado e o matrimônio místicos. Para a alma, trata-se de um estado completamente novo, que ela própria não compreende. Por esse motivo, busca o desvanecimento na contemplação da criação, mas não encontra aí nenhuma satisfação. Isso a diferencia claramente daqueles principiantes na vida espiritual que encontram alegria nos costumeiros exercícios de piedade, porque ainda não entraram na noite da contemplação. A alma tocada por Deus interiormente já não pode encontrar repouso senão em Deus: "Nas feridas de amor não pode haver remédio senão da parte daquele que feriu" (n. 20). Esta é a razão por que a alma chagada se apressa em sair e clama pelo Amado. "Convém saber que este sair entende-se aqui, espiritualmente [...]: saindo de todas as coisas; [...] saindo de si mesma por esquecimento próprio, o que se realiza por amor de Deus" (n. 20). Agora, a alma nada mais pode fazer senão amar a Deus, e consome-se de anseios por contemplá-lo. No longo prazo, o Senhor não pode resistir a este anseio. O amor que Ele inflamou move-o a Ele próprio a novas demonstrações inauditas de amor. Ele aparece repentinamente e eleva a alma a si próprio em um voo inopinado.

Esta apresentação do matrimônio espiritual, com seu pavoroso desenraizamento, para a alma, de todos os condicionamentos de sua natureza, corresponde inteiramente ao que foi retratado pela santa madre nas sextas moradas do *Castelo interior*. A débil natureza teme sucumbir e lança um grito: "Aparta-os, meu Amado!" (os olhos desejados). Contudo, este pedido não é sincero. Pelo contrário, a alma espera ser libertada dos grilhões desta vida a fim de suportar a venturosa proximidade. Entretanto, ainda não se chegou até esse ponto. O *Vuélve-te, paloma* ("Volve-te, columba!") chama-a de volta à existência terrestre. Por enquanto, ela deve contentar-se com o que lhe pode ser dado aqui. E isso é abundante. Agora começam os jogos de amor entre o amante divino e a alma amada. Ela já não precisa das criaturas para, através delas, encontrar um caminho para o Amado. Ele próprio a visita uma e outra vez, desvelando-lhe sempre mais sua beleza. No entanto, todos os encantos das criaturas agora devem servir para que ela cante o louvor da beleza divina. Na união com o noivo divino, ela mesma é cumulada de dons, adornada com admirável encanto e vigor, completamente imersa no amor e na paz. Dado que ela compartilha a vida de Deus, alegra-se também com o fogo do amor que Ele inflama em outras almas. Ela mesma é, agora, conduzida à "interior adega", ao mais oculto santuário do amor, onde o próprio Deus a ela se comunica e transforma-a em si mesmo. Totalmente plena da arrebatadora bem-aventurança desta nova vida divina, ela esquece-se das coisas deste mundo, e todo o anseio por elas desaparece. E uma vez que o Amado a envolve com incomparável ternura, de igual modo ela também se entrega irrestritamente, vive unicamente para Ele e está morta para o mundo. Nesta união viva florescem todas as virtudes. A alma reconhece, feliz, a beleza celeste com a qual ela mesma, agora, está adornada. Ela, porém, sabe que toda esta riqueza é gerada unicamente pelo olhar gracioso de Deus, e não deseja usá-la para nada mais senão a fim de levar o próprio doador a alegrar-se com ela. Todas as perturbações devem permanecer longe da vida venturosa do amor. O próprio Senhor cuida para que desapareça o que se interpõe na via da união perene. E, assim, Ele pode introduzi-la no desejado jardim, onde ela pode permanecer junto dele em quietude completamente imperturbável. No mais profundo isolamento, ela será introduzida nos mistérios ocultos de sua sabedoria, ser-lhe-á permitido inflamar-se nas chamas do amor, e nenhum ser criado vislumbrará o que Deus prepara à alma que Ele abrigou em si para sempre.

Em uma breve visão geral, cremos poder compreender a estrutura original do cântico: como uma subida de um nível a outro da união de amor, ou como um ser-atraído sempre mais profundamente: de início, um encontro fugaz; em seguida – depois do anseio e do tormento da busca –, um ser-elevado à mais íntima conexão, um período de preparação para a duradoura aceitação desta conexão e, finalmente, a imperturbável paz do matrimônio. Neste caso, já não se pode falar de uma separação em três vias ou estados de purificação, iluminação e união. Trata-se, antes, de três resultados que estão ligados entre si em toda a vida da graça e em todo o caminho místico[88], ainda que, nos diversos níveis, um ou outro se sobressaia em cada um deles. Na apresentação do *Cântico espiritual*, a

88. Assim corresponde também à intenção do *Areopagita*, a quem remonta a divisão tripartida.

união está no início e no fim, e domina o todo. A respeito da purificação se fala principalmente durante a passagem do noivado para o matrimônio. A iluminação caminha *pari passu* com a união.

Na ordem das estrofes da primeira redação chama a atenção o fato de que a passagem do noivado para a o matrimônio é fluida e introduzida bastante cedo. Na estrofe 15 (24), já se alcançou a completa intimidade da união. Como diferença em relação ao matrimônio, resta apenas a questão de que ainda são possíveis perturbações, que devem desaparecer a fim de que a união possa tornar-se permanecente. Por meio da reorganização das estrofes na segunda redação, a fronteira tornou-se mais nítida. A exclusão de todos os distúrbios é prefixada, e a exposição da plena união lhe é subsequente, começando com a admissão no desejado jardim (estrofe 22). Esta é uma vantagem factual da segunda redação, e compensa a pequena falha estética, pelo fato de que, à maravilhosa estrofe 15, com seu encanto da noite, na estrofe 16 se siga, de modo completamente inopinado, a alusão às "raposas na vinha". É bastante compreensível que, na primeira transcrição, a sequência das estrofes não fosse a mais objetivamente adequada possível. Em todo caso, o fato é que as estrofes não surgiram todas de uma vez; mesmo as que provêm do período na masmorra se foram acumulando a pouco e pouco, acompanhando as experiências interiores. Já se mencionou anteriormente que existem várias testemunhas oculares a esse respeito, quanto a se os poemas sequer foram registrados na masmorra ou apenas depois da fuga. A primeira opção é provável, mas não exclui que o prisioneiro devesse conservar suas canções no coração por mais tempo, antes de receber material de escrita. Ele pode ter cantado para si ora esta, ora aquela estrofe, conforme correspondesse a seu estado de ânimo. E logo que foi possível, provavelmente deitou-as por escrito, sem ponderar tão cuidadosamente a respeito da melhor sequência das estrofes, tal como aconteceu na última edição. Estas reflexões parecem aconselhar-nos a que agora, na análise mais aprofundada do conteúdo do pensamento e da forma artística, sigamos a ordem da segunda redação[89]. Ao mesmo tempo, não perderemos de vista o que estabelecemos a respeito da intenção norteadora da segunda edição, e, em relação a esta, mostraremos o valor da interpretação original das estrofes.

c) A imagem predominante e sua importância para o teor do cântico

A primeira visão panorâmica pretendeu apenas descobrir o sentido do todo. Da abundância de cada um dos componentes, mal se pôde oferecer uma indicação. Se alguém quiser tentar fazê-lo, deve procurar penetrar na linguagem metafórica da poesia. Para esse fim, o *dicionário* do santo é o guia apropriado, embora não seja necessário ater-se a ele de modo subserviente.

O estado de espírito predominante do cântico é caracterizado pela tensão da alma amorosa entre o doloroso anseio e venturoso encontro. Esta atmosfera de fundo encontrou expressão na imagem que, concomitantemente, domina o todo, independentemente da riqueza de cada uma das imagens que a ela se adaptam ou se submetem: a imagem da noiva que anseia pelo Amado, que se dispõe a buscá-lo e, por fim, cheia de felicidade, encon-

89. Por conseguinte, doravante, os números que aparecem por primeiro indicam a sequência das estrofes da segunda redação; entre parêntesis, inserimos a numeração da primeira redação. (Até aqui, era o contrário.)

tra-o. Isso não é novidade para nós. De modo igual, no *Cântico da noite* a noiva deixa sua casa a fim de correr para o Amado; em *Chama viva de amor*, ela também se volta para o noivo. Contudo, ali o relacionamento nupcial não se encontra no ponto central; ao contrário, é o pano de fundo natural. Aqui, este é o tema em torno do qual tudo gira. Esta imagem não é nenhuma alegoria. Quando a alma é chamada de noiva de Deus, não existe apenas uma relação de semelhança entre duas coisas, permitindo designar uma mediante a outra. Ao contrário, entre imagem e coisa existe uma unidade tão íntima, que mal se pode ainda falar de uma dualidade. Esta é a característica do relacionamento simbólico em sentido estrito e próprio. O relacionamento da alma com Deus, tal como Deus o previu desde a eternidade como meta de sua criação, não pode absolutamente ser caracterizado de modo adequado senão mediante a união nupcial. Por outro lado: conforme seu sentido, o significado da nupcialidade indicada não encontra em parte alguma realização tão verdadeira e perfeita como na união de amor de Deus com a alma. Quando se chegou a compreender isso, então imagem e coisa trocam literalmente de papéis: a nupcialidade de Deus é reconhecida como a nupcialidade original e verdadeira, e todos os relacionamentos nupciais humanos aparecem como retratos imperfeitos deste arquétipo – tal como também a paternidade de Deus é modelo de toda paternidade sobre a Terra. Graças à relação de imagens, o relacionamento nupcial humano torna-se adequado à expressão simbólica do divino, e perante esta tarefa, o que ele é na vida real, como relacionamento puramente humano, retrocede a segundo plano. O que ele deveras é tem sua mais elevada razão de ser nisso que é capaz de dar expressão a um mistério divino (cf. Ef 5,23ss.).

d) O símbolo nupcial e a as imagens individuais

Que relação existe entre esta imagem dominante – a do símbolo nupcial – com a multicor pluralidade das representações alegóricas? Para responder a esta pergunta precisamos abordar outra, que já foi feita anteriormente: Estas imagens devem ser consideradas como ficções arbitrárias, puramente naturais, do artista criativo, ou como inspirações do Espírito Santo? Esta pergunta foi feita ao próprio santo por *Ir. Madalena do Espírito Santo*. Ela escreve, em seu relato de testemunha, que João deixou seu caderno com os poemas da masmorra no Mosteiro de Beas, e ela foi encarregada de fazer algumas cópias. Ela ficou muito admirada com a vivacidade da linguagem, com a beleza e requintada precisão da expressão. Assim, certo dia ela perguntou ao poeta se Deus lhe teria inspirado aquelas palavras que tratavam de tanta coisa em si e eram de tanta elegância: "Minha filha, às vezes, Deus me deu as palavras; outras vezes, busquei-as". Semelhante informação podemos extrair da própria obra. No Prefácio se ressalta que as estrofes são inspiradas pelo espírito de amor, e que, portanto, é impossível encontrar as palavras adequadas para sua explicação. Ao mesmo tempo, parece que em primeiro lugar se deve pensar na dificuldade da interpretação posterior. A expressão poética parece ser recebida do Espírito Santo concomitantemente ao conteúdo. Contudo, logo nos daremos conta de que nem sequer a expressão imediata consegue reproduzir o que o Espírito de Deus permite à alma experimentar e compreender interiormente. Conseguintemente, a interpretação recorre a imagens e a parábolas para sugerir algo a este respeito. É por isso que, na experiência do místico, deve-se distinguir algo puramente espiritual e interior da expressão linguística. E esta superabundância *informe* e *sem feitio* do Espírito jamais se deixará apanhar completamente em palavras. O *recurso* a imagens e alegorias pode ser interpretado como a própria busca pela expressão adequada. Mas também pode ser uma apreensão do que o Espírito de Deus oferece. Se João faz referência às imagens da Sagrada Escritura, as quais soam estranhas tão frequentemente, e estão expostas à má interpretação, é admissível que pensemos em um auxílio sobrenatural também na expressão linguística. A noção de *inspiração*, por certo, não deve ser compreendida no sentido de que não somente tudo *o que* os hagiógrafos dizem, mas também todas as suas imagens e palavras deveriam ser atribuídas à inspiração, mas em diversas passagens é evidente, porém, que a palavra *exterior* deve ser compreendida literalmente como *Palavra de Deus*. Isso é o que aconteceu também a João em muitos casos, segundo sua declaração. Entretanto, mesmo quando ele próprio buscava a expressão, não está excluído o auxílio do Espírito Santo. O brilhantismo de sua imaginação artística, aprimorada por sua atitude antinatural de distanciamento de tudo o que pudesse satisfazer os sentidos exteriores, possibilitou-lhe evocar uma pletora de imagens versicolores em sua alma. Quando, porém, estas imagens estão em consonância com o que ele experimenta interiormente, então já não se deve atribuir isso à capacidade de imaginação, tampouco a uma interpretação aleatória: ele *encontra* nas imagens a buscada expressão para o Indizível; o Espírito Santo revela-lhe o sentido espiritual da colorida riqueza manifesta e o conduz em sua escolha.

A partir disso é que se deve compreender a unidade do todo e o poder de persuasão interno das imagens. No entanto, isso não se aplica a todas elas. Algumas certamente são escolhidas de maneira meramente natural, inclusive *buscadas,* no sentido embaraçante da palavra. Provavelmente isto se aplica às explicações posteriores ainda mais frequentemente do que às imagens.

O mundo no qual o cântico nos introduz é o mundo tal como se apresenta à alma cheia de ânsia e embriagada de amor. Ela sai apenas a fim de buscar o Amado. Por toda parte se esforça por descobrir-lhe os vestígios, tudo lhe faz lembrar dele e só tem sentido para ela na medida em que lhe traz notícia dele ou pode levar-lhe uma mensagem. Tal como o cervo assoma furtivamente à margem do bosque e rapidamente se escapa tão logo um olhar humano o avista, assim foi o Senhor nos primeiros encontros: mostrou-se à alma, mas desapareceu antes que ela o pudesse agarrar. A fonte cristalina que refresca a errante é, para ela, a fé: pura é a verdade que ela dá, livre de toda turvação do erro, e dela flui-lhe a água da vida, que jorra para a vida eterna (Jo 4,14). Ansiosamente, debruça-se sobre ela: Será que os olhos do Amado não poderiam brilhar em sua direção nesse espelho claro? Seus olhos – estes são os raios divinos que a atingem no mais íntimo, iluminando e inflamando. Ela sente-se sempre sob seu olhar: assim estão gravados em seu interior. Tudo isso é claramente compreensível a partir do panorama geral. Se, porém, para além disso, a explicação diz que o *semblante* são os artigos de fé que nos apresentam as verdades divinas (= raios) de forma velada e indeterminada; se este semblante é chamado de *prateado*, porque o puro ouro da verdade nos é oferecido na fé coberto com prata, então já não podemos continuar com a contemplação, tampouco podemos descobrir algum nexo com o símbolo condutor. Estamos diante de uma interpretação puramente intelectual e artística, que podemos aceitar pela autoridade do poeta e intérprete – ou também não, visto que ele nos deu a liberdade.

Aquilo que foi por muito tempo desejado e implorado acontece. Repentina e inesperadamente, a buscadora encontra o olhar dos olhos divinos. Seu ardente desejo moveu o Amado a visitá-la "de modo casto, delicado e amoroso, com grande força de amor" (*Cântico*, Canção XIII, Explicação, n. 1). Ele apareceu novamente como o cervo: sobre a colina, ou seja, no elevado mirante da contemplação; ele apenas assoma, pois "os mais sublimes conhecimentos de Deus, concedidos à alma aqui na Terra, são apenas longínquos assomos" (n. 10). Ele também está ferido. "Entre os que se amam, a ferida de um é de ambos, e o mesmo sentimento têm os dois" (n. 9). O sopro do voo dela traz-lhe refrigério. Ele a chama de *columba*, porque ela se eleva no altaneiro e leve voo da contemplação, porque é simples de coração e ardente de amor. O sopro do voo dela – é o espírito do amor que ela exala nesta contemplação, como o Pai e o Filho expiram o Espírito. Por *voo* entende-se o conhecimento de Deus infuso; por *sopro do voo*, porém, o amor que daí brota. E é o amor que atrai e refrigera o noivo como uma fonte de água fresca. "A brisa refresca e dá alívio a quem está fatigado pelo calor; de modo semelhante, este sopro de amor refrigera e consola a alma abrasada em fogo de amor. Este fogo amoroso tem a peculiaridade de inflamar-se mais ainda com o próprio sopro que refresca e ameniza; porque no amante é o amor uma chama que arde com o desejo de crescer sempre mais, como acontece à chama de fogo natural" (n. 12). E visto que o amor da noiva atiça esta chama, é sopro refrescante.

Uma vez que agora a alma goza da presença do Amado, terminaram seus clamores de saudade; em vez disso, ela começa a louvar a glória que ela experimenta na união com ele. Com efeito, no voo do espírito realiza-se, conforme vimos, o desposório com o Filho de Deus. Aqui, "o Senhor comunica à alma grandes coisas de si, aformoseando-a com grandeza e majestade; orna-a de dons e virtudes; reveste-a do conhecimento e honra de Deus, bem como a uma noiva no dia de seu desposório" (Canções XIV e XV, n. 2). Ela entra "num estado de paz, deleite e suavidade de amor [...]". E agora "não faz outra coisa senão contar e cantar as magnificências de seu Amado" (n. 2). No êxtase do amor, experimenta o que São Francisco de Assis quis dizer com as palavras: "Meu Deus e meu Tudo". Com efeito, agora Deus é tudo para a alma, o bem de todos os bens, e assim ela encontra nas criaturas uma imagem de suas perfeições. Cada uma dessas maravilhosas perfeições é Deus, e todas juntas são Deus. "E como a alma, neste estado, se une com Ele, tem o sentimento de que todas as coisas são Deus" (n. 5), tal como São João experimentou quando disse: "O que foi feito nele era a vida" (Jo 1,4)[90]. Isto não significa que a alma vê as criaturas em Deus, como se avistam as coisas à luz, mas implica apenas que ela, de posse de Deus, tem o sentimento de que todas as coisas são Deus. Esta não é também, por exemplo, a contemplação clara e essencial de Deus. É, talvez, "tão somente de uma forte e abundante comunicação, com certo vislumbre do que Deus é em si mesmo" (n. 5). Por meio desses tênues vislumbres, as perfeições das criaturas são reveladas à alma.

A montanha, com sua altura proeminente e o encanto de suas flores perfumadas, tem algo da majestade e da

---

90. Jo 1,4 segundo a costumeira interpretação anterior.

beleza do Amado. Em sua paz, a alma repousa como em um ameno e silencioso vale da floresta. Um maravilhoso novo mundo lhe surge no conhecimento de Deus – como ao navegador em reinos insulares distantes. Tal como uma correnteza que inunda e deixa tudo submerso, preenche todas as profundezas, e com seu rumor abafa todo e qualquer ruído, assim a alma "de tal maneira se vê investida pela torrente do espírito de Deus, nessa união, e com tanta força o sente apoderar-se dela, que lhe parece transbordarem sobre ela todos os rios do mundo" (n. 9). Mas não lhe causam nenhum tormento, pois são torrentes da paz, e sua inundação "enche-a de paz e de glória". Com sua água, enchem os baixos de sua humildade e cumulam os vazios de seus apetites, e no bramido das torrentes ela percebe uma "voz espiritual acima de todos os sons [...], porque esta voz abafa toda outra voz, e seu som excede todos os outros sons do mundo (n. 9). [...] E, assim, repercute como voz e som imenso no interior da alma, revestindo-a de poder e fortaleza" (n. 10), assim como aconteceu na descida do Espírito Santo sobre os apóstolos (At 2,2). O ruído violento que os habitantes de Jerusalém ouviram era apenas um sinal do que os apóstolos sentiram interiormente. Esta voz espiritual é agradável de se ouvir, não obstante sua força violenta. São João percebeu-a "como o rumor de muitas águas e como o estrondo de um grande trovão" (Ap 14,2).

Quando ares amenos, sibilando brincam nas bochechas, é como o jeito amável pelo qual as virtudes e os encantos do Amado são derramados na alma: "[...] uma elevadíssima e saborosíssima inteligência de Deus e de suas virtudes, a qual deriva ao entendimento, proveniente do toque feito na substância da alma por essas virtudes de Deus [...] (n. 12).

"[...] O perpassar da brisa é experimentado pelo sentido do tato, enquanto o sussurro do vento é escutado pelo ouvido; de modo análogo, o toque das virtudes do Amado é percebido e saboreado pelo tato da alma, que significa aqui a substância dela (mediante a vontade); e a compreensão das mesmas virtudes de Deus é produzida no ouvido da alma, ou seja, no entendimento" (n. 13). Esta comunicação é extremamente aprazível e reconfortante. "[...] à maneira do sussurro natural da brisa, que entra agudamente no pequeno orifício do ouvido, assim também esta subtilíssima e delicada compreensão de Deus penetra, com admirável deleite e sabor, na íntima substância da alma, e esse deleite é incomparavelmente maior do que os outros. A razão disso é ser então concedida à alma uma comunicação de substância apreendida despojada de acidentes e imagens [...]" (n. 14). [...] Este divino *sussurro* que penetra no ouvido da alma não é somente a substância percebida, como dissemos, mas ainda manifestação de verdades da Divindade, e revelação de seus ocultos segredos. [...] quando, ordinariamente, a Sagrada Escritura relata alguma comunicação divina, dizendo que foi dada por meio do ouvido, trata-se de manifestação destas verdades puras ao entendimento [...]. São revelações ou visões puramente espirituais, dadas exclusivamente à alma, sem cooperação ou ajuda dos sentidos; e, assim, tais comunicações feitas deste modo, por meio do ouvido, são muito elevadas e verdadeiras" (n. 15). Assim, pensa-se que nosso santo Padre Elias viu a Deus "naquele sussurro delicado" (1Rs 19,12), e também Paulo, quando "ouviu palavras secretas que não é lícito ao homem dizer" (2Cor 12,4). De fato, "este ouvir da alma é ver com o entendimento" (n. 15). Obviamente não é a perfeita e clara contemplação de Deus como na glória, mas sempre ainda "raio de treva[91]" (n. 16).

Visto que a alma recebe tal compreensão divina abissal e obscura, e goza no peito do Amado o sossego refrescante, compara-o a uma noite tranquila; mas se trata de uma noite que já é iluminada pela luz matinal, porque "é um repouso e tranquilidade em luz divina, num novo conhecimento de Deus, em que o espírito se acha suavissimamente quieto [...]" (n. 23). "Assim este espírito sossegado e quieto em Deus é levantado da treva do conhecimento natural, à luz matutina do conhecimento sobrenatural do próprio Deus. Não se trata [...] de conhecimento claro, senão obscuro [...] qual noite próxima aos levantes da aurora, em que, nem é totalmente noite, nem é totalmente dia, mas, conforme dizem, está entre duas luzes" (n. 23).

No sossego e no silêncio dessa noite iluminada, "claramente vê a alma uma admirável conveniência e disposição da sabedoria de Deus, na diversidade de todas as criaturas e obras. Com efeito, todas e cada uma delas têm certa correspondência a Deus, pois cada uma, a seu modo, dá sua voz testemunhando o que nela é Deus. De sorte que parece à alma uma harmonia de música elevadíssima, sobrepujando todos os concertos e melodias do mundo" (n. 25). Mas é uma música calada, pois este conhecimento sossegado e tranquilo se comunica sem ruído de palavras; "e assim goza a alma, nele, a um tempo, a suavidade da música e a quietude do silêncio" (n. 25). Esta música de sonoridade deleitável só é percebida na solidão e no alheamento de todas as coisas exteriores. É por isso que a solidão mesma é chamada de sonora.

91. Dionysius Areopagita, *Mystica Theologica*, C. I.

Tal como a contemplação de Deus é o alimento dos anjos e dos santos, assim também a alma é revigorada pelo conhecimento tranquilizador da noite de paz como se fosse uma ceia. Ela goza-a com o sentimento alegre de que é o remate de todas as canseiras e sofrimentos do dia. O próprio Amado "ceia com ela" (Ap 3,20); concede-lhe participação no gozo de todos os seus bens e inflama-a a um novo amor por meio de sua prodigalidade.

Adornada com as virtudes que a transbordante misericórdia de Deus lhe concede, o próprio íntimo da alma lhe parece um jardim cheio de flores perfumadas ou uma vinha em flor. Sente em seu coração a presença do Amado como se Ele jazesse em seu próprio leito. Ela gostaria de oferecer-se a Ele com toda a riqueza das flores, a fim de prestar-lhe a mais sublime homenagem e recreá-lo, e afastar toda perturbação. No entanto, os apetites sensitivos, que havia muito tempo descansavam como raposas que se fingem adormecidas, de repente irrompem, despertados pelos espíritos maus, a fim de perturbar o sossegado reino florido da alma. "Efetivamente, mais estima o inimigo a privação de um só quilate daquela riqueza e glorioso deleite a ela dado, do que a queda de muitas outras almas em numerosos e gravíssimos pecados. Estas últimas, pouca coisa ou nada têm a perder; mas a que chegou à união divina, tendo recebido tantas graças valiosas, sofreria na verdade grandíssimo prejuízo"[92]. Assim, os espíritos maliciosos despertam com muita veemência os apetites sensíveis, a fim de desorientar a alma; se nada conseguem com isso, então investem sobre ela com tormentos e ruídos

92. Anotação para a canção seguinte (XVI) (acréscimo da segunda redação), n. 1.

corporais. Mas a aflição torna-se insuportável quando a combatem com imagens e medos espirituais assustadores. "Com efeito, podem os demônios agir assim nesta ocasião, se lhes for dada licença; porque a alma, neste exercício em que se ocupa agora, tem o espírito muito puro, despojado de todo o sensível, e assim pode o inimigo com facilidade apresentar-se a ela, sendo ele também puro espírito. Outras vezes, arremete com outros horrores [...] quando Deus começa a tirá-la um pouco da casa dos seus sentidos, e a introduz neste exercício interior no jardim do Esposo. Bem sabe o maligno que, uma vez introduzida a alma naquele recolhimento, fica muito amparada, e ele, por mais que faça, não pode causar-lhe dano. Frequentemente, no mesmo instante em que o demônio sai a tomar-lhe o passo, a alma costuma com grande presteza recolher-se no profundo esconderijo do seu próprio interior, onde acha grande deleite e amparo; padece, então, aqueles terrores muito exteriormente e tão de longe que não só deixam de incutir-lhe temor, mas até lhe causam alegria e gozo" (Canção XVI, Explicação, n. 6). Caso se inquiete, então implora aos anjos que "cacem as raposas", pois a tarefa deles é afugentar os espíritos malignos.

Estando afugentadas todas as pragas, pode a alma, então, junto com o Amado, deleitar-se em todas as flores das virtudes que se abrem sob o olhar dele, e exalam seu perfume. Ela enfeixa-as em um ramalhete e "as oferece assim reunidas ao Amado, com grande ternura e suavidade de amor" (n. 8). Entretanto, ela precisa da ajuda dele; sem Ele, ela não formaria nenhum buquê. Eles unem firmemente o ramalhete, semelhante a uma pinha, na qual todos os pedaços são compactos e fortemente ligados uns aos outros: assim também a perfeição da alma é um todo acabado: encerra firmemente muitas radiantes virtudes e em bela ordem. Enquanto a alma enrola essa pinha mediante o exercício das virtudes, nenhum perturbador deve ser visto sobre a *colina*, isto é, nas faculdades da alma não deve surgir nenhum tipo de conhecimento individual ou lembranças, a fim de que nada a possa desviar de sua amorosa permanência junto a Deus.

Todavia, ainda há outra opacificação sobre sua felicidade. Durante o período do noivado, o Amado ainda não está unido a ela permanentemente. E visto que o amor dela é muito grande e interior, causa-lhe grande tormento quando ele se retrai. Conseguintemente, ela teme a secura como ao vento frio do Norte, que mata todas as flores. Ela busca refúgio na oração e nos exercícios espirituais para dominar a secura. Entretanto, no elevado estádio da vida espiritual que ela já alcançou, todas as comunicações da vida espiritual são tão interiores, que não podem ser conquistadas por nenhuma atividade de suas próprias potências. Por esse motivo ela pede a ajuda do vento úmido e cálido do Sul, no qual as flores desabrocham e exalam seus perfumes: o Espírito Santo, "que desperta nela o amor". Quando Ele investe sobre ela, "de tal modo a inflama e regala, avivando e despertando a vontade, e ao mesmo tempo movendo os apetites [...] ao amor de Deus" (Canção XVII, Explicação, n. 4). Ela pede-lhe que aspire *por* seu horto, não *no* horto. "Na verdade, é grande a diferença que há entre aspirar Deus na alma, e aspirar pela alma. Na primeira destas expressões é significada a infusão de graças, virtudes e dons, pelo mesmo Deus. Na segunda, trata-se da moção e toque de Deus nas virtudes e perfeições já concedidas, tendo por fim renová-las e despertá-las, de modo a darem admirável fragrância de suavidade à alma. É assim como revolver as espécies aromáticas: na ocasião em que são movimentadas, trescalam abundantemente o seu perfume, o qual antes não era tão forte nem se percebia tanto" (n. 5). Do mesmo modo, a alma nem sempre tem a verdadeira percepção e gozo de suas virtudes. Ao contrário, nesta vida, elas se assemelham às flores que ainda estão em botão ou às especiarias em recipiente fechado. Por vezes, no entanto, quando o espírito divino aspira pelo jardim da alma, abre todos os botões das virtudes e tira a cobertura do recipiente das especiarias das virtudes, das perfeições e riquezas da alma, "[...] e manifestando-lhe o tesouro e cabedal interior, revela-lhe também a formosura que nela há" (n. 6).

Estes olores das flores das virtudes algumas vezes se acham em tal abundância na alma que lhe parece estar totalmente vestida de deleites e imersa em glória inestimável. Costumam "ser de tal maneira fortes, que [...] chegam a redundar por fora, [...] e bem o percebem as pessoas que têm experiência disso, parecendo-lhes esta alma como um delicioso jardim cheio de encantos e riquezas de Deus. E não apenas nas ocasiões em que estão abertas estas flores, manifestam-se assim estas santas almas: costumam trazer sempre em si mesmas um não sei quê de grandeza e dignidade, produzindo respeito e acatamento nos outros" (n. 7).

No aspirar do Espírito Santo, porém, o Filho de Deus comunica-se com a alma de maneira altíssima. E é principalmente Ele quem se alegra com seu adorno floral plenamente desabrochado e perfumado. Ela, porém, anseia por deleitá-lo. Ele alimentou-a e transformou-a em si, de modo que agora ela está "já guisada, salgada e temperada com as mesmas flores de virtudes, dons e perfeições" (n. 10). Em seu sabor agradável e em sua doçura, alegram-se juntos os amantes, "pois esta é a condição para o Esposo unir-se à alma, entre a fragrância destas flores" (n. 10).

Em meio a essa felicidade, a alma padece pelo fato de ainda não ter o completo domínio de suas potências inferiores; rebeliões nos desejos continuam a agitar-se e prejudicam a vida da graça. A alma volta-se para essas emoções inferiores e pede-lhes que não ultrapassem seus limites. Ela as chama *ninfas*, porque lisonjeira e insistentemente, querem seduzir a vontade. Dá o nome de *Judeia* à parte sensitiva da alma, "por ser fraca e carnal, e, por si mesma, cega, como o é o povo judaico" (Canção XVIII, Explicação, n. 4). Enquanto as roseiras das potências superiores produzem as flores das virtudes e recendem o âmbar do Espírito Santo, as ninfas devem permanecer na *antessala* ou nos *arrabaldes* dos sentidos internos, e não devem tocar os umbrais do interior, isto é, as primeiras emoções da parte superior da alma. (Nesta passagem, não somente a interpretação, mas também a própria estrofe parece artificial e demasiado fortemente influenciada pelo gosto da época. A próxima, em contrapartida, insere-se claramente, de novo, no contexto do todo).

O anseio da alma é contemplar Deus face a face. No seu mais íntimo recôndito ela achou-o, e gostaria de permanecer oculta com Ele aqui. Quando ele, na câmara secreta do coração dela, revela-lhe a glória de sua divindade, nada disso deve tornar-se público lá fora, a fim de que dali não venha nenhuma perturbação. A alma sabe que a fraqueza de sua natureza sensitiva sucumbiria sob a sublimidade do que acontece sobre a *montanha*, e isso impediria ao espírito a visão da face de Deus. Por conseguinte, livre de todo fardo do corpo, ela gostaria de experimentar, em sua mais recôndita intimidade, o contato com o ser divino e alegrar-se com o maravilhoso adorno com o qual ele próprio a guarneceu: um conhecimento de sua divindade, que está acima das vias usuais de conhecimento.

Mas o próprio noivo anseia pelo matrimônio. Ele quer conceder à noiva as extraordinárias potências da alma, pureza e amor singular, para que possa suportar o forte e estreito abraço de Deus. Ele produz a perfeita harmonia na alma dela. Todo jogo volúvel da fantasia, toda revolta violenta da paixão, toda timidez receosa chega ao fim. Todas as montanhas e vales são nivelados: todo excesso e tudo o que continua aquém da justa medida. As águas da tribulação devem abrandar-se, os ares da esperança devem silenciar, ao fogo da alegria já não é permitido inflamá-la; são banidos todos os temores pelos quais o inimigo maligno procura difundir trevas na alma e ofuscar a luz divina. Dessa forma, a alma pode repousar imperturbável nos braços do Amado. Ela adquiriu uma grandeza de espírito e uma firmeza que nada mais consegue abalar. Posto que possua a mais fina sensibilidade para as próprias falhas e para as alheias, já não lhe causam nenhuma dor. Com efeito, neste estado, "a alma carece agora daquela fraqueza que manifestava na prática das virtudes, conservando a força, constância e perfeição delas. Assim como os anjos avaliam perfeitamente as coisas dolorosas sem lhes sentir a dor, e exercitam as obras de misericórdia sem sentimento de compaixão, assim acontece à alma nesta transformação de amor" (Canções XX e XXI, Explicação, n. 10). Se Deus, às vezes, ainda consente com que a alma experimente dolorosamente algumas coisas, isso acontece para permitir-lhe acumular mais méritos; isso nada tem a ver com o matrimônio místico. De igual modo, sua esperança foi apaziguada pela união com Deus tanto quanto é possível nesta vida, e já nada mais espera deste mundo. "Porque, geralmente, tem a alma tanta abundância de gozo, que se assemelha às águas do mar, o qual nem diminui com os rios que dele saem, nem cresce com os que nele entram" (n. 11). Por certo, eventualmente ainda lhe são comunicados efusivos gozos, "não aumenta, porém, a comunicação substancial que recebe no espírito, porque tudo quanto lhe pode vir de novo, já o tem nela [...] Participa a alma agora, de certa maneira, da propriedade de Deus, o qual, embora se deleite em todas as coisas, não acha nelas tão grande gozo como em si mesmo, por encerrar em seu ser um bem supereminente a todas elas" (n. 12). Por conseguinte, todos os novos gozos servem à alma apenas como encorajamento a entregar-se à felicidade da união. Se ela encontra satisfação em qualquer outra coisa, logo se lhe desperta o pensamento no bem largamente mais elevado, que está presente nela, e ela volta-se para ele, a fim de buscar nele seu deleite. Em comparação, o ganho advindo do acréscimo é "algo tão insignificante, que podemos até dizer que é nada" (n. 13). Ao mesmo tempo, ela tem a sensação de constantemente saborear novos deleites, porque o bem de que ela goza reiteradamente é-lhe sempre algo novo.

"Se quiséssemos falar da iluminação de glória que por vezes resplandece na alma, neste ordinário abraço de união, e que consiste em certa conversão espiritual de Deus a ela, fazendo-a ver e gozar de uma só vez, todo este abismo de deleites e riquezas que há posto nela, nada seria capaz de exprimir a mínima parte dessa realidade. À maneira do sol quando investe em cheio sobre o mar, iluminando até os mais profundos abismos e cavernas, pondo à vista as pérolas e os riquíssimos veios de ouro e de outros minerais preciosos, assim este divino Sol do Esposo, voltando-se para a Esposa, [...] traz à luz as riquezas da alma [...] Nesta iluminação, embora de tão grande excelência, nada se acrescenta, contudo, à alma;

apenas se mostram à luz os tesouros nela encerrados, a fim de que os possa gozar" (n. 14).

Assim iluminada, fortalecida e firmemente fundamentada em Deus, já não se deixa assustar pelos terrores dos espíritos malignos. "Daí vem que nenhuma coisa é capaz de a atingir ou molestar" (n. 15). Ela já se recolheu para dentro de Deus e goza de uma paz perfeita, que supera todas as definições e não pode ser expressa por palavras humanas.

"Entrou, enfim, a Esposa no horto ameno por ela desejado" (Canção XXII). Todo o caminho ficou para trás, é terminada a preparação; durante o período do noivado, comprovou-se a fidelidade. Agora Deus a chama para o desposório no horto florido, que é Ele mesmo, o Desejado, no qual agora ela está sendo totalmente transformada. "Aqui se realiza tão estreita união das duas naturezas, e tal comunicação da divina à humana, que, sem mudança em nenhuma delas do próprio ser, cada uma parece Deus. E, embora nesta vida, não possa isto operar-se de modo perfeito, é, todavia, acima de tudo quanto se pode dizer e pensar" (n. 4). Aqui, chegada à meta, a alma possui uma maravilhosa e divina plenitude de graças, incomparáveis àquelas do noivado espiritual. A paz é muito mais profunda e mais estável. Ela sente-se unida a Deus em verdadeiro abraço espiritual interior e, assim, vive a vida de Deus. Seu colo repousa nos braços do Amado: Ele concede-lhe a própria fortaleza a fim de transformar a fraqueza dela em fortaleza divina.

Trata-se de um novo paraíso no qual ela entrou. Sob a macieira consuma-se o matrimônio. A alma fiel é introduzida nos maravilhosos mistérios de Deus, principalmente nos doces mistérios da encarnação e da redenção: assim como no Paraíso, pelo gozo do fruto proibido da árvore, a natureza humana foi estragada e entregue à corrupção, do mesmo modo, sob a árvore da cruz, ela foi por ele remida e reparada. Lá do alto da cruz é que o noivo lhe estendeu a mão de sua graça e misericórdia, e mediante os méritos de seu sofrimento e morte pôs fim à inimizade que separava o ser humano de Deus desde o pecado original. Sob a árvore do Paraíso, a mãe (a natureza humana), na pessoa dos primeiros pais, foi violada. Sob a árvore da cruz, foi restituída a vida à alma humana. O matrimônio sob a cruz não deve ser facilmente equiparado ao místico: ele já é realizado no batismo de modo definitivo, ao passo que o matrimônio místico está ligado ao aperfeiçoamento pessoal; por conseguinte, realiza-se paulatinamente por si, e depende da magnanimidade da alma. No fundo, porém, trata-se da mesma união[93].

e) Símbolo nupcial e cruz (matrimônio místico, criação, encarnação e redenção)

Encontramo-nos aqui em um ponto essencial, e devemos penetrar na compreensão ainda mais profundamente do que as explicações do próprio santo nos conduzem em palavras explícitas. Vimos na cruz o verdadeiro sinal do sofrimento e da morte de Cristo e tudo o que está ligada a ela na origem e no contexto de sentido. Ao mesmo tempo, de um lado se deve pensar no fruto da morte de cruz: a redenção. Contudo, aqui somos advertidos de que, ligada intimamente a ela, a encarnação situa-se

93. Esta explicação da estrofe 23 (28) é bastante expandida na segunda redação. A comparação do noivado no Batismo com o noivado místico é recém inserida. Corresponde ao esforço para colocar em íntima conexão a união pela graça e a união mística.

como condição do sofrimento e da morte redentores, e o pecado original como motivação para ambos. Anteriormente foi expressa a ideia de que os sofrimentos da *Noite escura* são participação no sofrimento de Cristo, sobretudo no mais profundo sofrimento: o abandono de Deus. Mediante o *Cântico espiritual*, isso recebeu expressamente uma confirmação, pois aqui o anseio cheio de saudades pelo Deus oculto é *o* sofrimento que pervaga todo o caminho místico. Mesmo na ventura da união nupcial ele não cessa; sim, de certo modo, aumenta ainda mais à medida que crescem o conhecimento e o amor de Deus, porque com eles a intuição do que a clara contemplação de Deus na glória nos deve proporcionar torna-se sempre mais tangível. (Isto é fortemente elaborado na segunda redação.) Entretanto, qual a dor humana de saudade pode mensurar-se com o sofrimento do homem-Deus, o qual, durante toda a sua vida, estava de posse da feliz contemplação de Deus, até o momento em que, no Horto das Oliveiras, graças à livre-decisão de sua vontade, privou-se deste gozo? Se é muito pouco o que a mente e o coração humanos podem conceber a respeito do que seja a bem-aventurança eterna, menos ainda conseguimos penetrar no insondável mistério de tal privação. Somente ele, o Único que a experimentou, pode levar a saborear algo dela os que ele escolheu para tal fim, na confidencialidade da união nupcial. O aban dono de Deus, em toda a sua profundidade, foi reservado exclusivamente para Ele, e só podia ser sofrido por Ele, porque era Deus e homem ao mesmo tempo; na condição de Deus, não podia sofrer, e como simples ser humano não teria podido compreender o bem de que se privou. Conseguintemente, a encarnação é condição do sofrimento; a natureza humana, capaz de padecimento e realmente sofredora, é instrumento da redenção. A motivação do sofrimento redentor e, portanto, também da encarnação, é a natureza humana na medida em que exposta à queda e efetivamente decaída[94]. Pelo pecado original, nos primeiros seres humanos, ela perdeu sua dignidade – sua perfeição original e graciosa sublimidade. Ela é elevada novamente em cada alma humana individual que renasce pela graça batismal para a filiação divina, e é coroada nas almas escolhidas que alcançam a união nupcial com o Redentor. Isto se dá "sob a árvore da cruz" – como fruto sazonado da morte de cruz e na compaixão da morte de cruz. Como, porém, devemos entender que o lugar da elevação seja o mesmo lugar da queda, que a árvore da cruz e a árvore do Paraíso sejam uma e mesma árvore? A solução parece-me estar no mistério do pecado. A árvore do Paraíso, cujos frutos eram proibidos aos seres humanos, era, na verdade, a árvore do conhecimento do bem e do mal. O ser humano só podia adquirir autêntico conhecimento do mal e de sua radical oposição ao bem praticando o mal. Destarte, podemos interpretar a árvore do Paraíso como sinal da natureza humana em sua acessibilidade ao pecado, e ao pecado real (tanto o primeiro quanto os posteriores), com todas as suas consequências, como seu fruto. Entretanto, a consequência mais terrível do pecado e, portanto, o desvelamento de sua terribilidade é o sofrimento e a morte de Cristo. Dessa forma, a redenção é fruto da árvore do Paraíso em vários sentidos: porque o pecado levou Cristo a assumir sobre si o

94. Não vemos no pecado e na necessidade de redenção a *única* motivação para a encarnação. Parece-nos que esta já está suficientemente fundamentada na ordenação da criação rumo à perfeição por meio de Cristo. João da Cruz também conhece uma razão para a encarnação independente do pecado original. Cf. *Romance sobre o Evangelho "In pricipio erat Verbum"*.

sofrimento e a morte; porque foi o pecado, em todas as suas formas de manifestação, que crucificou a Cristo, e porque o pecado, precisamente por isso, foi transformado em instrumento de redenção. A alma ligada a Cristo, porém, com a com-paixão com o Crucificado (ou seja, na *Noite escura da contemplação*), chega ao "conhecimento do bem e do mal", e experimenta-os como força redentora: enfatiza-se uma e outra vez que a alma, mediante o agudo sofrimento do autoconhecimento (como conhecimento da própria pecaminosidade), logra a purificação.

Agora, é preciso ainda advertir que se deve entender igualmente a união mística como participação na encarnação. Isso já é sugerido pela íntima ligação entre os dois mistérios. Ademais, vem indicado pelas expressões nas quais o santo fala do matrimônio místico. Quando ele fala de "tão estreita união das duas naturezas, e tal comunicação da divina à humana" (Canção XXII, n. 4), que a própria alma desposada com Deus parece Deus, recorda-se o relacionamento das duas naturezas de Cristo na união hipostática. Os teólogos também se comprazem em designar a assunção da natureza humana pelo Verbo divino como matrimônio com a humanidade[95]. Por Ele, o homem-Deus, abriu-se um caminho em direção a cada alma pessoalmente. E toda vez que uma alma a Ele se doa sem reservas, a ponto de que Ele a possa elevar ao matrimônio místico, é como se Ele se encarnasse outra vez. Obviamente permanece a diferença essencial

95. No *Romance* sobre a criação, João da Cruz tratou a encarnação como matrimônio com a humanidade. Este matrimônio aparece aqui até mesmo como motivação para a criação. Surpreendentemente, o pecado original é completamente omitido no *Romance*. A redenção aparece como libertação do jugo da lei.

de que em Jesus Cristo ambas as naturezas são uma em uma Pessoa, ao passo que no matrimônio místico duas pessoas entram em união e se conservam em sua dualidade. No entanto, mediante a doação mútua de ambas, concretiza-se uma união que se abeira à hipostática. Ela abre as almas para a recepção da vida divina e, pela completa submissão da própria vontade à divina, concede ao Senhor a possibilidade de dispor de tais pessoas como dos membros de seu próprio corpo. Elas já não vivem a própria vida, mas a vida de Cristo; já não padecem o próprio sofrimento, mas o sofrimento de Cristo. É por isso que se alegram também com a vida da graça que o Senhor inflama em outras almas, quando a centelha do amor divino as toca, e o vinho deste amor transporta-as para uma embriaguez venturosa.

A alma que chegou ao matrimônio místico encontra-se na *mais interior adega* do Amado, ou seja, no mais elevado grau do amor. O santo distingue aqui sete graus do amor, correspondentes aos sete dons do Espírito, e considera o temor como o último e completo dom: "Assim, quando a alma chega a possuir em perfeição o espírito de temor, tem igualmente em perfeição o espírito de amor, pois esse temor, que é o último dos sete dons, é filial, e sendo temor perfeito de filho, procede do amor perfeito do Pai" (Canção XXVI, Explicação, n. 3). Nesta mais íntima união, a alma *bebe* do Amado. "Assim como a bebida se espalha e derrama por todos os membros e veias do corpo, assim esta comunicação divina se difunde substancialmente em toda a alma [...] conforme sua própria substância e segundo suas potências espirituais. Quanto ao entendimento, bebe sabedoria e ciência; quanto à vontade, bebe amor suavíssimo; e, quanto à memória, bebe alegria e deleite, com lembrança e sentimento de glória"

(n. 5). Ao emergir de sua profunda imersão – não é nenhuma interrupção da união essencial, mas apenas seu efeito nas potências –, ela "já nada mais sabia" (n. 11). "A razão disso é que aquela bebida de altíssima sabedoria de Deus, que ali recebeu, fez a alma olvidar todas as coisas do mundo. Parece haver olvidado até o que antes sabia; aliás, todo o saber humano das criaturas, em comparação daquela ciência divina, é pura ignorância" (n. 13). [...] "Além disso, aquele endeusamento e transporte do espírito em Deus [...] não a deixa advertir em coisa alguma do mundo. E não somente fica a alma abstraída e aniquilada em relação a todas as coisas, mas ainda a si mesma, como resumida e desfeita em amor [...] De certo modo, está a alma aqui como Adão no estado de inocência, que ignorava toda malícia; porque está agora tão inocente, que não compreende o mal, nem julga haver maldade em coisa alguma. Ouvirá talvez muitas coisas más, e as verá com seus olhos, e não será capaz de entender que o são [...]" (n. 14). (Isto não está em contradição com o que foi dito brevemente antes: que a contemplação dá o conhecimento do bem e do mal. Tal conhecimento pertence aos começos do caminho místico, ao passo que o não saber a respeito do mal pertence à renovada inocência no cume da perfeição.) Além do mais, "não vamos pensar, porém, que a alma, permanecendo neste 'não saber', venha a perder agora os hábitos de ciências adquiridas anteriormente, pois até se aperfeiçoam com este novo hábito mais perfeito, que é o da ciência sobrenatural infusa. Somente acontece que não mais têm domínio na alma de modo a que ela necessite servir-se deles para saber, embora lhe seja possível isto algumas vezes. Nesta união de sabedoria divina, juntam-se esses hábitos com uma sabedoria superior [...], como uma luz pequenina que se une a outra muito mais possante que a absorve e passa a brilhar sozinha. A luz menor não se extingue, mas se aperfeiçoa na maior, embora por si mesma não seja a que mais brilha [...]" (n. 16). "Na absorção de amor em que a alma está, perde e ignora todos os conhecimentos e noções particulares das coisas, bem como qualquer outra apreensão que tenha forma ou figura; e isto sucede por duas causas. A primeira é que, ficando a alma atualmente absorvida e imersa naquela bebida de amor, não pode atender nem ocupar-se em outra coisa de modo atual. A segunda, e principal, é ser a mesma alma, naquela transformação em Deus, de tal maneira assimilada à simplicidade e pureza do próprio Deus (a qual não pode conter forma ou figura alguma imaginária) [...]" (n. 17). Contudo, este não saber dura apenas até que tenha passado o efeito especial do amor.

O *beber na adega*, porém, tem ainda outro efeito: um homem totalmente novo ocupa o lugar do homem velho. Até chegar a este estado de perfeição, por mais elevada que seja a espiritualização, a alma ainda conserva algum *rebanhozinho* de apetites, gostinhos e imperfeições. A alma "anda atrás deles procurando apascentá-los, isto é, ocupando-se em satisfazê-los e seguir-lhes as inclinações" (n. 18). O entendimento, na maioria das vezes, ainda conserva algo de seu antigo apetite de saber as coisas; a vontade ainda se deixa levar por apetites e gostinhos pessoais. A pessoa deseja ainda a posse de certas coisinhas e cultiva certas inclinações; gosta de correr atrás de apreço e facilmente se sente negligenciada; adota ainda uma escolha quanto à comida e à bebida segundo o próprio gosto; deixa-se incomodar por inúteis cuidados, gozos, sofrimentos e temores. Este é aquele rebanho de imperfeições que tais almas seguem apascentando, "até entrarem nesta adega interior onde vêm beber. Perdem-no, então, inteiramente, sendo transformados todos no amor [...]" (n. 19).

Na união nupcial, Deus cerca a alma com um amor a que até mesmo o mais terno amor maternal não pode ser comparado. "Ali me abriu seu peito", isto é, revela-lhe os próprios segredos e concede-lhe "a ciência deleitosa" da teologia mística, a ciência secreta de Deus. Por isso, ela também se entrega a Ele sem deixar coisa, "querendo ser toda sua, e não ter em si mesma coisa estranha de Deus" (Canção XXVII, n. 6). E visto que Deus afastou dela tudo a que seu coração se apegava, pode ela doar-se sem reservas não apenas segundo a vontade, mas também por obra. Ambas as vontades são inteiramente uma, ligadas em fidelidade e firmeza para sempre. Inclusive os primeiros movimentos da alma nunca mais se voltam contra o que ela reconhece como sendo a vontade de Deus. A alma não sabe outra coisa a não ser amar, e andar sempre em deleites de amor com o Esposo. Ela já "atingiu a perfeição, cuja forma e ser é o amor [...]; logo esta alma já perfeita é toda amor se assim podemos dizer, e todas as suas ações são amor; todas as suas potências, e enfim, todo o seu cabedal, emprega no amor [...]. E tão bem vê a alma como o Amado nenhuma coisa aprecia nem de nada se serve, fora do amor, que ela, em seu desejo de o servir com perfeição, tudo emprega unicamente no puro amor de Deus. [...] À semelhança da abelha que suga o mel contido nas flores, e delas não se serve para outro fim, do mesmo modo a alma, agora, em tudo quanto lhe acontece, com grande facilidade tira a doçura de amor ali encerrada" (n. 8).

O fato de Deus comprazer-se unicamente no amor e em suas manifestações tem sua razão nisso que todas as nossas obras e trabalhos são um puro nada diante de seus olhos. Nada lhe podemos dar, Ele de nada carece e nada exige. "Seu único desejo: o de exaltar a alma. [...] e se de alguma coisa é servido é de que a alma seja engrandecida. Ora, não há maior grandeza para a alma do que ser igualada a Deus. Por isso, Ele se serve somente do amor da alma, pois é próprio do Amor igualar o que ama com o objeto amado. Como a alma já possui, enfim, perfeito amor, é chamada Esposa do Filho de Deus; este nome significa essa igualdade que tem agora com Ele, – igualdade de amizade que torna tudo comum entre os dois [...]". (Anotação para a canção seguinte – n. XXVIII –, n. 1).

Agora a alma, com tudo o que é e tem, está a serviço de Deus. Para ela, é tão natural operar para Ele e para sua glória, que amiúde o faz sem sequer pensar e sem tomar consciência de que age para Deus. Anteriormente, a alma costumava entregar-se a "muitos ofícios inúteis [...]. Tantos eram esses ofícios, podemos afirmar, quantos hábitos imperfeitos possuía [...]: dizer palavras inúteis e pensar e ocupar-se em coisas vãs, não se servindo de suas faculdades conforme à perfeição da alma" (Canção XXVIII, n. 7). "Agora, já não tem mais esses ofícios porque doravante todas as suas palavras, pensamentos e obras são de Deus, orientadas para Ele [...]" (n. 7). Já não tem nenhum outro ofício senão amar. Todas as suas potências só continuam ativas pelo amor e no amor. Isso aplica-se-lhe à vida de oração bem como à ocupação com as coisas temporais. Antes da união de amor, ela devia exercitar-se no amor tanto na vida ativa quanto na contemplativa. Neste estado, porém, já não é oportuno ocupar-se com outras obras e exercícios exteriores que possam constituir o menor obstáculo à vida de amor em Deus. Isso vale também quando se trata de obras que incrementam sua glória em grau mais elevado. Com efeito, "é mais precioso diante dele e da alma um pouquinho desse puro amor, e de maior proveito para a Igreja, embora pareça nada fazer a alma, do que todas as demais obras juntas" (Anotação para a canção seguinte, n. 2).

Se o mundo considera como perdida a pessoa que já não quer saber dos negócios e distrações dele, a alma assume sobre si, com prazer, esta censura. Ela reconhece corajosa e livremente: sim, perdi-me. Este estar-perdida, para ela, equivale a ser-ganhada. "Não pretende vantagem ou prêmio algum a não ser perder tudo e a si mesma, voluntariamente, por Deus, e nisto encontra todo o seu lucro" (n. 11). Interpretando-se espiritualmente, significa que ela, em suas relações com Deus, perdeu-se a todas as vias e modos naturais de agir, e relaciona-se com Deus apenas na fé e no amor. Pois foi ganhada para Deus, "porque está verdadeiramente perdida a tudo quanto não é Ele" (n. 11).

Mas, então, tudo está ganhado também para a alma. Ela está ornada com virtudes e dons de escol, como de *flores e esmeraldas* (Canção XXX). Unidas em uma grinalda, elas formam um perfeito e belo adereço de noiva. E todas as santas almas, juntas, por sua vez, formam uma grinalda que a Igreja Esposa trança com Cristo, o noivo. Todas as flores com as quais a alma está adornada são presentes do Amado. O *cabelo*, que une firmemente as virtudes, é a vontade e seu amor, que é *o vínculo da perfeição* (Cl 3,14). Sem este vínculo todas as flores das virtudes desmoronam e são destruídas. O amor deve ser forte para conservar unida a grinalda das virtudes. Se assim o for, e se a fé for fiel e simples, então Deus olha para elas com agrado e se faz, Ele mesmo, prisioneiro delas. "Grande é o poder e a porfia do amor, que ao próprio Deus prende e encadeia! [...] Na verdade, é tal a condição de Deus que, se o levarem por bem, conseguirão dele tudo quanto quiserem. Se procederem de outra maneira, não adianta falar-lhe, nem se pode alcançar dele coisa alguma, por maiores extremos que se façam [...] Conhecendo a alma esta realidade, e quão longe de seus méritos estão as grandes mercês que Deus lhe há feito, em levantá-la a tão sublime amor, com tão ricas prendas de dons e virtudes, tudo atribui a Ele" (Anotação para a canção seguinte, n. 1). Ela nada atribui a si mesma, tudo a Deus. Se é digna de amor aos olhos dele é porque seu olhar amoroso a tornou capaz disso. Por sua graça, Ele tornou-a tão bela que agora pode amá-la intimamente. De fato, Deus não pode amar nada fora de si. "Para Deus [...], amar a alma é de certa maneira pô-la em si mesmo, igualando-a consigo; ama, então, essa alma, nele e com ele, com o próprio amor com que se ama; daí vem à alma merecer, em cada uma de suas obras, o amor de Deus, pelo fato de só agir em Deus" (Canção XXXII, n. 6). Agir na graça de Deus significa para a alma: contemplar a Deus. Iluminados pela graça, os olhos de seu espírito conseguem ver o que anteriormente estava oculto à sua cegueira: "Grandeza de virtudes, abundância de suavidade, imensa bondade, amor e misericórdia, inumeráveis benefícios, recebidos dele [...]" (n. 8). No passado, tudo isso eles não podiam nem ver nem adorar, "pela grande rudeza e cegueira da alma privada da graça divina" (n. 8). Ela não pensa na obrigação de reconhecer e de adorar a benignidade de Deus, disso não se apercebe de forma alguma. "Até este ponto chega a miséria das almas que vivem, ou, dizendo melhor, estão mortas no pecado" (n. 9).

Uma vez que Deus tirou da alma "o pecado e deformidade, não mais lho lança em rosto, nem por isto lhe deixa de fazer maiores mercês" (Anotação para a Canção seguinte, n. 1). A alma, no entanto, não se deve esquecer de seus erros antigos. Em decorrência, não se tornará arrogante, permanecerá sempre agradecida, e crescerá sua confiança em obter coisas ainda maiores. A lembrança de seu antigo estado ignominioso eleva-lhe ainda mais sua ventura ao lado do Esposo divino. Se ela, por si mesma, era *de cor trigueira* por causa do pecado, agora está adornada com beleza pelo olhar gracioso de Deus e, assim, digna de novas mercês. De fato, Ele dá *graça sobre graça* (Jo 1,16): "De fato, quando Deus vê a alma ornada de graça a seus olhos muito se inclina a conceder-lhe ainda maior graça, em razão de permanecer dentro dela com agrado. [...] Se antes de estar a alma em graça, já a amava Deus por si mesmo, agora que ela se acha revestida de graça, Deus a ama não só por si mas também por causa dela. Enamorado pela formosura da alma [...], comunica-lhe sempre mais amor e mais graças; vai progressivamente elevando-a e enaltecendo-a, e assim, na mesma proporção, vai ficando mais cativo e enamorado dela" (Canção XXXIII, n. 7). "Quem poderá dizer até onde engrandece Deus uma alma quando se digna agradar-se dela? Não há quem o possa sequer imaginar; porque, enfim, é como Deus que o faz, para mostrar quem é" (n. 8).

Por amor do Amado, a alma buscou livremente a solidão, ou seja, renunciar a tudo o que é terreno. Contudo, nesta solidão, viveu dificuldades e angústias; agora, porém, Deus a conduziu a uma nova e perfeita solidão, onde ela acha descanso e refrigério. "Nesta solidão em que a alma permanece a respeito de todas as criaturas e na qual está só com Deus, Ele a guia e move levantando-a às coisas divinas" (Canção XXXV, n. 5). "[...] também opera sozinho na mesma alma, sem outro meio algum. [...] De fato, a peculiaridade [...] é esta de agir e comunicar-se Ele por si mesmo, e não mais por meio de anjos, ou da capacidade natural da alma; porque os sentidos, interiores e exteriores, bem como todas as criaturas, e até a própria alma, quase nada valem aqui para contribuir de sua parte à recepção das grandes mercês sobrenaturais concedidas por Deus neste estado. [...] Por isso não lhe quer dar outra companhia para progredir, nem a confia a alguém a não ser a Ele mesmo" (n. 6).

Da mais elevada cimeira desta vida, alça-se, então, a ânsia da alma pela visão eterna: para o *monte* do conhecimento essencial de Deus no Verbo Eterno e para a *colina* da "sabedoria manifestada em suas criaturas, obras, e disposições admiráveis" (Canção XXXVI, n. 6)[96]. Esta sabedoria divina, tal como água pura, deve libertá-la de todas as manchas da ignorância. Quanto mais cresce o amor, tanto maior se torna o desejo de reconhecer pura e claramente a sabedoria divina e penetrar sempre mais profundamente na espessura dos imperscrutáveis conselhos e mistérios de Deus. A alma, a troco de conseguir isso, "com grande alegria e gosto estaria disposta a abraçar todas as angústias e sofrimentos do mundo, e a passar por tudo quanto pudesse servir de meio para isso, ainda mesmo pelas coisas mais difíceis e penosas [...]" (n. 11). "Entende-se [...] por esta espessura, em que a alma agora deseja entrar, a profusão e intensidade dos trabalhos e tribulações que está disposta a abraçar, porquanto lhe é saborosíssimo e proveitosíssimo o padecer. Na verdade, o padecer é para a alma o meio para entrar mais adentro

96. "*...zum 'Hügel' der 'Weisheit niederen Ranges, die sich in den Geschöpfen und wunderbaren Werken offenbart'* ["...para a 'colina' da sabedoria de ordem inferior que se revela nas criaturas e em obras maravilhosas"]. Nas linhas seguintes é que o autor fala "da sabedoria manifestada de modo menos elevado" [N.T.].

na espessura da deleitosa sabedoria de Deus, porque o mais puro padecer traz mais íntimo e puro entender, e, consequentemente, mais puro e subido gozar, pelo fato de ser conhecimento em maior profundidade. Por isso, não se contentando a alma com qualquer maneira de padecer, diz: [...] entremos até nos apertos da morte, a fim de ver a Deus" (n. 12). "Oh! se acabássemos já de entender como não é possível chegar à espessura e sabedoria das riquezas de Deus, tão numerosas e variadas, a não ser entrando na espessura do padecer de muitas maneiras, pondo nisto a alma sua consolação e desejo! E como a alma verdadeiramente desejosa da sabedoria divina, deseja primeiro – para nela entrar –, padecer na espessura da cruz! [...] Com efeito, para entrar nestas riquezas da Sabedoria divina, a porta – que é estreita –, é a cruz" (n. 13). Ela conduz às *subidas cavernas de pedra*, que são "os mistérios sublimes, profundos e transcendentes da Sabedoria de Deus que há em Jesus Cristo: a união hipostática da natureza humana com o Verbo Divino; a correspondência que há entre esta união e a dos homens com Deus [...]. [...] cada um dos mistérios de Cristo é profundíssimo em sabedoria, e encerra muitas cavidades de ocultos juízos de Deus, sobre a predestinação e presciência quanto aos filhos dos homens" (Canção XXXVII, n. 3). "[...] não obstante os maiores mistérios e maravilhas desvendados pelos santos doutores da Igreja, e manifestados na vida presente às almas eleitas, o principal lhes ficou ainda por dizer, e mesmo por entender. Assim, há muito que aprofundar em Cristo [...]" (n. 4), pois "Em Cristo estão escondidos todos os tesouros de sabedoria e ciência" (Cl 2,3). É impossível à alma chegar a tais tesouros "se não passar primeiro pelos apertos do sofrimento interior e exterior, os quais são meios para alcançar a divina sabedoria. Com efeito, mesmo aquilo que nesta vida podemos conhecer dos mistérios de Cristo, não nos é dado alcançar senão depois de muito sofrimento, e de grandes mercês intelectuais e sensíveis de Deus, havendo também precedido um longo exercício espiritual, porque todas estas graças são inferiores à sabedoria dos mistérios de Cristo, e como disposições para chegar a ela" (n. 4). O gozo deste conhecimento divino é o vinho temperado que os amantes degustam juntos.

"Esta pretensão da alma é a igualdade de amor com Deus, natural e sobrenaturalmente apetecida por ela; porque o amante não pode estar satisfeito se não sente que ama tanto quanto é amado. E como a alma vê que na sua transformação em Deus, a que chegou nesta vida, embora seja o amor imenso, não pode este igualar na perfeição ao amor com que Deus a ama, deseja a clara transformação da glória, em que chegará à igualdade do amor[97]. [...] assim, a alma chega a amar a Deus com a vontade e força do mesmo Deus, estando unida à mesma força de amor com que é amada por Ele. Esta força é a do Espírito Santo, no qual está a alma ali transformada; havendo sido dado a ela este Espírito de Deus para ser a força de seu amor, é Ele que dá e supre, em razão da transformação de glória, o que lhe falta" (Canção XXXVIII, n. 3).

---

97. Neste número, o texto alemão afasta-se consideravelmente do de *Obras*, inclusive do texto da Explicação da Canção XXVIII na Primeira Redação do Cântico (cf. o Apêndice), omitindo ainda várias linhas sem assinalar o fato [N.T.]: *"Über alles aber ersehnt die Seele die Gleichförmigkeit mit der göttlichen Liebe. Sie möchte Gott so lieben, wie sie von ihm geliebt wird. Dahin kann sie jedoch in diesem Leben auch auf der höchsten Stufe nicht gelangen, es bedarf dazu der Umgestaltung in der ewigen Herrlichkeit"* ["A alma anseia sobretudo pela uniformidade com o amor divino. Ela gostaria de amar a Deus tanto quanto é por ele amada. Contudo, a tanto não pode chegar nesta vida, mesmo estando no mais elevado grau; para isso é necessária a transformação na glória eterna"].

Simultaneamente à perfeição do amor, ela espera a glória eterna, isto é, a contemplação da essência divina a que Deus a predestinou desde toda a eternidade. Ela menciona-a somente em segundo lugar, porque o amor pertence à vontade e é principalmente o fim de tudo; afinal, corresponde ao amor dar, não receber; ao entendimento, porém, ao qual pertence a glória, corresponde o receber, não o dar. "Ora, como a alma aqui está embriagada de amor, não repara na glória que Deus lhe há de dar, porque se ocupa somente em dar-se a Ele, na entrega do verdadeiro amor, sem interesse algum pelo seu próprio proveito" (n. 5). Demais, a primeira pretensão inclui em si a segunda; "pois, na verdade, é impossível chegar ao perfeito amor de Deus sem a perfeita visão de Deus" (n. 5). A contemplação de Deus – isto é o que Deus lhe preparou de toda a eternidade. Isto, no entanto, é algo que "o olho não viu, nem o ouvido ouviu, nem jamais veio ao coração do homem" (1Cor 2,9; Is 64,3). O que ela intui a este respeito é tão avassalador que ela não encontra nenhuma outra palavra para referi-lo senão *aquilo*. Não é possível dar uma explicação desta palavra misteriosa. O próprio Senhor o sugeriu no *Apocalipse*, pela boca de São João, em sete diversos termos, vocábulos e comparações: "Ao vencedor darei a comer da árvore da vida que está no paraíso de meu Deus" (Ap 2,7). "Sê fiel até a morte e te darei a coroa da vida" (Ap 2,10). "Ao vencedor darei do maná escondido; e lhe darei uma pedra branca e sobre a pedra: estará escrito um nome novo, que ninguém conhece, senão só quem o recebe" (Ap 2,17). "Quem vencer e guardar até o fim as minhas obras, eu lhe darei poder sobre as nações, e as regerá com vara de ferro, e como um vaso de barro se despedaçarão, assim como eu também recebi de meu Pai; e dar-lhe-ei a estrela da manhã" (Ap 2,26-28). "O vencedor será assim vestido de vestes alvas; e jamais lhe apagarei o nome do livro da vida; antes confessarei o seu nome diante de meu Pai" (Ap 3,5) (n. 7). "Ao vencedor, farei dele coluna no templo de meu Deus, e jamais sairá fora; escreverei sobre ele o nome de meu Deus, e o nome da cidade nova de Jerusalém de meu Deus, que desce do céu de meu Deus, e também meu nome novo" (Ap 3,12). "Ao vencedor, eu o farei sentar-se comigo no meu trono; assim como também eu venci e me sentei com meu Pai no seu trono" (Ap 3,21). "Todas estas palavras são ditas pelo Filho de Deus, para dar a entender *aquilo*. Quadram-lhe muito perfeitamente, mas não o exprimem. Com efeito, esta peculiaridade têm os mistérios infinitos: a de lhe quadrarem bem as expressões mais sublimes, em qualidade e magnificência, sem que, todavia, alguma delas, ou todas juntas, os declarem" (n. 8).

A alma que alcançou o estado de matrimônio místico não fica no desconhecimento total sobre este imensurável e inefável. A transformação em Deus já lhe deu penhores daquele mistério: o *aspirar da brisa*, que lhe é dado pelo Espírito Santo, uma aspiração precisamente deste Espírito Santo, o Espírito do amor, que o Pai e o Filho juntos aspiram. "Nesta transformação, o divino Espírito aspira a alma, no Pai e no Filho, a fim de uni-la a si na união mais íntima. Se a alma, com efeito, não se transformasse nas três divinas Pessoas da Santíssima Trindade, num grau revelado e manifesto não seria verdadeira e total a sua transformação. Essa aspiração do Espírito Santo na alma, com que Deus a transforma em si, causa-lhe tão subido, delicado e profundo deleite, que não há linguagem mortal capaz de o exprimir; nem o entendimento humano [...] pode conceber a mínima ideia do que seja"

(n. 3). [...] "Nessa transformação em que a alma está, ainda nesta vida, produz-se a mesma aspiração de Deus à alma e da alma a Deus [...]. Com muita frequência a experimenta, e com subidíssimo deleite de amor em seu íntimo, embora não se lhe descubra em descoberto e manifesto grau, como na outra vida. [...] Não é, pois, coisa impossível chegar a alma a atingir tão grande altura [...]. Se Deus, de fato, lhe concede a graça de ser unida à Santíssima Trindade, tornando-se a alma assim deiforme e Deus por participação, como podemos achar incrível que ela tenha em Deus todo o seu agir, quanto ao entendimento, notícia e amor [...], na Santíssima Trindade, juntamente com ela e como a mesma Santíssima Trindade? Nisto consiste a transformação da alma nas três divinas Pessoas, em poder, sabedoria e amor; nisto também torna-se a alma semelhante a Deus, e para chegar a este fim é que foi criada à sua imagem e semelhança" (n. 4).

Na aspiração da *suave brisa*, a alma percebe em seu íntimo a doce voz do Amado e a ela une a própria voz em jovial jubilação. Assim como o rouxinol canta na primavera, quando já são passados os frios, as chuvas e as inconstâncias do inverno, eis que ressoa a canção do amor em nova primavera da alma, quando ela, "amparada e livre agora de todas as perturbações e contingências do tempo, desprendida e purificada de todas as imperfeições, penas e obscuridades, tanto do sentido como do espírito, sente-se [...] com liberdade, dilatação e alegria de espírito [...]" (n. 8). "[...] nesse refrigério e amparo, com profundo de gozo, também ela [...] eleva sua própria voz, num novo canto de júbilo [...], cantando juntamente com Aquele que a move a isso. É para este fim que o Esposo lhe comunica sua voz: para que a esposa una a própria voz à dele, no louvor de Deus " (n. 9). Porquanto Deus deseja ansiosamente que "a alma lhe faça ouvir esta voz de jubilação perfeita" (n. 9). É próprio da perfeita jubilação que esteja enraizada no conhecimento dos mistérios da encarnação. Entretanto, perfeito é o que a alma faz no estado da união. Conseguintemente, seu júbilo é doce para Deus e para si mesma, posto que ainda não alcance o novo cântico na glória eterna.

Deus também se lhe revelará como Criador e Conservador de todas as criaturas (como *souto*, com sua abundância de animais e plantas), e ela chegará ao conhecimento da graça, da sabedoria e da beleza de Deus em cada uma das criaturas do céu e da terra, assim como em suas mútuas relações e em sua ordem harmoniosa. Isto acontece agora na noite escura da contemplação, na recepção misteriosa, de que ela própria não pode dar conta. Isso acontecerá na *noite serena* da clara visão beatífica de Deus.

Por fim, a chama do amor divino a transformará na perfeição do amor sem lhe causar pena. "E isto só pode acontecer no estado de bem-aventurança, sendo então essa chama de amor suavíssimo. [...] Portanto não há sofrimento devido à variação de intensidade, para grau maior ou menor, como acontecia antes que a alma chegasse a ser capaz desse perfeito amor" (n. 14). Nesta vida, porém, a transformação jamais está livre da dor, mesmo no mais elevado grau do amor, e a natureza ainda incorre sempre em agitação. A pena surge do forte anseio pela feliz transformação; "[...] de outra parte, o sentido, fraco e corruptível, sofre detrimento com a força e sublimidade de tão grande amor, pois é certo que qualquer coisa transcendente causa pena e detrimento à fraqueza natural. [...] Quando esta, porém, chegar à vida beatífica, nenhum detrimento e pena sentirá, mesmo sendo profundíssima a sua compreensão de Deus e sem medida o seu amor;

porque Deus dará capacidade ao entendimento, e fortaleza ao amor, consumando o mesmo entendimento com sua sabedoria, e a vontade como seu amor" (n. 14).

A alma aguarda esta feliz consumação na profunda paz da certeza de que está plenamente preparada para ela e já nem deve temer perigo de lado algum. O inimigo maligno é posto em fuga de modo tão completo, que já não ousa mostrar-se. Nenhuma criatura intui algo do que ela goza em seu escondimento em Deus. Já não se encontra sitiada por paixões e apetites que lhe ameacem o sossego. As potências sensitivas estão unidas e conformadas ao espírito de tal maneira, que podem participar das grandezas espirituais de Deus no íntimo do espírito. Nada obstante, elas não podem gozar das *águas* dos bens espirituais, mas apenas *avistá-las*. "Na verdade, a parte sensitiva [...] não tem capacidade para saborear, de modo particular e essencial, os bens espirituais, e isto não só nesta vida, mas nem na eternidade. Apenas por certa redundância do espírito é que recebe sensivelmente recreação e deleite daqueles bens; por meio deste deleite, os sentidos e potências corporais são atraídos ao recolhimento interior onde está a alma bebendo as águas dos bens espirituais. Mais propriamente se pode dizer, portanto, que descem à vista das águas, do que bebem e gozam delas" (Canção XL, n. 6). "Eles descem", como cavaleiros de seus cavalos, visto que "também se recolhem, com todas as potências sensitivas e todas as forças naturais" (n. 5).

Na sequência policroma das imagens, foi desvelado diante de nós todo o caminho da alma. Com isso, ao mesmo tempo, pudemos perscrutar os misteriosos conselhos de Deus, os quais, desde a manhã da criação, traçaram este caminho. Vemos como a via oculta da alma está entretecida com os mistérios da fé. Desde a eternidade foi ela escolhida para, como a noiva do Filho de Deus, participar da vida trinitária da divindade. A fim de reconduzir a noiva ao lar, o Verbo Eterno reveste-se da natureza humana. Deus e a alma devem ser *dois em uma única carne*. Contudo, visto que a carne do ser humano pecador está em revolta contra o espírito, toda a vida na carne é luta e sofrimento: para o *Filho do Homem*, mais do que para qualquer outro ser humano, e mais para os outros, tanto mais intimamente estiverem unidos a Ele. Jesus Cristo corteja a alma na medida em que arrisca a própria vida pela dela na luta contra os inimigos de ambos. Ele afugenta satanás e todos os espíritos malignos onde os encontra pessoalmente. Arranca as almas às tiranias deles. Implacavelmente desnuda a maldade humana onde quer que lhe venha ao encontro, cega, velada e empedernida. A todos os que reconhecem a própria pecaminosidade, contritamente a confessam e desejam ardentemente libertar-se dela, Ele estende a mão, mas exige deles seguimento incondicional e renúncia a tudo o que neles se opõe a seu Espírito. Por tudo isso, desperta Ele a ira do inferno e o ódio da maldade e da fraqueza humanas contra si, até que estas se desencadeiam e causam-lhe a morte na cruz. Aqui, nos mais extremos tormentos do corpo e da alma, principalmente na noite do abandono de Deus, Ele paga o resgate à justiça divina, pela acumulada dívida do pecado de todos os tempos, e abre as comportas da paternal misericórdia para todos os que têm a coragem de abraçar a cruz e o Crucificado. Sobre eles infundem-se sua luz e vida divinas, mas dado que elas inexoravelmente aniquilam tudo o que se lhes interpõe no caminho, a princípio experimentam-nas como noite e morte. É a noite obscura da contemplação, da morte de cruz do *homem velho*. A noite é tanto mais obscura, a morte é tanto mais tormentosa quanto mais vigorosamente este cortejo alcança a alma e quanto mais irrestritamente a alma se lhe entrega. O progressivo desmoronamento da natureza cede cada vez mais espaço à luz sobrenatural e à vida divina. Elas apoderam-se das potências naturais e transformam-nas em divinas e espirituais. Assim se realiza nova encarnação de Cristo no cristão, a qual tem o mesmo significado de uma ressurreição da morte de cruz. O *homem novo* traz as marcas de Cristo em seu corpo: a recordação da miséria do pecado, da qual despertou para a vida bem-aventurada, e do preço que teve de ser pago para isso. E resta-lhe a dor da ânsia pela plenitude da vida, até que, através da porta da verdadeira morte corporal, seja-lhe permitido entrar para a luz que não conhece sombras.

Destarte, a união nupcial da alma com Deus é a meta para a qual foi criada, comprada pela cruz, realizada na cruz e selada com a cruz por toda a eternidade.

III
Seguimento da cruz (fragmento)

A doutrina da cruz de São João não seria tratada como *ciência da cruz* no sentido que damos a esta palavra, caso se baseasse em mera compreensão do entendimento. Ela traz, no entanto, a autêntica marca da cruz. São os galhos amplamente ramificados de uma árvore que lançou suas raízes no mais profundo da alma e alimenta-se de sua força vital. Seus frutos, vemo-los na vida do santo.

O amor que ele traz no coração pelo Crucificado é testemunhado pelo amor à imagem da cruz. Esta deixou sua marca na casinha de Duruelo. É notória a impressão deixada na santa Madre Teresa: "Entrei na igrejinha e fiquei maravilhada de ver o ambiente de devoção que o Senhor ali fazia reinar. E não fui eu só: dois mercadores, meus amigos, que me tinham acompanhado desde Medina, não faziam senão chorar. Por toda parte cruzes! Por toda parte caveiras! Não me posso esquecer de uma cruzinha de madeira posta sobre a pia da água-benta, à qual estava colocada uma imagem de papel com um Cristo. Infundia mais devoção, a meu parecer, do que se fora muito bem lavrada, de escultura"[98]. Deve-se supor que o primeiro carmelita descalço, o antigo aprendiz de entalhador e de pintor, tenha feito estas cruzes, ele mesmo, para o adorno de seu pequeno mosteiro. Elas

98. Teresa de Jesus, *As fundações*, em Obras de Santa Teresa de Jesus, Tomo II. Rio de Janeiro: Vozes, 1956, p. 87.

correspondiam perfeitamente ao que ele, posteriormente, registrou a respeito da veneração de imagens: que o material precioso e a confecção artística podem ser um perigo, porque, por eles, facilmente a pessoa pode desviar-se do essencial – do espírito de oração e do caminho de união com Deus[99]. Contudo, ele queria conduzir a si mesmo e aos outros à união pela imagem da cruz, bem como por todos os demais meios. Por esta razão é que ele, também posteriormente, comprouve-se tanto em entalhar cruzes e presenteá-las. De igual modo, não encontrou nada melhor do que uma cruz para oferecer ao seu amigável carcereiro em Toledo, Pe. João de Santa Maria, em agradecimento por seu secreto serviço de caridade. Por uma circunstância especial, este presente deve ter sido humanamente caro tanto ao doador quanto ao receptor: João recebera-o da santa madre em Duruelo. Para ele, provavelmente era apenas mais uma razão para desfazer-se dele.

Quão aprazíveis fossem ao Senhor este amor à imagem da cruz e o fervor em proporcionar sua devida veneração, testemunham-no as visões da cruz das quais se falou anteriormente. Em todo caso, contribuíram para imprimir ainda mais profundamente o sinal sagrado no coração. Ele segurava a cruz na mão durante a última noite de sua vida. Pouco antes da meia-noite, quando se aproximava o momento previsto da morte, entregou-a a um dos presentes para segurá-la, a fim de, com ambas as mãos, colocar todo o seu corpo na ordem correta. Depois, no entanto, retomou o *santo Cristo*, disse-lhe ternas palavras e beijou-o pela última vez, antes de expirar leve e imperceptivelmente[100].

---

99. Cf. *Subida*, Cap. XXXV.

100. Cf. P. Bruno, *Vie d'Amour*, p. 264.

É bom venerar o Crucificado na imagem e preparar imagens que instiguem sua veneração. Contudo, melhores do que imagens de madeira ou de pedra são imagens vivas. Mas a grande missão de vida do reformador da Ordem e guia espiritual era formar almas à imagem de Cristo e plantar-lhes no coração a cruz. Todos os seus escritos estavam a serviço desta missão. Dela falam – em forma ainda mais pessoal – suas cartas, e as testemunhas atestam sua efetividade.

No Carmelo de Granada, deu à sua filha espiritual Maria Machuca o santo hábito e impôs-lhe o nome de Maria da Cruz. Em seguida, foi conduzida até ele no locutório com a observação de que seria particularmente amada por ele porque se chamava *da cruz*; ele respondeu que certamente lhe seria mais cara se amasse a cruz. Insistentemente, cuidava de incutir no coração das pessoas com as quais entrava em contato a ideia de que deviam "ter grande preferência pelo sofrimento, inteiramente por amor a Cristo, sem desejar consolação terrena". Frequentemente dizia [...]: 'Minha filha, nada desejes senão a cruz, e, para ser preciso, sem consolação; de fato, que é uma linda coisa'".

À sua penitente Joana de Pedraza, em Granada, como resposta a queixas sobre seu sofrimento, escreveu: "Tudo são golpes e toques na alma a fim de estimulá-la no amor; levam-na a ter mais oração e despertam espirituais anseios por Deus, para que Ele conceda aquilo que ela lhe suplica. [...] Oh! Grande Deus de amor e Senhor! Quantos tesouros depositais naquele que só a Vós ama e não acha seu prazer senão em Vós! Pois entregai-vos a vós mesmo e vos tornais uma só coisa com Ele por amor! E nisto lhe dais a amar e saborear aquilo que a alma mais deseja em vós e o que mais lhe aproveita! Entretanto, porque convém que não nos falte a cruz, como ao nosso Amado, até a morte de amor, Ele ordena as nossas paixões no amor do que mais desejamos, a fim de que façamos maiores sacrifícios e tenhamos mais mérito. Porém, tudo é breve, apenas o tempo de levantar o cutelo e Isaac permanece vivo e recebe a promessa de multiplicada posteridade"[101].

Ele era particularmente íntimo das carmelitas de Beas. Como superior no Calvário (logo depois de sua fuga do cárcere) e como reitor do Colégio de Beas, estava próximo delas e frequentemente podia estar pessoalmente com elas e influenciá-las mediante pregações, colóquios espirituais e exortações no confessionário. Inclusive posteriormente ainda foi, às vezes, hóspede delas. A correspondência epistolar completava a instrução oral. Em uma carta de 18 de novembro de 1586 consta: "De maneira que o que busca gosto em alguma coisa já não se conserva vazio para que Deus o replene de seu inefável deleite, e assim, como vai a Deus, também o deixa porque leva as mãos embaraçadas e não pode pegar o que Ele lhe havia de dar. [...] Sirvam a Deus, minhas amadas filhas em Cristo, seguindo-lhe as pegadas de mortificação, em toda a paciência, em todo o silêncio e em todo o desejo de padecer, transformadas em verdugos dos prazeres, mortificando-se, se porventura resta ainda algo por morrer que dificulte a ressurreição interior do Espírito, o qual habita em vossas almas"[102].

No dia 8 de fevereiro de 1588, João escreve à Madre Leonor Batista, priora de Beas: "[...] mas consolo-me recordando que Deus chamando-a à vida apostólica, que

101. *Obras Completas,* Epistolário, Carta [27], de 28 de janeiro de 1589, p. 954-955.

102. Ib., Carta [20], de 18 de novembro de 1586, p. 947-948.

é a vida de desprezo, a conduz por esse caminho. Deus quer que o religioso seja de tal maneira que tenha acabado com tudo e que tudo tenha acabado para ele, pois o mesmo Deus deseja ser sua riqueza, consolo e glória deleitável. Grande graça fez ele a Vossa Reverência, porque agora, completamente esquecida de todas as coisas, poderá, bem a sós, deleitar-se em Deus, nada se lhe dando que façam de si o que quiserem, por amor de Deus, já que não se pertence a si mesma, senão a Ele"[103].

A uma aspirante a carmelita descalça, dá o seguinte conselho: "Com relação à paixão do Senhor, procure ser rigorosa para com o corpo, com discrição; procure também renunciar-se a si mesma e a se mortificar. Não queira fazer sua vontade em coisa alguma, nem ter gosto em nada, pois foi esta a causa de sua paixão e morte"[104].

À priora do recém-fundado Mosteiro de Córdoba, escreveu: "O fato de terem entrado em casas tão pobres e com tão excessivo calor, foi disposição de Deus, para que possam ser motivo de alguma edificação e deem a entender a vida que professam, que é Cristo em total desnudez, a fim de que as que se inclinaram a abraçá-la, saibam de que espírito devem vir animadas. [...] E tratem de conservar o espírito de pobreza e desprezo de tudo – a não ser assim, podem estar certas de que hão de cair em mil necessidades espirituais e temporais – e contentem-se apenas com Deus. Saibam que não terão nem sentirão mais necessidades senão aquelas a que quiserem sujeitar o coração, porque o pobre de espírito sente-se mais contente e alegre na penúria, uma vez que colocou o seu tudo em pouca coisa, e mesmo em nada

103. Ib., Carta [24], 8 de fevereiro de 1588, p. 952.

104. Ib., Carta [28], fevereiro de 1589, p. 957.

e, assim, encontra em tudo grande dilatação de coração. Ditoso nada e ditoso esconderijo do coração que tanto valor possuem, a ponto de tudo sujeitar, não querendo sujeitar coisa alguma para si e perdendo cuidados para poder abrasar-se mais no amor. [...] todas as irmãs [...] se aproveitem deste primeiro espírito que Deus concede nestes princípios, para enveredar com novo ardor pelo caminho da perfeição, em toda humildade e desprendimento, tanto interior quanto exterior, não com ânimo pueril mas com vontade inquebrantável; continuem a se exercitar na mortificação e na penitência, querendo que este Cristo lhes custe algo e não sendo como os que buscam sua comodidade e consolo, seja em Deus ou fora dele; e sim o padecer, quer em Deus ou fora dele, por Ele, em silêncio, esperança e amorosa lembrança"[105].

O caminho mais obscuro é o mais seguro. Este ensinamento da *Noite escura* é também expressamente enfatizada no acompanhamento espiritual: visto que sua alma "anda nessas trevas e vazios de pobreza espiritual, pensa que tudo e todos lhe faltam, mas não é de admirar, pois nesse estado lhe parece que até [Deus lhe falta, entretanto, não é assim, nada lhe falta] [...]. Quem não quer outra coisa senão a Deus, não anda nas trevas, por mais escuro e pobre que se veja; e quem não anda em presunções, nem em gostos próprios, de Deus ou das criaturas, nem faz a própria vontade, seja no que for, não tem em que tropeçar [...]. Nunca esteve melhor do que agora, porque nunca esteve tão humilde, nem tão submissa, nem com opinião menos lisonjeira a seu respeito, nem com menor estima pelas coisas do mundo; antes não se conhecia por tão má nem a Deus por tão bom, nem o

105. Ib., Carta [32], 18 de junho de 1589, p. 965-966.

servia tão pura e desinteressadamente como agora o faz. [...] Que mais quer? [...] Que pensa que seja servir a Deus, senão abster-se do mal, observando seus mandamentos e trilhando os seus caminhos como pudermos? E, quando isso se faz, que necessidade temos de outras apreensões ou de outras luzes ou sucos, lá de cima ou daqui de baixo, nos quais não faltam, ordinariamente, tropeços ou perigos para a alma que se engana e deslumbra com essas apreensões e apetites? Assim, é grande mercê quando Deus as obscurece e empobrece a alma a ponto de não poder errar com elas. E já que deste modo não se cai em erro, que há ainda para acertar? [...] É só seguir [...] andando por aqui como peregrinos, pobres, desterrados, órfãos, em aridez, sem caminho e sem nada, esperando tudo do céu!"[106].

O santo escreve cheio de amor por suas filhas espirituais, mas com um amor que outra coisa não é senão o sincero desejo da salvação eterna delas. "Agora, enquanto aguardamos que Deus nos dê no céu esse bem, entretenha-se exercitando as virtudes de mortificação e paciência, desejando, de algum modo, tornar-se semelhante no padecer, a este nosso grande Deus humilhado e crucificado, pois que esta vida não é boa se não for para o imitar"[107].

Por conseguinte, ele não podia crer na autenticidade de supostas graças mais elevadas de oração em uma alma carente de humildade. Quando solicitado pelo vigário-geral dos Carmelitas Descalços, Pe. Nicolau Doria, que examinasse o espírito de uma religiosa que presumivelmente teria recebido excelsas graças, expressou a seguinte convicção em seu parecer de especialista: O defeito principal

---

106. Ib., Carta [35], 12 de outubro de 1589, p. 970-971.

107. Ib., Carta [46], 6 de julho de 1591, p. 980.

“é que, nesta maneira de agir, não se notam efeitos de humildade; ora, quando as mercês são verdadeiras – consoante ela aqui o afirma – ordinariamente nunca se comunicam à alma sem primeiro desfazê-la e aniquilá-la em abatimento interior de humildade [...]. E ainda que [os efeitos da humildade] não costumem aparecer tão claramente em todas as apreensões de Deus nestas, que ela aqui denomina união, estão sempre presentes. [...] além disso, submetam-na à prova no exercício das virtudes, com todo rigor, principalmente no desprezo, humildade e obediência; e no som produzido pelo toque manifestar-se-á a brandura da alma causada por tantas mercês. E as provas hão de ser boas, porque demônio algum deixará de sofrer algo a troco de manter a sua honra”[108].

O mesmo espírito transparece nas medidas comportamentais para os religiosos, escritas pelo santo em diversas ocasiões. Entre as cautelas que provavelmente foram escritas para as carmelitas de Beas, encontram-se as três seguintes *contra a carne*:

“A primeira cautela é que compreendas que não vieste para o convento senão para que todos te instruam e exercitem. E, assim, para te livrares das imperfeições e perturbações que se te podem oferecer a índole e o trato dos religiosos, e tirar proveito de todos os acontecimentos, convém pensar que todos os que se encontram no convento são agentes encarregados de te exercitar, como o são na realidade: que uns te hão de aperfeiçoar por palavras, outros por obras, outros pensando mal de ti e que a tudo te hás de estar sujeito, como a estátua o está

108.*Obras Completas,* Pequenos tratados espirituais [Censura e parecer sobre o Espírito e o modo de proceder na oração de uma carmelita descalça], p. 129-130.

ao que a lavra, pinta e doura. E se não observares esta norma, não conseguirás vencer tua sensualidade e teus sentimentos, nem saberás conviver em harmonia com os religiosos, nem alcançarás a santa paz, nem te livrarás de muitos tropeços e males.

A segunda cautela é que jamais deixes de fazer as obras por não encontrar nelas gosto e prazer, se convier ao serviço do Senhor que se façam; nem as executes apenas pelo prazer e gosto que te proporcionarem senão [que] deves fazê-las tanto como as desagradáveis. Porque sem isso é impossível adquirires constância e venceres a tua fraqueza.

A terceira cautela seja que nunca o varão espiritual ponha os olhos no prazer dos exercícios para a eles se apegar, vindo a fazê-los só pelo gosto que lhe proporcionam; nem fuja do amargo deles, mas antes procure de preferência o trabalhoso e o desagradável. Com isso põe-se freio à sensualidade, pois, de outra forma, não perderás o amor-próprio, nem ganharás o amor de Deus"[109].

Deus chama as almas para o convento "a fim de que sejam provadas e purificadas, como o ouro sob a ação do fogo e do martelo. Convém, pois, que não lhes faltem provas e tentações, procedentes dos homens e dos demônios, fogo de angústias e desalentos. Nestes, há de se exercitar o religioso, procurando sempre suportá-los com paciência e conformidade com a vontade de Deus e não levá-los de tal modo que, ao invés de ser aprovado por Deus, venha Ele a reprová-lo por se haver recusado a carregar a cruz de Cristo com paciência"[110]. "[...] e cuide de não andar escolhendo o que é menos cruz, porque a

109. Id., Cautelas contra a carne, n.15, 16, 17, p. 119-120.

110. Id., Pequenos tratados espirituais [Quatro avisos a um carmelita descalço para alcançar a perfeição], n. 4, p. 122.

carga é ligeira e, quanto mais pesa, mais suave se torna quando a levamos por Deus"[111]. "[...]: quando estás carregado, estás junto de Deus, que é a tua fortaleza e está com os atribulados; quando estás aliviado, estás contigo mesmo, que és a tua própria fraqueza, porque a virtude e a força da alma crescem e confirma-se nos trabalhos de paciência"[112]. "Mais estima Deus em ti o inclinares-te à secura e a padeceres; por seu amor, que todas as consolações, visões espirituais e meditações que possas ter"[113]. "Não poderá chegar à perfeição quem não procura satisfazer-se com tão pouco que a concupiscência natural e espiritual estejam contentes mesmo sem nada; pois isto se requer para chegar à suma tranquilidade e paz de espírito. E desta maneira o amor de Deus na alma pura e simples está quase permanentemente em ato[114].

Todo um grupo de ditos tem imediatamente por objeto o seguimento de Cristo: "O progresso na vida espiritual não é possível sem o seguimento de Cristo. Ele é o Caminho, a Verdade e a Vida, e a Porta pela qual deve entrar quem quiser ser salvo". "Ter constante desejo de imitar a Jesus Cristo em todas as obras [...], e comportar-se em todas as coisas como Ele se comportaria. Para poder fazer isto é necessário renunciar a qualquer apetite ou gosto que não seja puramente para a honra e glória de Deus, e ficar sem nada por amor dele que nesta vida não teve nem quis ter mais do que fazer a vontade de seu Pai, à qual chamava sua comida e manjar"[115]. "Crucificada interior e exterior-

111. Ib., n. 6, p. 123.

112. *Obras Completas*, Ditos de luz e amor, n. 4.

113. Ib., n. 14.

114. Ib., n. 52.

115. Ib., n. 158.

mente com Cristo, viverá nesta vida em fartura e satisfação de sua alma, possuindo-a na paciência".[116] "Que lhe baste Cristo crucificado! Com Ele sofra e descanse; mas para isso há de aniquilar-se em todas as coisas exteriores e interiores"[117]. "Se queres chegar à posse de Cristo, jamais o busques sem a cruz." "Quem não busca a cruz de Cristo não busca a glória de Cristo"[118]. "O que sabe aquele que não sabe sofrer por amor de Cristo? Quanto maiores e mais pesados são os fardos, tanto melhor é a sorte daquele que os carrega." "Alegra-te constantemente em Deus, tua salvação, e considera quão doce é sofrer, seja de que maneira for, por aquele que é verdadeiramente bom." "Se queres ser perfeito, vende a tua vontade e dá-a aos pobres de espírito e vem a Cristo pela mansidão e humildade e segue-o ao Calvário e ao sepulcro"[119].

Dizia "que as dificuldades e sofrimentos, abraçados por Deus, são como pérolas preciosas, cujo valor aumenta na proporção do tamanho. Quanto maiores são, maior amor para com o doador despertam em quem as recebe. Assim, os sofrimentos que nos causam as criaturas; se os aceitamos por Deus, quanto maiores forem, mais intenso amor despertam para com Ele. E que, por um momentâneo padecer por Deus aqui na terra, concede Sua Majestade imensas e eternas delícias no céu, isto é, Ele mesmo, sua formosura, sua glória"[120].

Certo dia, na presença do santo, uma religiosa falou de modo depreciativo a respeito de um secular que

116. Ib., n. 85.

117. Ib., n. 90.

118. Ib., n. 100.

119. Ib., n. 175.

120. Ib., Escritos espirituais. Ditames do Espírito, n. 18, p. 78.

era hostil ao convento. Recebeu a admoestação "[...] de que este era mais um poderoso motivo para que ela e todas as outras procurassem fazer a esta pessoa o bem que pudessem, pois isto era ser discípulas de Cristo. E acrescentou ser mais fácil, nessas ocasiões, abraçar aquela quota de amargura que nos causam, encomendando-os a Deus, do que suportar um acréscimo de amargura que se nos há de seguir em satisfazer nossa vontade, alimentando tais sentimentos contra o próximo"[121].

Em colóquio com um religioso, disse ele estas incisivas palavras: "Se em algum tempo, meu filho, alguém quiser persuadi-lo – seja ele prelado ou não – a seguir alguma doutrina de liberdades e facilidades, não lhe dê crédito nem a abrace ainda que ele a confirme com milagres. Dê, antes, preferência à penitência e ao maior desapego de todas as coisas; e não busque a Cristo sem cruz; segui-lo com a cruz, pela renúncia a tudo, inclusive a nós mesmos – a isto fomos chamados como Descalços da Bem-Aventurada Virgem, e não a sucumbir à nossa comodidade e moleza. Esteja atento para não se esquecer de pregar isto tão logo se lhe apresente a ocasião, porquanto nos é de tão grande importância"[122].

Nesta admoestação, fala mui verdadeiramente o amor de Cristo que compele o discípulo da cruz a conduzir outras pessoas ao caminho que ele mesmo descobriu. "Não sabeis que devo ocupar-me nas coisas de meu Pai?" (Lc 2,49). Estas palavras do Salvador, as primeiras que nos foram transmitidas, João relaciona-as à grande tarefa da vida do Senhor e de seus fiéis seguidores.

121. Ib., n. 19, p. 78-79.

122. *Obras Completas,* Epistolário. Carta [39], p. 973. "[...] segui-lo com a cruz [...]" – a parte final do parágrafo não consta de *Obras* [N.T.].

"Pelo 'nas coisas de meu Pai' deve-se entender aqui a redenção do mundo, o bem das almas, sendo que Cristo, Senhor Nosso, atuou nos meios ordenados de antemão pelo Pai eterno. Em confirmação desta verdade, São Dionísio Areopagita escreveu aquela maravilhosa sentença: 'Omnium divinorum divinissimum est cooperari Deo in salutem animarum'; isto é: que a suprema perfeição de qualquer sujeito, em sua hierarquia e em seu grau, é subir e crescer, segundo seus dotes e possibilidades, na imitação de Deus e naquilo que é mais admirável e divino – ser seu cooperador na conversão e transformação das almas. É que nisto resplandecem as obras próprias de Deus, constituindo suma glória o imitá-lo. Por este motivo, Cristo, Senhor Nosso, as denominou coisas de seu Pai, cuidados de seu Pai. É verdade evidente que a compaixão pelo próximo cresce na medida em que a alma se une a Deus por amor. Porque, quanto mais ama, mais deseja que esse mesmo Deus seja amado e honrado por todos. E quanto mais deseja, tanto mais trabalha neste sentido, quer seja na oração como em todos os outros exercícios necessários e que estejam ao seu alcance. E é tão grande o ardor e tal a veemência de sua caridade, que estes possuídos por Deus não se podem contentar nem restringir apenas ao âmbito de seu proveito pessoal; antes, parecendo-lhes pouco irem sozinhos para o céu, procuram, com ânsias e celestiais afetos, com engenhosas diligências, levar também consigo muitas almas. Isto lhes provém do grande amor que têm a seu Deus e constitui fruto e efeitos próprios da perfeita oração e contemplação"[123].

Se o fervor da alma é compreendido aqui como fruto da união, por outro lado, o amor ao próximo é conside-

123. Id., Escritos espirituais. Ditames do Espírito [Ditame 6], p. 73.

rado como meio importante no caminho para alcançá-la: "Duas coisas servem de asas à alma para que esta se eleve à união com Deus, a saber: a compaixão afetiva da morte de Cristo e a do próximo. Quando a alma estiver entretida na compaixão da cruz e paixão do Senhor, recorde-se de que nela esteve unicamente operando nossa redenção"[124]. Por outras palavras, quem, em amorosa imersão, entra na disposição de sentimentos do Salvador na cruz, no amor até a extrema doação de si mesmo, precisamente com isto se unirá à vontade divina; com efeito, é a vontade salvífica do Pai que se realiza no amor e na doação salvíficos de Jesus; e a pessoa torna-se uma com o ser divino que é, ele próprio, amor que se doa: na doação mútua das pessoas divinas na vida intratrinitária, bem como na atuação exterior. Desse modo, a realização do próprio ser, a união com Deus e a atuação para a união de outras pessoas com Deus e a realização do ser delas estão indissociavelmente ligadas. O acesso a tudo isso, no entanto, é a cruz. E a pregação da cruz seria vã se não fosse expressão de uma vida em união com o Crucificado. "Tudo para mim e nada para ti[125]. Tudo para ti e nada para mim[126]. Amado meu, todo o áspero e trabalhoso quero para mim, e, para ti, tudo quanto é suave e saboroso[127]. Oh! Quão doce será para mim a tua presença, Tu que és o sumo Bem! Chegar-me-ei a ti em silêncio e descobrir-te-ei os pés a fim de que tenhas por bem juntar-me contigo em matrimônio, e não descansarei até que goze em teus braços (Rt 3,4-9); e agora rogo-te, Se-

124. Ib. [Ditame 7], p. 73-74.

125. *Obras Completas*, Escritos espirituais. Ditames do Espírito, n. 108, p. 103.

126. Ib., n. 109, p. 103.

127. Ib., n. 129, p. 106.

nhor, que não me deixes no meu recolhimento em tempo algum, pois sou desperdiçadora da minha alma[128].

Neste suspiro do coração amante espelha-se o caminho de vida que João da Cruz percorreu. Ele seguiu as pegadas do amado Mestre no caminho da cruz. Por este motivo, desde criança escolheu um catre rústico. Por isso é que o menino prestava incansavelmente sua assistência aos doentes – como imagem viva do Salvador, que não se poupava quando os sofredores e os que buscavam ajuda se comprimiam à sua volta. Este amor aos enfermos, aos membros sofredores de Jesus Cristo, perdurou por toda a sua vida: quando, mais tarde, chegava a um convento como superior e visitador, depois da saudação, sua primeira preocupação era com os doentes: preparava-lhes pessoalmente as refeições, esvaziava-lhes a louça, não suportava que, por falta de dinheiro, fossem levados ao hospital, repreendia veementemente toda negligência.

Por amor à cruz, no convento de Santa Ana, em Medina del Campo, e no Colégio Santo André, em Salamanca, o jovem religioso viveu em tão estrita penitência, que a santa Madre Teresa, no começo da Reforma, dizia a respeito dele que ele – diferentemente de seu companheiro bem mais velho, Pe. Antônio de Heredia – "não precisava de provas, pois, embora vivesse entre os Padres Calçados do Pano, tinha sempre levado vida perfeitíssima e de muita religião"[129]. Em Salamanca, todas as noites flagelava-se até sangrar, passando grande parte da noite em oração, e no curto período de descanso, servia-se de um tipo de cocho como leito. O pobre tugúrio

128. Ib., n. 122, p. 105.

129. Teresa de Jesus, *As fundações*, Cap. XIII, p. 81.

em Duruelo, a respeito do qual a companheira da santa madre disse durante a visita: "[...] ninguém, por mais fervoroso que seja, será capaz de aguentar semelhante coisa [...]"[130], era, para os dois padres, um paraíso. Já se mencionou como era ornado de cruzes e de caveiras. "O celeiro, onde podiam dizer as Horas porque no meio era alto, servia- lhes de coro; mas tinham de abaixar-se muito para nele entrar e assistir à missa. Nas duas extremidades do mesmo, com vista para a igreja, fizeram duas ermidinhas onde não podiam estar senão sentados ou deitados, e encheram-nas de feno, por ser o lugar muito frio e quase lhes dar sobre a cabeça o telhado. Havia nelas dois postigos para o altar, duas pedras por cabeceira [...]". Depois de rezadas as matutinas da meia-noite, permaneciam no coro até a Prima "[...], em tão alta oração, que lhes acontecia trazer bastante neve no hábito quando iam rezar o Ofício, e nem a tinham sentido".

A fim de instruir ao povo pobre e inculto da região, "partiam para pregar [...] descalços [...] e com bastante neve e frio. Já bem tarde voltavam a casa para a refeição comum, depois de terem pregado e confessado; tão contentes, que tudo lhes parecia pouco"[131]. Enquanto João teve junto de si, em Duruelo, sua mãe e seu irmão Francisco, ocasionalmente este fazia as vezes de seu companheiro nas excursões pastorais. Depois da pregação, voltavam rapidamente e não aceitavam nenhum convite para almoçar nas casas paroquiais. À beira do caminho, fortaleciam-se com pão e queijo que a mãe, Catalina, lhes havia dado. Assim vivia o santo, fiel aos princípios que posteriormente registrou para outras pessoas: "[...] por Jesus Cristo ter,

130. Ib., p. 82.

131. Ib., p. 83.

para com todas as coisas do mundo, desnudez, vazio e pobreza"[132]. "[...] o pobre de espírito sente-se mais contente e alegre na penúria, uma vez que colocou o seu tudo em pouca coisa, e mesmo em nada e, assim, encontra em tudo grande dilatação de coração[133].

O rigor da penitência dos dois primeiros carmelitas descalços era tão grande, que a santa madre lhes pediu que se comedissem um pouco. Havia custado *tantas lágrimas e orações* para encontrar religiosos aptos para o começo da reforma, e agora ela temia que o demônio arrastasse os dois a um zelo exagerado, a fim de desgastá-los precocemente e aniquilar a obra no começo. Contudo, os padres deram pouca atenção às palavras dela e prosseguiram a própria vida austera. Pouco tempo depois, quando ao redor dos dois já se reunira uma pequena família conventual, certo dia Pe. João estava tão debilitado pela fadiga e indisposição, que pediu permissão a seu prior, Pe. Antônio, para tomar sua refeição um pouco antes da hora estabelecida. Entretanto, mal acabara de degustar o fortalecimento, foi tomado de amargo remorso. "Correu até Pe. Antônio e pediu-lhe permissão para acusar-se diante da comunidade. Em seguida, trouxe consigo ao refeitório pedra e cacos de vidro. Ato contínuo, ajoelhou-se durante o tempo da ceia e flagelou seus ombros desnudos até sangrarem. Só interrompeu a dura disciplina para, em voz alta e com palavras comoventes, apresentar sua acusação. Depois prosseguiu com os horríveis lanhos, até desfalecer. Os irmãos assistiram ao espetáculo com horror e admiração. Finalmente, Pe. Antônio ordenou que o inocente

132. *Obras Completas*, Ditos de luz e amor, n. 159.

133. Id., Epistolário, Carta [32], p. 965-966.

penitente se recolhesse e rezasse para que Deus pudesse perdoar a todos eles a própria miséria"[134].

Mais tarde, João também não conheceu nenhuma complacência consigo mesmo. Sua cela era a mais pobre da casa, mesmo quando ele era superior. Doente e debilitado, por ordem de seu provincial, no verão de 1586, em um calor escaldante, pervagou pela Espanha, num percurso de 400 milhas, vestido com um hábito pesado e túnica de lã, tal como os trazia por todo o verão e inverno. Como prior em Segóvia, começou a construção de um novo convento. Ele, porém, não era apenas mestre de obras, mas também ajudava no trabalho com as próprias mãos, carregando pedras da pedreira – ao longo de todo o ano, tendo aos pés apenas alpercatas.

No grande conflito dentro da Ordem, situa-se ele entre os inimizados irmãos Nicolau Doria e Jerônimo Graciano. Ele vê o bem e o erro em ambos os lados, e procura ser intermediador, mas suas palavras nada conseguem. Então recorre novamente à dura disciplina. Irmão Martinho, seu companheiro de viagem, já não consegue ouvir os horríveis açoites e aproxima-se com uma vela acesa. O santo afirmou-lhe já ser, ele mesmo, suficientemente adulto para cuidar de si. O mesmo irmão Martinho cuidou dele durante grave enfermidade e tolheu-lhe um grilhão que o santo trouxera consigo durante sete anos, e não tinha intenção de devolver-lho. Ao retirá-lo, o sangue escorreu. Por outro lado, Pe. João Evangelista, em uma das viagens feitas em comum, tenta inutilmente convencê-lo a despir um cilício. Ele descobre que o santo, oculto sob o hábito, leva umas perneiras com diversos nós, e diz que é uma crueldade, visto ele estar tão enfermo. "Cale-se,

---

134. P. Bruno, *Saint Jean*, p. 9.

meu filho", é a resposta; já é alívio suficiente cavalgar. Não devemos estar totalmente sossegados"[135].

Durante a última enfermidade, o bom Irmão Pedro de São José cedeu à ideia de, por meio da música, proporcionar-lhe alguma distração de suas dores horrendas. Requisitou os três melhores músicos de Úbeda. Seu biógrafo, Jerônimo de São José, narra que, depois de alguns instantes, João teria desejado dispensá-los amigavelmente: em sua opinião, não convinha misturar o gozo terreno com o celeste. Mas para não contrariar seus confrades, teria permitido que os músicos continuassem a tocar. Quando, no entanto, alguém lhe pediu uma avaliação, teve de dizer: "Não prestei atenção à música; outra, mil vezes mais bela, levou-me ao êxtase durante todo o tempo"[136]. Sem dúvida podemos compreender Baruzi quando dá mais credibilidade ao testemunho que leva o santo a dizer a seu cuidador: "Meu filho, dê-lhes um lanche e agradeça-lhes pelo amável serviço que me prestaram, e despeça-os. Não é sensato que eu abrevie com música o tempo das dores que Deus me deu"[137]. Isto corresponde inteiramente ao espírito do santo Padre João: querer carregar sua cruz, sem alívio, até o fim. Por outro lado, a segunda metade do primeiro relato também tem algo a seu favor: a amabilidade para com os confrades se coaduna com a ternura do santo;

---

135. Ib., p. 312; testemunho de Pe. Juan Evangelista, *Obras* IV 392.

136. Jerônimo de San José, *Leben und Werke des hl. Johannes vom Kreuz.* Französische Ausgabe der Karmelitinnen von Paris, p. 252.

137. J. Baruzi, *Saint Jean*, p. 221. A propósito deste incidente, foi conservada toda uma série de relatos de testemunhas. O do Irmão Pedro diz o seguinte: "[...] Se Deus me enviou as maiores dores, [...] por que desejar mitigá-las e enfraquecê-las com música? [...] Quero padecer, sem nenhum refrigério, as dádivas benfazejas que Deus me envia [...]" (P. Bruno, *Saint Jean*, p. 358s.).

e a música celestial não deve ser rejeitada de antemão, porque o grande amante da cruz, ao longo de toda a sua vida, foi patentemente inundado por consolações de todo tipo pela prodigalidade de Deus. Precisamente por isso é que lhe foi concedido experimentar tanta doçura, visto que nada buscou senão a amargura.

Por mais que João tenha praticado a penitência corporal, jamais a viu como um fim em si mesmo; entretanto, era-lhe um meio indispensável: em primeiro lugar, para alcançar o completo domínio do corpo e da sensualidade, e, assim, não ser impedido na mortificação *interior*, muito mais importante; em segundo, para, mediante o sofrimento das dores corporais, entrar em união com o Salvador sofredor. Que João desse mais importância à mortificação interior, já se evidencia pelo fato de a exortação a ela em seus escritos e ditos assumir espaço muito mais amplo, assim como, para ele, o que é corporal, em relação ao que é espiritual, retrai-se visivelmente ao segundo plano. Certamente, às vezes se fala das influências mútuas, particularmente da participação do corpo na vida da graça e da glória, mas essencialmente o ser humano é, para o santo, "alma": é característico que praticamente ele não fala de *seres humanos*, às vezes fala de *pessoas*; na maioria das vezes, de *almas*.

Ele mesmo disse em palavras claras o que pensava da relação entre a mortificação interna e a externa: "A sujeição e obediência é penitência de razão; por isso é para Deus mais aceito e gostoso sacrifício a penitência racional e discreta, aceita por Deus como o melhor e mais agradável sacrifício, abaixo da penitência física" (*Noite*, Livro I, Cap. VI, n. 2). A penitência física, sem a obediência, é altamente imperfeita, porque os principiantes a ela "se movem pelo apetite e gosto ali oferecidos. [...]

com este modo de agir, vão [...] crescendo mais nos vícios do que nas virtudes, porque procuram satisfazer a sua própria vontade" (n. 2).

Rejeitava, acima de tudo, quando superiores impunham aos súditos um excessivo rigor penitencial; neste ponto, ele próprio sempre procedeu com sábio comedimento e repetidamente teve de reparar o que outros haviam posto a perder por desmedido zelo: assim, em 1572, por ordem da santa madre, foi enviado ao noviciado de Pastrana a fim de pôr fim aos excessos do mestre de noviços, Pe. Ângelo. Quando, na primavera de 1578, alguns meses após a fuga do cárcere, foi enviado como prior ao eremitério do Calvário, ali também encontrou uma ascese insensatamente desmedida, e proveu à moderação. Com olhar perspicaz, reconheceu que, por trás de tal brutalidade, havia insegurança interior. Disse ele a Pedro dos Anjos que aqui não conseguia fartar-se de rigor penitencial antes de sua viagem a Roma, que iria até lá como Descalço e voltaria como Calçado. Com efeito, o zeloso asceta não conseguiu manter-se firme nas amenidades da corte napolitana, ao passo que João jamais se tornou vacilante.

Naturalmente, em última análise, o que é decisivo, inclusive para a relação entre a mortificação exterior e a interior, não é a doutrina, mas a vida. Quando pensamos nas obras de penitência do santo, exercitadas durante toda a vida, pode parecer que praticamente não poderiam ser superadas pela *pura cruz espiritual*. Certamente, em tal caso, não é possível fazer uma verdadeira comparação. Para a mortificação interior, para tudo o que é puramente espiritual, obviamente não há nenhuma medida aferível em termos numéricos, acima de tudo nenhuma medida comum com obras exteriores. Mesmo assim – quando pensamos nos princípios do santo, tal como os desenvolveu em *Subida* – nada gozar, nada saber, nada possuir, nada ser! –, devemos certamente dizer: este é o *non plus ultra* da desnudez, e que também o mais elevado nível das obras exteriores jamais pode alcançá-la. De fato, as obras exteriores, sozinhas, aumentarão antes a autoconsciência, mas de maneira alguma levarão ao nada, à morte do eu.

Como, porém, podemos demonstrar que o próprio João realmente alcançou a perfeita desnudez espiritual que ele exigia? Não está fechada para nós a interioridade deste taciturno santo? Obviamente não podemos ler ali como no coração da santa madre e de tantos outros que se viram obrigados a registrar a história de suas almas. No entanto, inadvertidamente, o coração dele se revela nos escritos e particularmente nas poesias. Soma-se a isso grande número de testemunhos de pessoas que conviveram com ele, os quais resultam em uma imagem forte e consistente da personalidade, dentre eles alguns que se baseiam em verdadeiras comunicações confidenciais de João; entretanto, havia algumas pessoas que lhe eram tão próximas e tão unidas a ele em Deus, a ponto de ele revelar-lhes algo dos mistérios de sua interioridade: principalmente seu irmão Francisco e algumas carmelitas[138].

A impressão mais pura e mais clara seguramente é dada pelos poemas. Neles fala o próprio coração, e em alguns deles fala em sons tão sublimes, que nada mais terreno parece aderir-se-lhe. Em alguns – não em todos. A *canção da Noite escura* é replena de profunda paz. Na

---

138. Pe. Bruno e Baruzi beberam desta fonte: Pe. Bruno, principalmente, das atas do processo romano; Baruzi do Manuscrito 12738, entre outros, da Biblioteca Nacional de Madri. Pe. Silvério também incluiu parte das declarações na nova edição espanhola das obras de São João da Cruz: *Obras* IV Apêndice, 354ss.

venturosa quietude desta noite já não se sente nada do tumulto e da azáfama do dia. Em *Chama viva de amor*, o coração arde no mais puro fogo celestial. O mundo desapareceu completamente. A alma abraça unicamente a Deus com todas as potências. Somente a *chaga* ainda testemunha a fissura entre o céu e a Terra.

A plena satisfação da alma, da qual brotam estas canções, revela-se não apenas no conteúdo do pensamento, mas também na forma poética. O estilo e a simplicidade delas são o som natural de um coração que se abre nestes sons puros, de maneira completamente irrestrita e sem quaisquer esforços voluntaristas, tal como canta o rouxinol, como desabrocha uma flor. São obras de arte acabadas porque nelas não há vestígio de *arte*[139].

O mesmo provavelmente só se pode dizer ainda a respeito de dois outros poemas: a Canção do Pastorinho (*pastorcico*) e a Canção de Tríplice Fonte. Contudo, no conteúdo e na forma, distinguem-se das duas outras canções e entre si. Na Canção do Pastorinho não se expressa imediatamente o movimento da alma. O poeta avistou uma imagem e captou-a em uma forma artística. Ele vê Cristo crucificado, ouve-lhe as queixas pelas almas que *orgulhosamente evitaram seu amor*. A partir daí ele cria uma canção pastoril, bem ao gosto de seu tempo, tal como ele, em grande estilo, criou também em seu *Cântico*. Se ali o Cântico dos Cânticos serviu de inspiração – será que aqui não colaborou o pensamento no Bom Pastor, que dá sua vida pelas ovelhas? (Jo 10).

---

139. Isto não contradiz o fato de João ter sido influenciado formalmente pelos poetas de seu tempo, e de ocasionalmente mostrar inclusive dependências textuais. Para uma avaliação literária dos poemas, cf. a Introdução de Pe. Silvério no vol. IV das *Obras*, p. LXXXIX, e Baruzi, *op. cit.*, 107ss.

E o lamento do pastor sobre a frágil pastorinha não é um eco daquele doloroso clamor, quando o Salvador chorou sobre Jerusalém? (Mt 23,37). A expressão que sempre recorre – *El pecho del amor muy lastimado* [Seu peito de amor ferido] – oferece a atmosfera de base. Ela provém de um coração que se esqueceu de si e entrou no coração do Salvador. O que brota daí é o puro sofrimento de uma alma liberta de si mesma e unida ao Crucificado. (Em geral, isto está de acordo com o relato segundo o qual em Segóvia, durante uma Semana Santa, ele não teve condições de sair do convento por estar demasiado tomado de compaixão pela Paixão)[140].

Na Canção da Fonte Primordial, a alma canta novamente sobre algo que a move pessoalmente no âmago, como na *Noite escura* e na *Chama viva de amor*. Contudo, o que a impele não é, como lá, seu próprio destino, mas a mais íntima vida da divindade tal como a fé lhe revela: a fonte que jorra eternamente, da qual provêm todas as criaturas, que lhes concede a todos luz e vida; que de si faz brotar uma correnteza semelhante a si e, juntamente com a segunda, produz uma terceira correnteza de igual plenitude. A canção que canta a respeito destas verdades não é absolutamente *poesia conceitual*. Ela *canta* realmente nos mais puros sons musicais. A doutrina da fé tornou-se nela vida que jorra: o mar eterno ondula em silenciosas ondas na alma e nele ela canta sua canção. E a cada vez que toca a margem há um eco obscuro: *Aunque es de noche* (Mesmo de noite). A alma é limitada – ela não pode conter o mar infinito. Seu olho espiritual não é adequado à luz celestial – parece-lhe obscuridade. Destarte, em meio à união com o Deus triuno, mesmo no gozo do

140. Pe. Bruno, *Saint Jean*, p. 329.

Pão da Vida, no qual Ele se comunica, ela vive uma vida de saudade: *Porque es de noche* (Por que é noite). Nestes versos se expressa o ser da contemplação obscura.

Em seu motivo principal, o poema *Vivo sin vivir em mí* (Vivo sem viver em mim)[141] expressa quase as mesmas ideias: *Que muero porque no muero* (Pois morro porque não morro). Aqui, porém, o fio condutor não é como na *Fonte Primordial* e em *Pastorinho* uma melodia que involuntariamente sempre emerge do fundo do coração. É um *tema* que é tratado com variações. O autor destes versos primorosos tem consciência de sua arte. Ele brinca com seu tema: a dor mortal da vida que não é a verdadeira vida, que não é a vida viva que se expressa, ela mesma, na canção – é seu reflexo, no pensamento retrospectivo, na *reflexão*, que o poeta recolhe. Suas *potências* ainda estão em atividade. E visto que sua alma ainda não está em plena doação irrestrita, conseguintemente ainda prevalece nela o medo de perder a Deus, e por isso ainda lamenta seus pecados e experimenta-os como fortes peais que a agrilhoam a esta vida.

Semelhança formal parece haver ainda em diversos outros poemas que tratam de um tema e o repetem como rimas invertidas. Não é possível mencionar a todos aqui. Neste contexto, devemos voltar uma vez mais somente ao *Cântico espiritual*. Pe. Silvério designa-o o primeiro e, ao mesmo tempo, o mais belo entre os poemas, e realmente algumas estrofes são de incomparável encanto. Já deixamos claro que a abundância de imagens constitui uma unidade pelo predominante símbolo da esposa. Entretanto, não se pode afirmar que todo este esplendor de

141. *Obras Completas,* Poesias [5], p. 40.

imagens tenha emergido da profundidade da alma sem intencional intervenção criativa. Muita coisa aqui foi criada conceitual e artificialmente; outras comparações foram tomadas de alhures. E esta pluralidade de imagens e de ideias corresponde ao conteúdo: a inquietude de um vívido processo de desenvolvimento interior. Se contrapusermos esta canção, segundo o conteúdo e a forma, aos quatro cânticos analisados anteriormente, todos juntos nos dão uma resposta à pergunta de como o santo possa ter exercitado a mortificação interior: sua alma alcançou o pleno desprendimento de si mesma, a simplicidade e a quietude na união com Deus. No entanto, isto foi o fruto de sua purificação interior, na qual uma natureza ricamente dotada carregou-se, pessoalmente, com a cruz e entregou-se nas mãos de Deus para a crucifixão; um espírito do mais sublime vigor e vivacidade deixou-se capturar, um coração pleno de apaixonado ardor chegou ao sossego na renúncia radical. As testemunhas atestam este resultado.

João tudo fez "com admirável serenidade e dignidade", escreve Pe. Eliseu dos Mártires. "Em seus modos e em sua conversação, era receptivo, espirituoso e profícuo para as pessoas que o escutavam e com ele conversavam. Nisso era ele tão singular e tão fecundamente inspirador, que os que o frequentavam, saíam de lá espiritualmente enriquecidos, cheios de devoção e entusiasmados pela prática das virtudes. Tinha ele sublime concepção da oração e da relação com Deus, e a todas as dúvidas que se lhe apresentavam sobre estes assuntos, respondia com tal elevada sabedoria que todos os que lhe pediam conselhos partiam bastante satisfeitos e encorajados. Era amigo do recolhimento e da taciturnidade; raramente sorria e mui moderadamente"[142]. "Conservava uma constante perseverança na oração e no exercício da presença de Deus, assim como nos atos e movimentos anagógicos e orações jaculatórias"[143]. Jamais levantava a voz, não conhecia gracejos grosseiros e vulgares, jamais apelidava alguém. Tratava a todas as pessoas com igual reverência. Em sua presença, a ninguém era permitido falar sobre os demais senão para elogiar. Inclusive na recreação fraterna, só falava de coisas espirituais, e, enquanto falava, a ninguém ocorria dizer algo. Também ao final da refeição entabulava uma conversa espiritual e mantinha a todos imóveis na postura em que se encontravam naquele momento. Sua influência sobre os outros era absolutamente espantosa. Já entre os Calçados sua presença era uma exortação ao silêncio. Com uma breve sentença conseguia eliminar para sempre temores e tentações[144]. Era também magnífico no discernimento dos espíritos: postulantes que pediam admissão à Ordem, às vezes despedia-os, quando a outras pessoas pareciam perfeitamente aptos; ou admitia-os quando outros tinham receios de fazê-lo, porque lhe era manifesto o que ao juízo humano ordinário era oculto[145].

Na confissão, chamou a atenção de uma carmelita para um grave erro, cometido havia muito tempo, que ela nunca havia percebido e, portanto, também não reconhecera[146]. Aqui também é pertinente o relato

---

142. São João da Cruz, *Obras de San Juan de la Cruz*, IV, 348.

143. *Obras Completas*, Escritos espirituais. Ditames do Espírito [1], p. 68.

144. Cf. Baruzi, *op. cit.*, p. 290ss., o testemunho de Pe. Martin de San José em *Obras* IV 377.

145. Cf. o mesmo testemunho.

146. Baruzi, *op. cit.*, p. 292.

da santa madre, segundo o qual ele, na distribuição da Santa Comunhão no Mosteiro da Encarnação, ofereceu-lhe metade da hóstia, evidentemente para mortificá-la, porque sabia de sua preferência pelas hóstias grandes[147]. Ainda mais severo se mostrou em relação à Madre Catarina de Santo Alberto, em Beas. Ela havia declarado que estava certa de comungar em determinado dia em que era costume receber a Sagrada Comunhão. Quando tal dia chegou, João ignorou-a durante a distribuição, mesmo tendo ela voltado uma segunda e uma terceira vez; e quando lhe perguntaram o motivo, ele explicou: "A irmã tinha isso por certo, e eu agi assim para que ela aprenda a compreender que jamais, de maneira nenhuma, podemos ter certeza do que imaginamos"[148]. Em ambos os casos o procedimento do santo baseou-se evidentemente no conhecimento do que era necessário para as almas libertar-se de imperfeições. Este olhar sobrenaturalmente aguçado aliava-se a uma inquebrantável determinação que não deve ser vista como mera característica natural. Sabemos com que reverência e amor ele olhava para nossa santa madre – como o humilde jovem religioso teria ousado tratar assim a idosa fundadora se o poder do Espírito Santo não lhe tivesse concedido a força para isso? Como o bondoso e meigo santo poderia, por si mesmo, ter instruído de maneira tão sensível e humilde como naquele episódio em Beas? No entanto, também esta bondade e mansidão não devem ser consideradas como meros dons naturais. A partir das cortantes declarações a respeito de guias espirituais inexperientes e violentos, tal como fo-

147. Pe. Silvério (ed.), *Obras de Santa Teresa,* vol. II, Burgos 1915, p. 63-64.

148. Baruzi, *op. cit.*, p. 293.

ram citadas de *Chama viva de amor*, e que também devem ser encontradas em outras passagens, sabemos que João, por natureza, não era nenhuma *pomba sem bílis.* Suas descrições de certos tipos de piedade nos últimos capítulos de *Subida* são de tamanha ironia que, no contato pessoal, poderiam ter sido bastante ofensivas. Se ele, seja como superior no tratamento com os subordinados, seja nas horas da recreação fraterna, não recorria a tal expediente, isso demonstra que se havia tornado totalmente senhor de sua natureza. Viveu fielmente seu próprio ensinamento. Quando comparamos seus ditos sobre as virtudes e os dons com as declarações sobre seu comportamento, descobrimos a mais perfeita consonância.

Ele exigia uma *fé* que se atém puramente ao ensinamento de Cristo e de sua Igreja, e não busca nenhum apoio em revelações extraordinárias. Durante o Capítulo de Lisboa, muitas pessoas – inclusive padres sérios – foram visitar uma freira cujos estigmas haviam causado muita sensação. Eles conservavam pequenos pedaços de tecido com sangue desses estigmas como relíquias. João não deu nenhuma importância a tais coisas, tampouco foi até lá. Quando, mais tarde, em Granada, durante a recreação fraterna, perguntaram-lhe se ele havia visto a estigmatizada, respondeu: "Não a vi e não quis vê-la, pois ficaria muito aflito acerca de minha fé se ela devesse crescer nem que fosse um tantinho à vista de tais coisas [...]"[149]. Sua fé tirava mais proveito "das chagas de Jesus Cristo do que de todas as coisas criadas", e não carecia de nenhum outro estigma[150].

149. Cf. a declaração de Pe. Martinho de São José, *Obras* IV 377s.

150. Cf. a declaração de Pe. João Evangelista, *Obras* IV, p. 390.

João queria uma esperança "voltada incansavelmente para Deus, sem voltar seus olhos para outra coisa", e estava convencido de que tal alma "tanto alcança quanto espera"[151]. Pe. João Evangelista testemunha que, nos oito ou nove anos em que conviveu com o santo, viu que ele viveu inteiramente na esperança e foi levado por ela. Como ecônomo do convento em Granada, no período em que João era prior, teve a oportunidade de ser convencido deste fato. Certo dia, faltou-lhe o necessário para o convento, e ele pediu permissão para sair e providenciar o que faltava. Foi advertido de que devia confiar em Deus, e que nada lhes faltaria. Depois de algum tempo, retornou e instou que já era tarde, e que ele tinha enfermos de quem deveria cuidar. O santo enviou-o à sua cela a fim de implorar a Deus o de que precisava. Ele obedeceu novamente, mas depois de alguns instantes correu até o priorado pela terceira vez e declarou: "Pai, isso significa tentar a Deus; que Vossa Reverendíssima me dê a permissão para ir [...], pois já é tarde". Dessa vez obteve a permissão, mas acompanhada das seguintes palavras: "Vai, e deverás ver como Deus te envergonhará por tua falta de fé e de esperança". De fato, trouxeram para o convento o que estava em falta justamente quando ele se preparava para sair. Ele experimentou algo semelhante ainda em outras ocasiões[152].

A propósito do amor, praticamente não há o que dizer: é que todo o ensinamento do santo é uma doutrina do amor, uma indicação de como a alma pode chegar a ser transformada em Deus, que é o amor. Tudo gira em torno do amor, visto que, afinal, seremos julgados

151. *Obras Completas*, Poesias [6], p. 42.

152. Declaração de Pe. João Evangelista, *Obras* IV, p. 390s.

de acordo com o amor. E toda a sua vida é uma vida de amor: a mais íntima ligação com os membros mais próximos no amor a Deus; dedicada e abnegada solicitude para com os enfermos; bondade paternal para com os subordinados; incansável paciência com os confessandos de todo tipo; reverência para com as almas; ardente desejo de libertá-las para Deus; refinadíssima capacidade de discernimento da pluralidade de direções espirituais; por conseguinte, a mais terna adaptação às diversas inspirações: levava os noviços ao ar livre, permitia que cada um escolhesse à vontade um lugar solitário a fim de ali, segundo a inspiração de Deus, chorar, cantar ou orar[153]. Inclusive para os inimigos, não lhes reservava palavras bruscas. O mal que lhe faziam era tão somente obra de Deus. Ainda falaremos a respeito disso. Todas estas várias formas de amor ao próximo, no entanto, têm sua raiz no amor de Deus e no amor ao Crucificado. Já vimos, repetidamente, que para ele, o amor, essencialmente, "não consiste em sentir grandes coisas, mas em ter uma grande desnudez e em padecer pelo Amado"[154]; várias vezes já foi demonstrado de que maneira ele pôs isso em prática na vida, e ficará claro no que se segue.

A consonância entre doutrina e vida ainda deve ser demonstrada apenas em um ponto importante: em seus escritos, João havia sempre sublinhado que não se deveria renunciar apenas a todas as apreensões e gozos naturais, mas também a todas as mercês sobrenaturais de Deus – visões, revelações, consolações e coisas semelhantes –, a fim de, para além de tudo o que é tangível, ir ao encontro do Deus inapreensível na obscuridade da fé. Os testemu-

153. Pe. Bruno, *Vie d'Amour*, p. 218ss.

154. *Obras Completas*, Escritos espirituais. Ditos de luz e amor, n. 113, p. 104.

nhos dos mais variados períodos de sua vida indicam que o santo foi inundado por extraordinárias mercês. Contudo, também deixam transparecer que ele procurava combatê-las com todas as forças. Em Segóvia, quando andava pelo convento, frequentemente mesmo durante uma conversa, golpeava disfarçadamente a parede com o punho para se proteger do êxtase e não perder o fio da conversa[155].

Certa feita confidenciou a Madre Ana de Santo Alberto: "Minha filha, conservo minha alma sempre no interior da Santíssima Trindade; meu Senhor Jesus Cristo quer que eu a conserve ali". Contudo, recebia a miúdo tão excelsa consolação que, em sua opinião, sua natureza débil deveria sucumbir a ela, e ele não ousava entregar-se ao completo recolhimento. Já se mencionou que ele, por dias a fio, recusava-se a celebrar o santo sacrifício da missa por receio de que tivesse de lidar com algo extraordinário durante a celebração. Ele sempre se queixava desta *natureza fraca* – demasiado fraca para suportar um excesso de graça, mas suficientemente forte para buscar e desejar a cruz, não importa de que forma se apresente. E o Senhor não deixou que lhe faltassem cruzes.

Mais eficaz do que a mortificação praticada por escolha própria é a cruz que Deus coloca, exterior e interiormente, nos ombros de alguém. Tal como o caminho do Salvador, assim também o de seu fiel servidor foi, do começo ao fim, um caminho de cruz: premente carência e pobreza nos primeiros anos da infância, esforços inúteis para apoiar a mãe da dura luta pela subsistência; em seguida, seu trabalho profissional, que exigia extremo emprego das energias físicas e mentais, e constante supe-

155. Pe. Bruno, *op. cit.*, p. 327.

ração: estes são os começos da escola da cruz. Seguem-se as decepções em relação ao espírito da Ordem para a qual o chamado de Deus o conduziu, certamente dúvidas e lutas interiores antes da decisão de passar para os Cartuxos, e após o feliz começo da reforma em Duruelo, uma série de duras provas e sofrimentos na luta por seu ideal.

Na vida do Senhor, com certeza as horas mais felizes eram as que passava em solitário diálogo com o Pai no silêncio da noite. Entretanto, eram apenas um modo de recuperar o ânimo depois de uma atividade que o colocava em meio ao tumulto das pessoas e que lhe oferecia, a cada dia e a cada hora, a mistura de fraqueza, mesquinhez e maldade humanas como poção de vinagre e fel. João também conheceu a felicidade de horas silenciosas da noite, em comunhão com Deus a céu aberto. Como reitor do Colégio de Baeza, adquiriu um pedaço de terra junto ao rio. Ficava ali com João de Santa Ana durante dias. A noite, passava-a sozinho em oração, mas às vezes levava seu companheiro, ia com ele ao rio e falava-lhe da beleza do céu, da lua e das estrelas. Do mesmo modo, como prior de Segóvia, tinha ele um oásis assim: um eremitério situado no alto, com visão panorâmica. Ali se retirava tão frequentemente quanto o permitiam as ocupações. Viver silenciosa e solitariamente para a oração era seu desejo desde os anos de sua juventude até o fim. Todavia, durante a maior parte de sua vida, estava também sobrecarregado de ofícios. E visto que ele seguiu o Salvador no amável cuidado para com os enfermos (inclusive com o *carisma* de curas milagrosas), também o seguiu no sacrifical cuidado pastoral das almas. Enquanto era reitor em Baeza, seguindo seu exemplo, os sacerdotes ouviam confissões desde a manhã até à noite. Ele ficava à disposição de todos. Certa vez, o porteiro, Irmão

Martinho, solicitou-lhe um *confessor pacífico* para um parente, um capitão imprudente. Ele foi até lá pessoalmente e converteu tão profundamente este mundano, que ele, *dia e noite*, vinha ao convento a fim de participar dos exercícios espirituais. Possuía inexaurível paciência para com os escrupulosos que ninguém mais queria ouvir. A maior dor para seu amável coração era ver como as almas são desorientadas e tiranizadas por diretores incultos e violentos. Contra eles, o meigo e bondoso santo encontrava palavras tão incisivamente cortantes quanto o Salvador em relação aos fariseus. Em *Chama viva de amor* ele interrompe a exposição das unções do espírito, que são concedidas por preparação próxima para a união com Deus, mediante uma extensa discussão sobre os guias espirituais: "Causa-me, porém, tão grande impressão e lástima ao coração ver as almas voltarem atrás" (*Chama,* Canção III, n. 27), que não consigo sossegar. O guia espiritual, "além de ser sábio e prudente é mister que tenha experiência [...]; [...] se não houver experiência do que é puro e verdadeiro espírito, não será possível atinar a dirigir a alma nele, quando Deus lho dá, e nem mesmo haverá compreensão do que seja" (n. 30). "Deste modo, muitos diretores espirituais prejudicam grandemente muitas almas [...] (n. 31) [...] Ocupam-se em dirigi-las por outros caminhos mais comuns [...] e que servem apenas para principiantes. Não sabem guiar senão a estes, e praza a Deus sejam aptos para isso! E assim não querem deixar que as almas se adiantem – mesmo quando Deus as quer levar – além daqueles princípios [...] (n. 31). "É como se num rosto de primorosa e delicada pintura trabalhasse uma tosca mão, com ordinárias e grosseiras cores; seria então o prejuízo, maior e mais notável, mais para lastimar do que se manchassem muitos rostos de pintura comum. Na verdade, se o lavor daquela mão delicadíssima do Espírito Santo veio a ser estragado por outra mão grosseira, quem acertará a refazê-lo? (n. 42). Com efeito, muitas vezes Deus está ungindo a alma contemplativa com alguma dessas unções delicadíssimas de conhecimento amoroso, sereno, pacífico, solitário, mui remoto para o sentido, e além de quanto se pode imaginar (n. 43). Vem o diretor espiritual, que não sabe senão martelar e bater com as potências qual ferreiro, [...] dirá: 'Vamos, deixai-vos destes repousos, pois isto é ociosidade e perda de tempo'" (43). "Quando falta a tais guias espirituais o conhecimento necessário, não deveriam meter sua mão grosseira numa obra que eles não compreendem, e não deixando que a alma seja entendida por outrem. Não é coisa de pouco peso e de pequena culpa fazer uma alma perder bens inestimáveis, e até deixá-la, por vezes, muito prejudicada por temerário conselho. E, assim, quem temerariamente erra, quando estava obrigado a acertar [...], não ficará sem castigo, em proporção ao prejuízo que ocasionou. Nestas coisas de Deus, havemos de tratar com muita ponderação, e com os olhos bem abertos, mormente em caso tão importante e em negócio tão sublime como é o destas almas, onde se aventura um ganho quase infinito em acertar, e uma perda quase infinita em errar (n. 56). Completamente indesculpável é "o diretor de uma alma que, guiando-a, jamais a deixa sair de sua direção, seja mesmo pelos vãos motivos e razões que acha justos" (n. 57), quando ela tem necessidade de doutrina mais elevada do que a dele. "Não basta que alguém saiba desbastar a madeira, para saber também entalhar a imagem; nem aquele que sabe entalhar, saberá esculpir e polir; o que sabe polir não saberá pintar; e qualquer um que saiba pintar não saberá dar à imagem a última demão e perfeição (n. 57). [...] se és apenas desbastador, isto é, capaz de pôr a alma no desprezo do mundo e mortificação de seus apetites, ou se és, quando muito, entalhador, com o ofício de iniciá-la em santas meditações, e não sabes mais do que isto, como poderás levar esta alma até à última perfeição [...,] obra que só Deus pode realizar na alma? (n. 58). A cada uma leva Deus por caminho diferente [...] E quem haverá como São Paulo, que tenha a graça de fazer-se tudo a todos para ganhar a todos? (1Cor 9,22). E tu, de tal maneira tiranizas as almas, e de tal sorte lhes tiras a liberdade, [...] (n. 59). João, inclusive, que como superior conquistava todos os corações por sua dedicada bondade, e que somente com mansidão e amor paternal proferia uma repreensão, voltou-se decididamente contra uma liderança regimental agressiva: "Quando víssemos em nossa Ordem perdida a delicadeza, que faz parte da polidez cristã e monástica, e que, em seu lugar, reinasse a agressividade e a ferocidade nos superiores [...], devíamos deplorá-la como acabada"[156].

A dolorosa preocupação pelas almas é que inspira ao santo estas incisivas palavras. Cristo resgatou as almas com seu sofrimento e sua morte; cada uma delas é infinitamente cara para Ele e para seu fiel discípulo. Criar condições de vida para almas escolhidas, nas quais a mão aperfeiçoadora de Deus pudesse executar sua obra sem perturbações – esta era a meta da reforma monástica. Sabemos quanto sofrimento João assumiu alegremente para si quando esta obra de Deus foi ameaçada por inimigos

156. *Obras Completas,* Escritos espirituais. Ditames do Espírito [11], p. 75.

exteriores. Quiçá sua alma tenha sofrido ainda mais quando, dentro da própria Ordem reformada, chegou a prevalecer uma mentalidade que ameaçava a obra de Deus nas almas. O perigo adveio de lados opostos: Pe. Jerônimo insistia na atividade exterior, nas missões. Certamente não faltava a João a sensibilidade para o apostolado nas terras pagãs. Comovia-lhe o coração que *nosso verdadeiro Deus e Senhor* ainda fosse desconhecido em quase todas as partes do mundo, e conhecido apenas em uma porção tão pequena. Mas não queria nenhuma atividade externa à custa do recolhimento. Nicolau Doria representava o extremo oposto: queria solidão e austera penitência, mas empenhava-se em estabelecer rigidamente este ideal, algo que contradizia justamente o espírito da santa madre e de seus primeiros companheiros, e contrariava o próprio Espírito de Deus, que sopra onde quer.

A própria Teresa havia sofrido muito sob a incompreensão de confessores inexperientes; por isso, em suas Constituições, havia assegurado a suas filhas a liberdade de conversar com homens espirituais em quem pudessem depositar confiança. Nicolau Doria queria tirar-lhes tal liberdade. Sendo provincial desde 1585, munido de plenipotência outorgada por Roma, introduziu uma Constituição centralista: um generalato que devia nomear priores, pregadores e confessores. Juntamente com as duas grandes filhas de Santa Teresa de Jesus e Maria de São José, com os antigos amigos da reforma, Luís de León e Domingos Báñez, João lutou em defesa do legado da santa fundadora. Afinal, tratava-se também da vida interior de suas filhas. Em Ávila, em Beas, em Caravaca, Granada e Segóvia, sob seus diligentes cuidados, sob sua mão a um tempo terna e firme, havia desabrochado em muitas almas uma florada tal como ele havia descrito em seu cântico nupcial. Não devia parecer-lhe um malogro do trabalho de sua vida se agora caía sobre os jardins do paraíso o granizo da perseguição?

Durante o Capítulo de Madri confrontou com toda determinação o provincial, fiel a seu princípio: "Podia-se recear ser ardil do demônio formar os religiosos desta maneira, porque, formados com esse temor, não teriam os superiores quem ousasse adverti-los nem discordar deles quando estivessem em erro. E que, se por esse caminho [...], chegar a Ordem a tal estado que aqueles, que estariam obrigados pelas leis de caridade e justiça [...], não ousarem dizer o que convém [...], tenham-na por perdida"[157]. Por isso lhe foram tirados todos os cargos e, com isso, todo o poder de ajudar mediante intervenção externa. A intenção era ferir sua honra pessoal e ter pretexto para expulsá-lo de sua Ordem. Ele conservou a mais perfeita paz de espírito. Agora se mostrava que era verdade, quando ele expressou o pedido de ser-lhe permitido sofrer e ser considerado nada por amor ao Senhor; que não eram palavras vazias quando escreveu que Cristo realizou sua máxima obra enquanto pendia da cruz. Segundo o testemunho de Pe. Eliseu dos Mártires, certa vez, comentando as palavras de São Paulo: "Os sinais que distinguem o apóstolo realizaram-se entre vós: paciência a toda prova, sinais milagrosos, prodígios e atos portentosos" (2Cor 12,12), notou que o Apóstolo antepôs a paciência aos milagres. Com isto ele quis dizer "que a paciência é sinal mais seguro do varão apostólico do que o fato de ressuscitar mortos. Nesta virtude, posso testificar haver o Pe. Fr. João da Cruz se revelado varão apostólico, por ter sofrido com singular paciência

157. Ib., Ditame [12], p. 75.

e equanimidade os trabalhos que lhe advieram, os quais foram muito sensíveis e conseguiram derrubar até os cedros do Monte Líbano"[158].

Uma visão clara da compreensão que o santo tinha das almas é garantida pelas cartas do Capítulo de Madri, depois de ter sido preterido em todas as votações. No dia 6 de julho de 1591, escreveu à Madre Ana de Jesus[159]: "O fato de que as coisas não tenham sucedido segundo desejava deve ser antes motivo de consolo e de render muitas graças a Deus, pois havendo Sua Majestade disposto desse modo, é o que mais convém a todos nós. Só resta abraçarmos tudo com a vontade, para que, assim como é verdade, assim também no-lo pareça; porque as coisas que não dão gosto, por boas e convenientes que sejam, parecem más e adversas e esta vê-se bem que não o é, nem para mim, nem para ninguém: para mim é muito favorável, porquanto com a liberdade e desencargo de almas, caso deseje, posso, mediante o favor divino, gozar da paz, da solidão e do delicioso fruto do esquecimento próprio e de todas as coisas; para os outros também é vantajoso [...], pois assim se livrarão das faltas em que incorreriam levados por minha miséria[160].

Ao mesmo tempo, dirigiu o seguinte pedido à madre Maria da Encarnação, filha de madre Ana, então priora em Segóvia: "...Quanto ao que me diz respeito, filha, não fique penalizada porque a mim nenhuma pena dá. Com o que me entristeço, e muito, é que se lance a culpa em quem não a tem; pois estas coisas não são dis-

158. Ib., Ditame [9], p. 74.

159. Não se trata da famosa colaboradora da santa madre, mas da fundadora do Carmelo de Segóvia.

160. *Obras Completas*, Epistolário, Carta [46], p. 980.

postas pelos homens e sim por Deus, que sabe o que nos convém e as ordena para o nosso bem. Não pense outra coisa senão que tudo é ordenado por Deus. E onde não há amor, ponha amor e colherá amor"[161].

Aquele que assim podia falar, fora conformado interiormente com o Crucificado. Era chegado o tempo em que também o estivesse exteriormente e lhe fosse permitido morrer da morte de cruz do amor. Assim se deveriam realizar seus últimos desejos: "Desejo apenas que a morte me encontre em um lugar remoto, longe de todo contato com as pessoas, sem irmãos do mosteiro que eu devesse liderar, sem alegria que me pudesse consolar, afligido por todos os tormentos e dores. Gostaria que Deus me provasse como servo, depois de ter testado tantas vezes a tenacidade de meu caráter em meu trabalho; gostaria que me afligisse na enfermidade, assim como me tentou na saúde e no vigor; gostaria que me tentasse mediante a vergonha, assim como me expôs à sedução pelo bom nome que eu tinha até mesmo entre meus inimigos. Senhor, digna-te coroar a cabeça de teu indigno servo com o martírio [...]"[162].

No Capítulo de Madri foi-lhe assinalado como paradeiro o ermo de La Peñuela. Para ele, não significava nenhuma punição. De fato, ali esperava encontrar a ansiada solidão. Ainda assim, não se deve pensar que as discussões e resoluções de Madri não o tivessem comovido e atingido profundamente. No caminho de Madri para La Peñuela, certa manhã, às 4h, chegou a Toledo com Pe. Elias de São Martinho. Os dois celebraram e se recolheram juntos. Sem de nada desfrutar, permaneceram juntos

161. Ib., Carta [47], p. 981-2.

162. J. Brouwer, *De achtergrond der Spaanse mystiek*, Zutphen 1935, p. 217.

até tarda noite. Depois João explicou, diante de todos, que ele prosseguiria o caminho confortado e, em virtude da graça que Deus lhe havia concedido naquele dia, estava pronto para suportar qualquer sofrimento. Não fora uma noite de Getsêmani, na qual o Senhor lhe enviou um anjo consolador? Todas as árduas obras de penitência de sua vida, todas as perseguições, inclusive a prisão na masmorra em Toledo e o tratamento hostil da parte do prior de Úbeda, tudo isso – segundo Pe. Silvério – não passa de silhuetas de sofrimento em comparação com o que a instituição da famosa *Consulta* lhe causou. Do ponto de vista humano, quando tomou o caminho para La Peñuela, deixou destruída atrás de si toda a obra de sua vida – assim como no caso do Salvador, quando, no Horto das Oliveiras, deixou-se amarrar e conduzir a Jerusalém.

A solidão montuosa de La Peñuela é apenas um respiro de oração silenciosa antes da subida para o calvário. No entanto, aqui não o deixam inteiramente a sós. Os monges estão felizes com terem consigo o pai da Reforma. O prior pede-lhe que assuma a direção espiritual de todos. Na recreação fraterna fica entre eles. Mas observa-se a seu respeito, que ficava constantemente em oração até à hora da recreação. Já antes da aurora, dirigia-se ao jardim, ajoelhava-se entre os salgueiros junto ao arroio e permanecia em oração até que o sol quente advertia-o de que era hora do santo sacrifício. Após a celebração, recolhia-se em sua cela e ali dedicava todo o tempo à oração, quando não o solicitavam as obrigações da vida comunitária. Às vezes dirigia-se também a um eremitério e ali permanecia, como que extasiado em Deus. A testemunha menciona também que, de quando em vez, ele ainda se ocupava com escrever livros espirituais. (O que isso significa, não sabemos. Os grandes tratados conhecidos já haviam sido compostos anteriormente). As rochas eram para ele uma amável companhia. "Não se admirem de que eu interaja com elas", diz ele; "depois disso, tenho menos o que confessar do que quando tenho contato com as pessoas"[163].

O que lhe chegava do mundo provavelmente era capaz de destruir o recolhimento e a serenidade. Pe. João Evangelista referiu-lhe brevemente a respeito dos ataques que Pe. Diego Evangelista se permitiu nos conventos carmelitas de Andaluzia, a fim de arrancar das monjas declarações incriminatórias sobre o santo. (Na ocasião, Ir. Agostinha de São José, em Granada, teve de incinerar grande coleção de cartas do santo – que as monjas consideravam *como Cartas de São Paulo* – e cadernos com anotações de suas conferências e conversas espirituais, a fim de não deixá-los cair nas mãos de Diego). Nicolau Doria explicou, quanto às queixas que lhe haviam chegado, que o visitador não havia recebido nenhuma incumbência de portar-se assim, mas não o penalizou. Era um amigo de confiança e assim continuou. Anteriormente, João havia repreendido severamente a esse Diego por este ter ficado durante meses a fio fora do convento a fim de pregar. Agora ele queria aproveitar o tempo oportuno para vingar-se. Alguns meses mais tarde – após a morte do santo –, declarou ele: "Se não tivesse morrido, deveria ser-lhe tolhido o hábito e ser expulso da Ordem". Alguns filhos fiéis do pai da Reforma haviam receado que João de Santa Ana lhe houvesse escrito a este respeito. Ele recebeu a seguinte resposta: "[...] meu filho, não se preocupe com isso; o hábito só pode ser tolhido a alguém quando este se nega a emendar-se ou a obedecer; agora, de minha parte, estou totalmente pronto a reparar todas as minhas faltas e a

163. Pe. Bruno, *op. cit.*, p. 344.

obedecer, não importa qual penitência me seja imposta". E escreveu a João Evangelista: "Minha alma está longe de sofrer por causa de tudo isso; ao contrário, daí ela extrai uma instrução para o amor a Deus e ao próximo [...]"[164].

Assim ele manteve imperturbável a paz do coração "nesta santa solidão", e quando a febre o obrigou a deixá-la, fê-lo com "a intenção de regressar em breve para cá"[165]. Da mesma maneira que, antes do deslocamento para La Peñuela, não havia escolhido seu lugar de moradia, mas deixou que lhe fosse indicado em razão da santa obediência, de igual modo agora desejava que lhe fosse determinado o lugar onde deveria buscar a recuperação. Foi-lhe dada a escolha entre Baeza e Úbeda. Baeza é o colégio que ele fundou e do qual foi o primeiro reitor. Ali o prior é um de seus filhos fiéis, Pe. Ângelo da Apresentação, e aguarda-o com todo amor. No topo hierárquico da nova fundação de Úbeda, porém, encontra-se Pe. Francisco Crisóstomo, que se inimizou com ele de modo semelhante ao que acontecera com Diego. Assim, para ele, a escolha natural é Úbeda, porque o convento é recém-fundado e, por conseguinte, é pobre, e dado que ele próprio é desconhecido naquela cidade, espera "suportar com maior proveito e méritos as queixas da enfermidade"[166].

Desse modo, no dia 22 de setembro de 1591, montou a pequena mula que um amigo colocara à sua disposição para a última viagem de sua vida. Foi um verdadeiro suplício. Havia muitos dias que não conseguia alimentar-se, e mal podia manter-se na sela devido à fraqueza. E sua perna enferma doía como se estivesse sendo

164. Ib., p. 347.

165. *Obras Completas,* Epistolário, Carta [60], p. 989.

166. Declaração de Pe. Pedro de San José, *Obras* V 99.

amputada. Ali era a sede do mal: primeiramente havia inchado; em seguida, abriram-se, um após o outro, cinco supurantes ferimentos. Eles davam ensejo ao santo para a seguinte oração: "Muitíssimo obrigado, meu Senhor Jesus Cristo, porque Vossa Majestade quis conceder-me apenas neste pé os cinco ferimentos que Vossa Majestade tinha nos pés, nas mãos e no lado: o que fiz para merecer tão grande graça?[167] E também não se queixava mesmo das mais atrozes dores imagináveis, mas tudo suportava com a maior paciência.

Agora, nestas condições, devia cavalgar por sete milhas por sendas montanhosas. Avançavam lentamente. Falava de Deus com o irmão que o acompanhava. Quando haviam percorrido três milhas, o companheiro propôs um descanso à margem do Rio Gaudalimar: "À sombra desta ponte, Vossa Reverendíssima poderia descansar um pouco; a alegria de ver a água abrirá vosso apetite para um bocado". "De bom grado, quero descansar um pouco, pois tenho necessidade disso, mas não posso comer, pois, de tudo o que Deus criou, não tenho apetite senão para aspargo, e neste momento não temos aspargo". O irmão ajudou-o a apear-se e a sentar-se no chão. Então perceberam um feixe de aspargos sobre uma pedra, ligado por uma tira de vime, como se fosse para o mercado. O irmão considerou aquilo um milagre. João, porém, não quis nem ouvir falar. Mandou-o à procura do dono, e dado que não encontrou ninguém, teve de deixar uma quarta parte sobre a pedra como compensação[168]. Ainda algumas horas – e eis que chegaram ao destino.

---

167. Declaração de Pe. Diego a Conceptione, *Obras* IV 355.

168. Cf. Pe. Bruno, *op. cit.*, p. 352s.; Declaração de Pe. Bartolomé de San Basile, *Obras* IV 394, e de Pe. Francisco de San Hilarión, *Obras* V 114.

O prior acolheu o doente terminal e destinou-lhe a menor cela e a mais pobre. O médico, o Licenciado Ambrósio de Villareal, examinou as feridas. Constatou erisipela e forte supuração. Era necessário dolorosa intervenção. A cirurgia pretendia descobrir o foco da doença e expôs ossos e nervos do calcanhar ao meio da panturrilha. Sentindo dor atroz, perguntou o doente: "O que é que o senhor fez, senhor Licenciado?" Observa o ferimento e exclama: "Jesus, então é isso o que o sr. fez!" Mais tarde, o médico contou ao Pe. João Evangelista: "Ele suportou com incomparável paciência as mais horrorosas dores de que jamais se ouviu falar". Também diante de outras pessoas, frequentemente expressou sua admiração de que o doente tenha sofrido com tamanha paz e serenidade; declarou que João da Cruz deveria ser um grande santo, pois lhe parecia impossível que alguém padecesse, sem queixas, dores tão grandes e persistentes, se não fosse muito santo e não tivesse tão grande amor a Deus, e não pudesse suster-se no auxílio do céu[169]. Esta era também a impressão que tinham todos os que estavam ao redor. Os monges consideravam uma dádiva terem em seu meio um exemplo de vida assim. Somente o prior manteve-se durante muito tempo em seu ressentimento. Quando visitava o doente, fazia-o para exprobrá-lo por ele (João), como vigário provincial de Andaluzia, tê-lo repreendido. Não conseguia assistir ao fato de que monges e pessoas de fora se rivalizassem no esforço para aliviar os tormentos do paciente sofredor. (Neste ponto, a precaução de ter escolhido um lugar desconhecido fora inútil: em lugar nenhum a santidade consegue ficar tão oculta, que não se venha a encontrar um admirador.)

---

169. Declaração des Pe. *Ferdinand von der Mutter Gottes, Obras* V 331.

Quando da fundação de La Mancha, Dom Fernando Dias, de Úbeda, ouvira-o cantar o Evangelho; isto lhe bastara para depositar nele sua confiança. Assim que soube da chegada do doente, foi à sua procura e, desde então, vinha diariamente, eventualmente até mesmo de três a quatro vezes por dia, para dar uma olhada. Certa feita deparou-se com o prior quando estava prestes a levar as roupas e as faixas do santo para lavar. Algumas mulheres piedosas consideravam-se felizes por terem a permissão de prestar-lhe esse serviço de caridade; por causa disso, foram recompensadas por um odor maravilhoso que exalava dessa estopa encharcada de pus.

Então o padre prior proibiu Dom Fernando de cuidar disso, pois ele mesmo queria encarregar-se do serviço. Frequentemente ouviam-se suas queixas sobre os custos com a manutenção do santo, e o consumo de mantimentos. Pe. Diego da Concepção, prior de La Peñuela, subsequentemente, enviou seis alqueires de trigo para a comunidade de Úbeda, e seis galinhas para o doente. Pe. Bernardo da Virgem, o enfermeiro, recolhia diariamente demonstrações de antipatia do prior em relação ao paciente. Ele determinou que a ninguém era consentido visitá-lo sem permissão especial, e proibiu expressamente até mesmo Pe. Bernardo de cuidar dele, pois dizia que ele já fazia demais.

O enfermeiro, então, apresentou imediatamente um relatório ao provincial de Andaluzia, o ancião Pe. Antônio de Jesus, antigo companheiro dos dias de Duruelo[170]. Ele acorreu rapidamente para lá a fim de remediar a situação, permanecendo de quatro a seis dias em Úbe-

170. Pe. Antônio, que, outrora, tão nobremente, fora o primeiro a colocar-se à disposição para a Reforma, recebeu a grande mercê de poder estar ao lado da santa madre e do santo Padre João na hora da morte deles.

da. Repreendeu severamente o prior, e aos demais deu ordem para visitarem o doente e assisti-lo tanto quanto pudessem. Pe. Bernardo foi restituído à sua função, com a incumbência de realizá-la com o maior amor; caso o prior lhe negasse o necessário, deveria dirigir-se prontamente ao provincial e, entrementes, pegar dinheiro emprestado. Em todas essas circunstâncias, de João não se ouvia jamais uma palavra de lamentação sobre o prior hostil: tudo suportava "com a paciência de um santo".

Pe. Antônio esteve presente durante a primeira operação. Quando quis encorajar o paciente, João desculpou-se por não poder responder, pois estava consumido de dores. No entanto, os sofrimentos corporais ainda não haviam atingido o mais alto grau. Formaram-se novos abscessos nos quadris e nos ombros. Antes de uma segunda intervenção, o médico desculpou-se. "Não há de que desculpar-se, já que é necessário", disse o novo Jó. Ele insistiu em que o médico se pusesse a trabalhar. Todas as dores e sofrimentos eram-lhe "dádivas benfazejas de Deus". Nas cartas que ainda escreveu do leito de enfermo – não nos foram conservadas; delas sabemos apenas por relatos de testemunhas –, falava da alegria de poder sofrer pelo Senhor. Os tormentos físicos não o impediam de mergulhar na oração. Às vezes, pedia a seu jovem enfermeiro, Lucas do Santo Espírito, a deixá-lo sozinho – "não para dormir", acrescenta um relator, "mas para entregar-se ardentemente à contemplação das coisas celestes"[171]. Depois que o enfermeiro compreendeu do que se tratava, não apenas se mantinha, ele próprio, afastado, mas às vezes também mandava ir-se embora visitantes. Inclusive o médico mostrava compreensão a este respeito. "Deixemos o santo re-

---

171. Pe. Bruno, *op. cit.,* p. 353ss.

zar", dizia ele. "Quando retornar a si, cuidaremos dele". Ao lado de seu paciente, este médico "tornou-se outra pessoa". O santo enviou-lhe um exemplar de *Chama viva de amor* escrito de próprio punho. Mais tarde[172], ele lia-o frequentemente para sua própria consolação.

Tornava-se sempre mais diáfano o véu que ainda ocultava à alma a glória do céu, atravessado por esplendores cada vez mais frequentes. O médico anunciou ao doente a morte próxima. Um grito de alegria foi a resposta: *Laetatus sum in his quae dicta sunt mihi: in domum Domini ibimus* ["Alegrei-me, quando me disseram: 'Vamos à casa do Senhor'"] (Sl 122,1). Os confrades oferecem o Viático a João; no entanto, ele respondeu que diria quando tivesse chegado o momento. Desde a vigília da Imaculada Conceição, sabia ele o dia e a hora de sua morte. Deu-o a entender com estas palavras: "Louvado seja o Senhor que quer que eu, neste sábado, parta desta vida". Em seguida, veio o anúncio exato: "Sei que Deus, Nosso Senhor, conceder-me-á a misericórdia e a graça de ir rezar as Matinas no céu".

Dois dias antes de sua morte, queimou em uma vela todas as suas cartas – em grande número –, porque "seria um pecado ser seu amigo". Na noite dessa quinta-feira, pediu e recebeu o Viático. A todos os que lhe pediam algo como lembrança, reencaminhava a seu superior: ele era pobre e nada possuía. Pediu também para chamar este superior, o prior Francisco Crisóstomo, pediu-lhe desculpas por todas as faltas e acrescentou o pedido: "Meu pai, o hábito religioso da Virgem, que vesti e usei – sou um pobre mendigo e nada tenho para o sepultamento –, peço a Vossa Reverendíssima que me seja dado, pelo amor de Deus, por caridade". O prior abençoou-o e saiu da cela.

172. Ib., p. 359.

Parece que, nesse momento, sua resistência interior ainda não se rompera. No entanto, por fim, como o ladrão arrependido, ajoelhou-se, chorando, aos pés do moribundo e desculpou-se pelo fato de o "pobre convento" não ter podido oferecer-lhe mais alívio em sua enfermidade. João respondeu: "Padre prior, estou muito satisfeito, tenho mais do que mereço. Confie em Nosso Senhor; virá um tempo em que esta casa terá tudo o de que precisar".

No dia 13 de dezembro, de manhã, perguntou que dia era, e quando ouviu que era sexta-feira, informou-se várias vezes durante o dia a respeito da hora: ele esperava rezar as Matinas no céu. Neste último dia de sua vida, estava ainda mais taciturno e recolhido do que até então. Durante a maior parte do tempo conservava os olhos fechados. Quando os abria, fixava-os cheio de amor em uma cruz de cobre. Por volta das três horas, pediu que, antes de sua morte, Pe. Sebastião (de santo Hilário) pudesse ser trazido até ele. Tratava-se de um jovem sacerdote a quem ele, em Baeza, dera o hábito religioso. Agora, jazia febril, em uma cela não muito distante da do santo. Foi trazido e ficou cerca de meia hora. João comunicou-lhe algo importante: "Pe. Sebastião, Vossa Reverendíssima deve ser eleito prior da Ordem. Ouça atentamente o que lhe comunico, e procure relatá-lo aos superiores; explique-lhes que lhe disse isso imediatamente antes de minha morte". Tratava-se de algo importante para o crescimento da província.

Às cinco horas, o santo irrompeu em um grito de alegria, dizendo: "Estou feliz porque, sem o merecer, hoje à noite estarei no céu". Pouco tempo depois, voltou-se para o prior e para Fernando Dias: "Pai, que Vossa Paternidade mande notificar a família do Senhor Fernando que ninguém precisa esperá-lo, pois deve permanecer aqui hoje à noite". Agora pediu a Extrema Unção e recebeu-a com grande devoção, enquanto respondia às orações do sacerdote. Atendendo a seu pedido fervoroso, foi-lhe trazido também o Santíssimo Sacramento para ser adorado mais uma vez. Falava com ternura com o Deus escondido. Como despedida, disse: "Senhor, já não te verei com os olhos da carne".

Pe. Antônio de Jesus e alguns outros padres mais velhos queriam ficar de vigília com ele, mas ele não o permitiu. Queria que fossem chamados quando chegasse o momento.

Quando deram nove horas, disse ele ansiosamente: "Tenho ainda três horas de tempo; *incolatus meus prolongatus est* ["meu desterro se prolongou"] (Sl 119,5). Pe. Sebastião ainda ouviu-o dizer que, para sua consolação, Deus atendera-lhe três pedidos: não morrer como superior, morrer em um lugar onde fosse desconhecido, e depois de muito sofrimento. Em seguida, quedou-se tão silenciosamente absorto em oração e em paz, que já era considerado como morto. Contudo, voltou novamente a si e beijou os pés de *seu Cristo.* Às dez horas, ouviu-se o toque de um sino. Ele perguntou para que seria. Disseram-lhe que seriam os religiosos dirigindo-se para as Matinas. "E eu", retrucou ele, "pela misericórdia de Deus, devo ir-me, a fim de rezá-las no céu com a Virgem, Nossa Amada Senhora". Às onze e meia, aproximadamente, pediu que os padres fossem chamados. Achegaram-se cerca de 14 a 15 monges que se preparavam para as Matinas. Penduraram suas lâmpadas na parede. Alguém pergunta ao santo como ele está. Ele agarrou a corda que pendia do teto para ajudá-lo em seus movimentos, e se aprumou. "Padres, não vamos rezar o *De Profundis*? Sinto-me muito bem". Ao mesmo tempo, parecia "bastante sereno, belo e jovial", contou o subprior, Ferdinando da Mãe de Deus. Ele próprio entoou o salmo, e os outros acompanharam-no com os responsos. Deste modo, "foram rezados não sei quantos salmos", disse Francisco Garcia. Eram salmos penitenciais, que precedem a *Recommendatio animae.* Nos relatos não se tem informação consensual quanto a se os salmos penitenciais se seguiam imediatamente aos demais salmos, e a que altura João interrompeu a oração. Acontece que ele se cansou e precisou voltar a deitar-se. E ainda tinha um desejo: que alguém lesse para ele uma passagem do Cântico dos Cânticos; o prior atendeu-lhe o pedido. "Que pedras preciosas!"[173], exclamou o moribundo. Na verdade, era a canção do amor que o acompanhara pela vida afora.

Uma vez mais perguntou pela hora. Ainda não dera meia-noite. "A essa hora, estarei diante de Deus para recitar as Matinas". Pe. Antônio recordou-lhe o que ele fizera pela Reforma, nos começos e depois, como superior. O santo respondeu: "Deus sabe o que aconteceu". Ele, porém, não queria apoiar-se nisto. "*Pater Noster*[174], agora não é o momento adequado para isso; pelos méritos do sangue de Nosso Senhor Cristo, espero ser salvo."

Os confrades pediram-lhe a bênção. Por ordem do provincial, ele abençoou-os, admoestando-os a serem religiosos verdadeiramente obedientes e perfeitos.

Pouco antes da meia-noite, entregou *seu santo Cristo* a um dos circundantes, provavelmente Francisco Dias. Queria ter ambas as mãos livres para colocar seu corpo na posição correta para a partida deste mundo. Mas logo a retomou, e agora despediu-se do Crucificado com ternas palavras, como antes o fizera diante do Salvador eucarístico.

---

173. Pe. Bruno, *Vie d'Amour*, p. 264.

174. Forma de tratamento reservada ao provincial em nossa Ordem.

No campanário, ressoaram doze badaladas. O moribundo diz: "Irmão Diego, dê o sinal para que se soem as Matinas, pois é chegado o tempo". Francisco Garcia, o sineiro da semana, saiu. João ouviu o som do sino e falou, tendo a cruz na mão: "In manus tuas, Domine, commendo spiritum meum" ["Em tuas mãos, Senhor, entrego o meu espírito"]. Um olhar de despedida para os presentes, um último beijo no Crucificado –, em seguida encontrou-se diante do trono de Deus, a fim de rezar as matinas com os coros celestiais.

Este morrer não é algo daquela liberdade divina com que Jesus Cristo na cruz inclinou a cabeça? E assim como, naquela primeira Sexta-feira da Paixão, sinais e prodígios anunciaram que verdadeiramente aquele que morrera na cruz era o Filho de Deus, de igual modo o céu deu testemunho de que um servo bom e fiel entrou para a glória de seu Senhor.

Entre as nove e dez horas da noite, quando, segundo o desejo do santo, a maioria havia-se recolhido para o repouso, o Ir. Francisco Garcia achegara-se à cabeceira da cama e instalara-se entre a cama e a parede a fim de rezar seu rosário. Ao mesmo tempo lhe veio o pensamento de que talvez lhe pudesse ser concedida a alegria de ver algo daquilo que o santo contemplava. Durante a oração dos salmos dos padres, de repente ele viu brilhar uma esfera de luz entre o teto da cela e os pés da cama. Brilhava tão claramente que obscurecia as catorze ou quinze lâmpadas dos monges e as cinco velas sobre o altar. Quando o santo, imperceptivelmente, passou para a outra vida, o Ir. Diego segurava-o nos braços. E repentinamente viu um clarão ao redor da cama. "Brilhava como o sol e a lua; a candeia sobre o altar e as duas velas que estavam na cela, como que envoltas em uma nuvem, pareciam não emitir nenhuma luz". Somente agora Diego percebeu que o santo, em seus braços, estava sem vida". "Nosso pai entrou no céu nesta luz", disse ele aos presentes. Quando, em seguida, junto com Pe. Francisco e Fr. Mateus, prepararam o santo corpo, emanou dele uma suave fragrância[175].

175. O relato completo da morte é apresentado seguindo-se Pe. Bruno, *Saint Jean*, p. 361ss. As notas pertinentes contêm, em parte, relatos literais das declarações das testemunhas.

Simone Weil
O enraizamento
EDITORA VOZES
Thomas Merton
Na liberdade da solidão
São Boaventura
A Árvore da Vida
São Boaventura
A vida perfeita
e
A direção da alma
EDITORA VOZES
São Roberto Belarmino
A elevação da mente para Deus
pelos degraus das coisas criadas
EDITORA VOZES

Conecte-se conosco:

facebook.com/editoravozes

@editoravozes

@editora_vozes

youtube.com/editoravozes

+55 24 2233-9033

www.vozes.com.br

Conheça nossas lojas:

www.livrariavozes.com.br

Belo Horizonte – Brasília – Campinas – Cuiabá – Curitiba
Fortaleza – Juiz de Fora – Petrópolis – Recife – São Paulo

EDITORA VOZES LTDA.
Rua Frei Luís, 100 – Centro – Cep 25689-900 – Petrópolis, RJ
Tel.: (24) 2233-9000 – E-mail: vendas@vozes.com.br